主 编 张 春
副主编 张 琬
参 编 史瑞君 蒋晓燕

合同法原理与实务

江苏大学出版社
JIANGSU UNIVERSITY PRESS
镇 江

图书在版编目(CIP)数据

合同法原理与实务/张春主编. —镇江：江苏大学出版社,2015.7(2024.1重印)
ISBN 978-7-5684-0000-8

Ⅰ. ①合… Ⅱ. ①张… Ⅲ. ①合同法－中国 Ⅳ. ①D923.6

中国版本图书馆CIP数据核字(2015)第153099号

合同法原理与实务
Hetongfa Yuanli Yu Shiwu

主　　编/张　春
责任编辑/李菊萍
出版发行/江苏大学出版社
地　　址/江苏省镇江市京口区学府路301号(邮编：212013)
电　　话/0511-84446464(传真)
网　　址/http://press.ujs.edu.cn
排　　版/镇江文苑制版印刷有限责任公司
印　　刷/广东虎彩云印刷有限公司
开　　本/718 mm×1 000 mm　1/16
印　　张/16.5
字　　数/285千字
版　　次/2015年7月第1版
印　　次/2024年1月第6次印刷
书　　号/ISBN 978-7-5684-0000-8
定　　价/45.00元

前 言

《教育部关于全面提高高等职业教育教学质量的若干意见》(教高〔2006〕16号)中明确提出:“高等职业技术教育应有别于学科教育,应具有更加鲜明的职业性、实践性和岗位针对性,应更加注重知识的有效传播。”为了适应我国高等法律职业教育的改革与建设的需要,镇江高等专科学校组织校内专业骨干教师,会同校外行业专家,共同编写了高职法律教学专用教材《合同法原理与实务》。

合同法是市场经济中的基本法律,在保护合同当事人的合法权益,维护社会经济秩序,促进社会经济发展,保障各项社会事业的顺利进行等各方面发挥着重要作用。本书以《中华人民共和国合同法》(书中简称《合同法》)为依据,强调学习者能力与目标的实现。全书以职业活动为导向,以项目为载体,以任务驱动和工作过程导向为编写理念,遵循知识、理论、实践一体化的原则,注重任务训练,按实际的工作流程设计、构建课程内容体系。全书把合同法律技能的培养分解为7个训练项目,每个训练项目又细分成若干个学习任务,运用案例分析与实例讲解、案例设计、模拟操作等手段,真正实现融“教、学、做”为一体,使学生学会和掌握合同法的知识和基本技能。本书不仅可作为高职高专法律、经济、文秘等专业的课程教材,也可作为一般读者学习合同法的入门读物。

本书由张春担任主编,张琬担任副主编,具体分工如下:项目一由史瑞君编写;项目二、项目三由张春编写;项目四、项目五、项目六由张琬编写;项目七由蒋晓燕编写。全书由张春负责统稿、审稿。

在书稿的编写过程中,翁文、孙中胤、杨勇律师对各项目内容提出了指导意见,同时还参考和借鉴了大量其他专家学者的研究成果,在此向他们表示诚挚的谢意。

由于编者水平有限,本书错漏和不妥之处在所难免,恳请读者批评指正,以利改进。

张 春

2015年5月

目 录

项目一　合同及合同法的认知 …… 1

任务1　《合同法》中合同的认知及其类型的识别 …… 3

任务2　《合同法》的适用范围及基本原则 …… 11

巩固提升 …… 17

项目二　合同的订立 …… 20

任务1　合同订立过程的认识 …… 25

任务2　合同订立第一步——发出要约 …… 30

任务3　合同订立第二步——作出承诺 …… 41

任务4　合同成立时间和地点的判断 …… 46

任务5　合同的形式和内容 …… 52

任务6　格式条款的处理 …… 59

任务7　缔约过失责任的认定 …… 64

巩固提升 …… 71

项目三　合同效力的判断与处理 …… 80

任务1　合同效力认知 …… 84

任务2　有效合同的判断与处理 …… 88

任务3　无效合同的判断与处理 …… 93

任务4　效力待定合同的判断与处理 …… 103

任务5　可撤销合同的判断与处理 …… 113

任务6　附条件、附期限合同的判断与处理 …… 120

任务7　表见代理、表见代表订立合同的判断与处理 …… 127

巩固提升 …… 130

项目四　合同的履行 …… 136
任务1　合同履行概述 …… 140
任务2　合同的补缺规则 …… 144
任务3　涉他合同的处理 …… 148
任务4　提前履行、部分履行及清偿抵充 …… 152
任务5　合同履行抗辩权的行使 …… 158
任务6　合同的保全 …… 165
巩固提升 …… 174

项目五　合同的变更、转让和终止 …… 178
任务1　合同的变更 …… 183
任务2　合同的转让 …… 186
任务3　合同的终止 …… 192
巩固提升 …… 199

项目六　合同违约责任的认定与处理 …… 202
任务1　合同违约责任的认知 …… 206
任务2　违约责任的构成要件 …… 209
任务3　违约责任与侵权责任的竞合 …… 215
任务4　违约责任的形式 …… 219
巩固提升 …… 229

项目七　合同的法律适用、解释及合同争议的解决 …… 235
任务1　合同的法律适用 …… 238
任务2　对合同的解释的认知 …… 242
任务3　合同争议的处理 …… 247
巩固提升 …… 253

参考文献 …… 255

项目一

合同及合同法的认知

项目认知

合同法是市场经济的基本法，是民商法的重要组成部分。合同法所规范的合同与人们的生产、生活息息相关，是生产、生活中不可或缺的法律手段。从老百姓的日常生计、法人的生产经营，到国家的科技进步、社会财富增加、国际经济交往，都离不开合同法。合同法在规范市场主体及其经济行为，维系市场秩序，促进经济发展等方面，起着无可替代的作用。

在近现代社会，合同法主要调整平等主体之间基于平等、自愿原则发生的转让物品或者权利、完成工作和提供劳务等的交易关系，故它为交易法。这些交易关系通常可用货币衡量评价，具有财产价值，故合同法为财产法。交易关系由当事人自主自愿设立、变更或终止，合同法规范多为当事人交易的模式，允许当事人依其意思加以改变，故合同法基本上为任意法。合同法直接界定市场要素，全面规制市场交易活动，它是市场经济的核心交易规则，故为市场经济的基本法律。

内容结构图

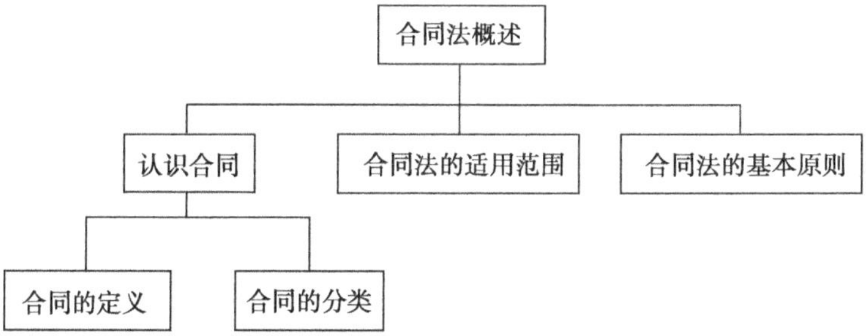

学习目标

1. 知识目标

(1) 掌握合同的概念、特征和分类；

(2) 了解合同法的概念、渊源；

(3) 掌握合同法的适用范围和基本原则。

2. 能力目标

(1) 能正确判断实践中发生的合同纠纷是否受合同法的调整；

(2) 能正确区分不同的合同类别，并能运用不同的法律规则解决不同类型的合同纠纷；

(3) 能运用合同法的基本原则分析和处理具体的合同法律问题。

相关法律条文

《中华人民共和国合同法》(第一章)

第一条　为了保护合同当事人的合法权益，维护社会经济秩序，促进社会主义现代化建设，制定本法。

第二条　本法所称合同是平等主体的自然人、法人、其他组织之间设立、变更、终止民事权利义务关系的协议。

婚姻、收养、监护等有关身份关系的协议，适用其他法律的规定。

第三条　合同当事人的法律地位平等，一方不得将自己的意志强加给另一方。

第四条　当事人依法享有自愿订立合同的权利，任何单位和个人不得非法干预。

第五条　当事人应当遵循公平原则确定各方的权利和义务。

第六条　当事人行使权利、履行义务应当遵循诚实信用原则。

第七条　当事人订立、履行合同，应当遵守法律、行政法规，尊重社会公德，不得扰乱社会经济秩序，损害社会公共利益。

第八条　依法成立的合同，对当事人具有法律约束力。当事人应当按照约定履行自己的义务，不得擅自变更或者解除合同。

依法成立的合同，受法律保护。

任务1 《合同法》中合同的认知及其类型的识别

任务情境

2008 年某市政府利用优惠政策吸引社会资金参与城市基础设施建设。当时在东城区出现采暖供热紧张的局面，市政府计划在此地区投资建设集中供暖锅炉房。2008 年 4 月 27 日，A 公司自愿招商引资建设集中供热锅炉房和配套工程（泵站、管网、铁路专用线）等项目，并书面请求市政府在各方面给予照顾和支持。

2009 年 1 月 22 日，市政府办公会议形成办公会议纪要给予该项目优惠政策。在优惠政策实施过程中，由于政府相关政策出台，取消了部分收费项目，市政府停止向 A 公司支付优惠政策规定的费用，双方产生纠纷。

2014 年 4 月 16 日，A 公司向法院起诉请求：市政府应当按照相关会议纪要支付因优惠政策未到位而形成的欠款 3 563 万元，利息 1 618.13 万元，共计 5 181.13 万元。

2014 年 6 月 17 日，市政府以该锅炉房为供热公司 B 自建，产权亦归其所有，锅炉房项目与 A 公司无关，A 公司无权就此主张权利提出反诉，请求 A 公司返还投资款 13 124.8 万元。

一审法院判决：驳回 A 公司的诉讼请求；驳回市政府的反诉请求。A 公司不服一审判决，提起上诉。

问题：本案是否适用《合同法》的相关规定？为什么？

任务分析

本案争议的焦点是不平等主体之间的关系，不属于合同法调整范围。

（1）本案双方当事人在优惠政策制定和履行中地位不平等，不属于民法意义上的平等主体。本案 A 公司是响应市政府的号召，以向市政府书面请示报告的形式介入讼争供热工程建设的。以后，市政府单方召开办公会议决定由 A 公司承建讼争项目并制定了优惠政策明细，A 公司接受市政府办公会议决定后,其职责是按照市政府行政文书确定的权利义务履行,并无与市政府平等协商修订市政府优惠政策文件的余地。从整体上讲,在介入方式、优惠政策制定及如何履行优惠政策等方面,A 公司居于次要和服从的地位,双方当事人尚未形成民法意义上的平等主体之间的民事关系。

(2) 本案双方当事人之间没有形成民事合同关系。《合同法》第二条规定:“本法所称合同是平等主体的自然人、法人、其他组织之间设立、变更、终止民事权利义务关系的协议”。合同是双方或者多方当事人在平等自愿基础上形成的意思表示一致的民事法律行为,是以设立、变更、终止民事法律关系为目的的协议。市政府制定的办公会议纪要明确的优惠政策原则和优惠政策方案,是本案讼争供热建设项目得以执行的主要依据,但该优惠政策是市政府单方制定的,未邀请 A 公司参加市政府办公会议并与之平等协商,也未征得 A 公司同意,是市政府作出的单方意思表示,没有 A 公司的意思配合。因此,市政府办公会议纪要等相关文件不是双方平等协商共同签订的民事合同。

综上,尽管本案双方当事人之间讼争的法律关系存在诸多民事因素,但终因双方当事人尚未形成民法所要求的平等主体关系,市政府办公会议关于优惠政策相关内容的纪要及其文件不是双方平等协商、共同签订的民事合同,故本案不属于人民法院民事案件受理范围。最终裁定如下:撤销一审判决;驳回 A 公司起诉和市政府的反诉。

相关法理

一、合同的定义和特征

1. 合同的定义

合同是平等主体的自然人、法人、其他组织之间设立、变更、终止民事权利义务关系的协议(《合同法》第二条)。

广义的合同包括物权合同、准物权合同、债权合同和身份合同(如婚姻、收养监护等有关身份关系的合同)等。

狭义的合同单指债权合同。

我国合同法调整合同类型包括物权合同、准物权合同、债权合同,但不包括身份合同。此外,劳动合同也不适用合同法,而适用劳动法。

2. 合同的特征

(1) 合同是一种民事法律行为,而非事实行为。也即,合同以意思表示为要素。

(2) 合同的主体为以平等地位参与的自然人、法人、其他组织。故非平等主体之间的协议不是合同,如国家机关与其下属职能部门之间有关年度考核目标的协议等。

特别注意　如果国家机关是以平等民事主体身份作为协议的一方,那么该协议也为合同,如国有土地使用权让出合同。

练一练

某县政府为鼓励县属酒厂多创税利,县长与酒厂厂长签订合同约定,酒厂如果完成年度税收100万元的指标,第二年厂长和全厂职工都可以加两级工资。该合同属于什么性质的行为?(　　)

A. 双方民事法律行为　　B. 无效民事行为

C. 附条件民事法律行为　　D. 不属于民事法律行为

(3) 合同是双方或多方当事人意思表示一致的民事法律行为。这是合同区别于单方民事法律行为的主要标志。例如,遗赠为单方民事法律行为,而赠与合同则为双方民事法律行为(《合同法》第一百八十五条)。

(4) 合同关系的客体,又称合同的标的,是指合同关系中权利义务所指向的对象,即债务人的给付行为。给付行为既可是作为也可是不作为。

(5) 合同关系具有相对性。合同关系原则上只约束合同当事人,并不及于第三人(《合同法》第一百二十一条)。

二、合同的分类

(一) 有名合同与无名合同

1. 有名合同

有名合同指《合同法》或其他法律已经确定了名称及规则的合同。《合同法》分则规定的15类合同均为有名合同。《中华人民共和国担保法》规定的保证合同,《中华人民共和国海商法》(以下简称《海商法》)规定的海上货物运输合同、海上旅客运输合同、船舶租用合同,《中华人民共和国城市房地产管理法》(以下简称《城市房地产管理法》)规定的土地使用权出让与转让合同,都属于有名合同。

2. 无名合同

无名合同又称非典型合同,指法律上尚未确定一定名称与规则的合同,如演出合同、信用卡合同、瘦身美容合同。无名合同又可分为3种：

（1）纯粹的无名合同，指不以任何有名合同的事项为内容的合同，如肖像权使用合同。

（2）混合合同，指在一个有名合同中添加规定其他有名合同事项的合同。例如，在租赁合同中规定，以承租人借给出租人的借款利息冲抵租金。

（3）准混合合同，指在一个有名合同中添加其他无名合同事项的合同，如在租赁合同中规定，由承租人教出租人的子女弹钢琴以冲抵租金。

3．分类的意义

对于当事人没有约定或者约定不明的内容的合同，其所适用的法律规则不同：

（1）有名合同：适用《合同法》或者其他法律规定。

（2）无名合同：适用《合同法》总则，并可以参照《合同法》分则或者其他法律最相类似的规定（《合同法》第一百二十四条）。

练一练

1．甲、乙双方达成协议，约定甲将房屋无偿提供给乙居住，乙则无偿教甲的女儿学钢琴。对于该协议，下列哪些说法是正确的？（　　）

A．属于无名合同

B．属于实践合同

C．应适用《合同法》总则规定

D．可以参照适用合同法关于租赁合同的规定

2．信用卡在现代社会运用越来越广泛。设甲为信用卡的持卡人，乙为发放信用卡的银行，丙为接受银行信用卡消费的百货公司。甲可以凭信用卡到丙处持卡消费，但应于下个月的15日前将其消费的款项支付给乙，丙应当接受甲的持卡消费，并于每月的20日请求乙支付甲的消费款项，丙不得请求甲支付其消费的款项。2012年3月，甲消费了5万元，无力向乙还款，甲与乙达成协议，约定3个月之内还款，甲将其一间店铺抵押给乙，并做了抵押登记。

问题：2012年3月之前，甲与乙之间存在什么法律关系？乙与丙之间存在什么法律关系？甲与丙之间存在什么法律关系？

（二）诺成合同与实践合同

1．诺成合同

诺成合同是指当事人意思表示一致即告成立的合同，即“一诺即成”的

合同。

需要注意的是,下列两类合同以前为实践合同,现为诺成合同:① 动产质押合同,《中华人民共和国物权法》(以下简称《物权法》)第二百一十二条对《担保法》第六十四条第二款做了修改;② 赠与合同,《合同法》第一百八十五条对《最高人民法院关于贯彻执行〈中华人民共和国民法通则〉若干问题的意见》(以下简称《民通意见》)第一百二十八条做了修改。

2. 实践合同

实践合同又称要物合同,指除了当事人意思表示一致以外,还需要以标的物的交付为成立要件的合同。实践合同有以下几种:① 定金合同,《担保法》第九十条;② 自然人之间的借款合同,《合同法》第二百一十条;③ 保管合同,《合同法》第三百六十七条;④ 借用合同,《民通意见》第一百二十六条。

3. 分类的意义

(1) 判断合同是否成立。

(2) 当事人义务的性质不同。

在诺成合同中,交付标的物或完成其他给付是当事人的给付义务,违反该义务便产生违约责任。而在实践合同中,交付标的物或完成其他给付不是当事人的给付义务,只是先合同义务,违反它不产生违约责任,可能构成缔约过失责任。

(3) 对定金合同而言,定金的交付不仅是合同成立的前提,而且实际交付的定金数额多于或少于约定的金额,视为变更定金合同。

(三) 双务合同与单务合同

1. 双务合同

双务合同是指当事人互负对待给付义务的合同。双务合同中,当事人双方均承担合同义务,且互为对价,一方的当事人所享有的权利,即为对方当事人所负担的义务。

2. 单务合同

单务合同是指只有一方当事人承担给付义务或者双方的义务不具有对待给付关系的合同。单务合同有两种类型:① 仅一方承担给付义务的合同。例如,借用合同,借用合同成立后,仅借用人负有按照约定使用并于借用期满归还借用物的义务,出借人不负合同义务。② 虽双方均负有合同义务,但双方的义务不具有对待给付关系的合同。例如,附义务的赠与合同,赠与人交付赠与财产的义务与受赠人所负担的义务不具有对价关系,因而附义务的赠与合同依然属于单务合同。

3. 分类的意义

双务合同的当事人互负的债务具有牵连性,故:① 履行抗辩权仅发生于双务合同,单务合同无履行抗辩权问题;② 双务合同存在风险负担问题,单务合同无风险负担问题。

(四)有偿合同与无偿合同

1. 有偿合同

有偿合同是指合同当事人一方享有合同规定的权益,必须向对方偿付相应代价的合同。

2. 无偿合同

无偿合同是指合同当事人一方享有合同规定的权益,不必向对方偿付相应代价的合同。

需要注意的是,有偿合同和无偿合同的划分与双务合同和单务合同的划分并非一一对应的关系。双务合同都是有偿合同,但单务合同并非皆为无偿合同。有些单务合同是无偿的,如赠与合同、抵押合同、质押合同、保证合同;而有些单务合同却是有偿合同,如约定利息的消费借贷合同(见例1)。

例1 教授甲与教授乙约定,甲借给乙20万元,年利息10%,借期2年。甲按约将20万元借款交付给乙。

解析 ① 自然人之间的借款合同为实践合同,自甲将借款交付乙时,甲、乙的借款合同才成立并生效。甲交付借款的义务为先合同义务。② 该借款合同是单务合同。因合同成立后,仅乙负有按期还本付息的义务,甲不负有任何合同义务。③ 该借款合同是有偿合同。因乙取得使用20万元2年的利益,须支付代价(支付利息)。

3. 分类的意义

这一分类在司法实践中的意义最为重大,举其要者:

(1) 确定合同的性质。① 买卖、互易、租赁只能是有偿合同;② 赠与、借用、保证、质押、抵押只能是无偿合同;③ 委托、保管、消费借贷既可为有偿合同,也可为无偿合同。

(2) 义务人的注意义务不同、责任不同。例如,根据《合同法》第三百七十四、四百零六条的规定,保管合同、委托合同如果为无偿合同,保管人、受托人的注意义务较低,仅对故意或者重大过失造成的损害承担责任;相反,如果保管合同、委托合同为有偿合同,则保管人、受托人对自己的一般过失给对方造成的损害亦须承担责任。《合同法》第一百八十九、一百九十一条规定也体现了这一精神。

(3) 对缔约当事人行为能力的要求不同。订立有偿合同的当事人原则上应具有完全民事行为能力,限制民事行为能力人非经法定代理人同意,不能订立超出其行为能力范围的有偿合同;但限制民事行为能力人、无民事行为能力人可以独立订立使自己纯获利益的无偿合同。

(4) 决定债权人撤销权的构成要件。债权人撤销权的对象仅限于债务人无偿处分或以不合理的低价转让财产(以不合理的高价收购)的行为,对债权人以合理价格有偿处分财产的行为,债权人无撤销权。

练一练

贾某因装修房屋,把一批古书交朋友王某代为保管,王某将古书置于床下。一日,王某楼上住户家水管被冻裂,水流至王某家,致贾某的古书严重受损。对此,下列说法正确的是(　　)。

A. 王某具有过失,应负全部赔偿责任

B. 王某具有过失,应给予适当赔偿

C. 此事对王某而言属不可抗力,王某不应赔偿

D. 王某系无偿保管且无重大过失,不应赔偿

(五) 要式合同与不要式合同

1. 要式合同

要式合同是指法律规定应当采用特定形式的合同。法律规定应当采取的特定形式包括书面、登记、批准、公证等。

2. 不要式合同

不要式合同是指法律不要求采用特定形式的合同。

3. 分类的意义

法律对合同形式的要求可能成为影响合同成立或生效的因素。不过,为了贯彻鼓励交易原则,《合同法》第三十六条规定:“法律、行政法规规定或者当事人约定采用书面形式订立合同,当事人未采用书面形式但一方已经履行合同主要义务,对方接受的,该合同成立。”可见,要式合同的要式性对合同的成立与生效仅具相对意义。

(六) 确定合同与射幸合同

1. 确定合同

确定合同又称实定合同,指给付的内容和范围在合同成立时已经确定的合同。一般合同均为确定合同。

2. 射幸合同

射幸合同又称机会合同，指给付的内容和范围在合同成立时尚不确定，其确定取决于合同成立后是否发生偶然事件的合同。保险合同、抽奖合同、博彩合同都是射幸合同。

3. 分类的意义

（1）确定合同一般要求等价有偿，不能显失公平，否则会影响合同的效力。例如，显失公平的合同为可撤销合同，暴力合同因违背公序良俗可被认定无效。射幸合同则不要求等价有偿。

（2）射幸合同因双方的给付义务严重不对等，法律从公序良俗出发，对其种类、效力加以限制。例如，押赌合同在我国被认为是非法的；购买彩票的合同限于特定的种类；抽奖式有奖销售的奖金金额不得超过 5 000 元。

（七）主合同与从合同

1. 主合同

主合同是指两个相互依存的合同中，不以其他合同的存在为前提而能独立存在的合同。

2. 从合同

从合同是指两个相互依存的合同中，以其他合同的存在为前提，自身不能独立存在的合同。抵押合同、质押合同、保证合同、定金合同与被担保的合同之间的关系，就是主从合同的关系。

3. 分类的意义

主从合同之间具有成立、存续、消灭上的从属关系。从合同以主合同的存在为前提，主合同变更或消灭，从合同原则上随之变更或消灭。

任务2　《合同法》的适用范围及基本原则

任务情境

某山区农民赵某家有一花瓶，系赵某的祖父留下。李某通过他人得知赵某家有一清朝花瓶，遂上门索购。赵某不知该花瓶真实价值，李某用1.5万元买下，随后将该花瓶送至某拍卖行进行拍卖，卖得价款11万元。赵某在一个月后得知此事，认为李某欺骗了自己，通过多种渠道找到李某，要求李某退回花瓶。李某以买卖花瓶是双方自愿的，不存在欺骗，拒绝赵某的请求。经人指点，赵某到李某所在地人民法院提出诉讼，请求撤销合同，并请求李某返还该花瓶。

问题：

(1) 本案的处理适用合同法的哪些基本原则？

(2) 赵某的诉讼请求有无法律依据？为什么？

(3) 法院应如何处理？

任务分析

从本案的情况看，赵某家中的花瓶是祖传的，系清朝物品，根据法律的规定可以买卖，符合公序良俗原则。从买卖的过程看，由于花瓶是祖传，赵某应当知道花瓶的来源及价值，李某在购买过程中也没有强迫和误导(欺骗)行为，1.5万元的价格也说明当时赵某不是将花瓶当作日用品出售的，而是知道卖的古董价，可见交易双方地位平等，赵某属于自愿出售，符合平等自愿原则。古董的拍卖价格是一种随拍卖市场需求随时发生变化的价格，并非古董的真实价值，不知道拍卖价格并不属于重大误解或显失公平的范畴。

因此，法院应判决合同有效，驳回赵某的诉讼。

相关法理

一、合同法的概念

合同法,即有关合同的法律规范的总称,是调整平等主体之间的交易关系的法律。在我国,合同法并不是一个独立的法律部门,而只是我国民法的重要组成部分。它包括界定合同的法律规范,订立合同的法律规范,合同成立条件的法律规范,合同内容的法律规范,合同效力的法律规范,合同无效、被撤销、效力未定的法律规范,合同履行的法律规范,合同保全的法律规范,合同担保的法律规范,合同变更和转让的法律规范,合同解除的法律规范,合同救济的法律规范,合同消灭的法律规范,合同解释和适用的法律规范,各类合同的法律规范等。

二、合同法的适用范围

我国《合同法》第二条规定:"本条所称合同是平等主体的自然人、法人、其他组织之间设立、变更、终止民事权利义务关系的协议,婚姻、收养、监护等有关身份关系的协议,适用其他法律的规定。"该条明确规定了我国《合同法》的适用范围,具体可以这样理解:

(1) 合同主体的范围,是平等主体的自然人、法人和其他组织,包括中国与外国的个人和组织。

(2) 合同的种类,包括所有的当事人设立、变更、终止民事权利义务关系的协议。这里所说的民事权利义务关系,主要是指财产关系,有关婚姻、收养、监护等身份关系的协议不适用《合同法》,而是适用其他法律的规定。

(3) 法人、其他组织的内部管理适用有关公司、企业的法律,不适用《合同法》。

(4) 优先适用其他法律,仅在其他法律没有规定时可以参照适用《合同法》的合同: ① 设立用益物权的合同,如建设用地使用权出让合同、土地承包经营合同、地役权合同;② 担保合同;③ 保险合同和海商合同;④ 专利权、商标权、著作权转让合同与许可使用合同;⑤ 肖像权使用许可合同、企业名称权转让合同;⑥ 劳动合同;⑦ 合伙协议等共同行为;⑧ 遗赠扶养协议、分家析产协议、夫妻财产协议等以财产关系为内容的协议。

(5) 关于政府机关参与的合同,应当区别不同情况分别处理。

① 政府机关作为平等的主体与对方签订的合同，如购买办公用品，属于一般合同关系，适用《合同法》。

② 属于行政管理关系的协议，如有关综合治理、计划生育、环境保护的协议，这些是行政管理关系，不是民事合同，不适用《合同法》。

③ 政府的采购活动。政府与供应商订立的采购合同适用《合同法》，对于政府采购行为本身，要专门制定政府采购法来规范。政府采购法仅规范约束政府采购行为，并不能约束供应商。

④ 关于指令性任务或国家订货任务问题。我国实行社会主义市场经济体制，指令性计划不是《合同法》普遍适用的基本原则，为了保证国防重点建设及国家战略储备的需要，在个别情况下，国家需要下达指令性任务或国家订货任务，为此，在《合同法》关于合同订立的一章中规定，国家根据需要下达指令性任务或者国家订货任务的，有关企业、事业单位之间应当按照有关法律、行政法规的权利和义务订立合同。

（6）规定涉外合同的当事人可以选择处理合同争议所适用的法律。但是，在中华人民共和国境内履行的中外合资经营企业合同、中外合作经营企业合同、中外合作勘探开发自然资源合同，只能适用中华人民共和国法律。当事人协议选择使用外国法律的，协议无效。

练一练

1. 我国《合同法》调整的是(　　)的合同。

A. 婚姻性质　　B. 监护性质　　C. 行政性质　　D. 财产性质

2. 下列协议中适用《合同法》的是(　　)。

A. 甲与乙签订的遗赠扶养协议

B. 乙与丙签订的监护责任协议

C. 丙与本集体经济组织签订的联产承包协议

D. 丁与戊企业签订的企业承包协议

三、合同法的基本原则

合同法的基本原则是合同法的主旨和根本准则，它是制定、解释、执行、和研究合同法的出发点。合同法的基本原则贯穿整个合同法律制度始终，是从事交易活动的当事人所必须遵循的行为模式，但基本原则本身并不是具体的合同法规范，也不是具体行为标准。合同法的基本原则对于合同的订立、履行及争议的解决具有普遍的指导意义,在合同法中有重要意义和地位。根据《合同法》的规定,合同法的基本原则包括平等原则、自愿原则、公平原则、诚实信用原则、合法原则和公序良俗原则。

1. 平等原则

《合同法》第三条规定:“合同当事人的法律地位平等,一方不得将自己的意志强加给另一方。”法律地位平等,意味着双方是在平等的基础上,经过充分协商并达成意思表示的一致,然后通过履行义务实现各自的合同利益。平等原则具体体现在以下方面:

(1) 合同当事人之间的法律地位平等。在合同关系中当事人之间不存在管理与被管理,服从与被服从关系。在订立合同时,合同当事人必须以平等的身份就合同条款进行充分协商达成一致,合同才能成立,任何一方不得把自己的意志强加给另一方,如果以胁迫、命令、强制等手段签订合同,将会影响合同的效力,得不到法律的保护。

(2) 机会平等。不论人的天赋、才能或者机遇如何,法律都为其提供同等的订立合同的机会,这就构成机会平等或程序平等。至于订立合同的结果如何,那是由当事人的天赋、才能或机遇决定的,不影响合同的效力。

2. 自愿原则

合同自愿是指当事人依法享有的在订立合同、选择相对人、决定合同内容及在变更和解除合同、选择合同补救方式等方面的自由。《合同法》第四条规定:“当事人依法享有自愿订立合同的权利,任何单位和个人不得非法干预。”合同自愿原则主要表现在以下几方面:① 订立合同自愿,即当事人依自己的意愿自主决定是否签订合同时,不受任何单位和个人的非法干预;② 与谁签订合同自愿,即在签订合同时,当事人有权选择对方当事人;③ 合同内容由当事人在不违反法律法规的情况下自愿协商确定;④ 在合同履行过程中,当事人可以自由协议补充,变更有关内容;⑤ 当事人双方也可以自由协议解除合同;⑥ 在发生争议时,当事人可以自愿选择解决争议的方式,只要不违背法律、行政法规强制性的规定,合同当事人有权自主决定。

当然,合同自愿不是无限制的,当事人订立合同、履行合同时应当遵守法律、行政法规,尊重社会公德,不得扰乱社会经济秩序,损害社会公共利益,否则合同无效。在任何社会中,都不存在绝对的自由。自20世纪以来,随着社会经济的发展,国家干预经济生活的规模与程度也在不断加强,对合同自由的限制已成趋势,这种限制并非旨在剥夺当事人的自由意志,其目的是通过限制合同关系中强者一方的自由,保护弱者和社会公共利益。

练一练

一日凌晨，卖炭翁老王挑着一担木炭进长安城出售，行至蓝关附近，被吴法、吴天两青年拦住。吴法、吴天手持木棒，强迫老王以十分低廉的价格出让该木炭，老王被迫同意。该合同违背了合同法基本原则中的（　　）。

A. 自愿原则　　　　B. 公平原则

C. 诚实信用原则　　　　D. 平等原则

3. 公平原则

公平原则要求合同双方当事人之间的权利与义务公平合理、大体上平衡，强调一方给付与对方给付之间的等值性，以及合同上的负担和风险分配的合理性。《合同法》第五条规定："当事人应当遵循公平原则确定各方权利和义务。"公平原则本来是道德上的原则，但作为合同法中的原则，它就成为法律准则。公平原则作为合同法基本原则，其意义和作用在于：坚持正义与效益的统一，既要求当事人按照公平原则设立权利与义务，又要求按照公平原则履行合同，按照公平原则处理当事人之间的纠纷。将公平原则作为合同当事人的行为准则，可以防止当事人滥用权力，有利于保护当事人的合法权益，维护和平衡当事人之间的利益。

公平原则具体表现在以下几方面：① 在订立合同时，要根据公平原则确定双方的权利和义务，不得滥用权利，不得欺诈，不得假借订立合同恶意进行磋商；② 根据公平原则确定风险的合理分配；③ 根据公平原则确定违约责任。

4. 诚实信用原则

诚实信用原则是指合同主体在订立合同、履行合同时必须诚实、善意，行使权利不损害他人与社会的合法利益。履行义务、信守承诺和法律规定，不仅应使当事人之间的利益得到平衡，而且也必须使当事人与社会之间的利益得到平衡。《合同法》第六条规定："当事人行使权利，履行义务应当遵循诚实信用原则。"诚实信用原则是合同法甚至整个民法中一项极为重要的法律原则，在大陆法系被冠以"帝王规则"的称号，其重要性由此可见。

诚实信用原则具体表现在以下几方面：① 要求合同当事人以善意方式行使权利和履行义务，在订立合同时应当诚实、守信、不做假、不欺诈；② 在履行合同时双方互相协商，应当忠于事实真相，不得欺诈对方，损人利己，应当全面、适当地履行自己的义务；③ 在合同终止时，应当根据交易习惯履行通知、协助、保密等义务。

诚实信用原则作为合同法的一项基本原则,应具有强制性规范的性质,在解决合同纠纷的司法实践中,裁判者应按照诚实信用原则来平衡合同当事人之间的冲突及当事人利益与社会公共利益之间的冲突。诚实信用原则可以用来补充和解释合同的缺陷或不明确,在立法有欠缺时,也可以援引为解决法律纠纷的依据,但在具体适用该原则解决合同争议时,应当慎重行事,避免滥用。

练一练

某建筑工程公司在施工中泄露了业主方的一些技术秘密,其行为违反了合同法中的(　　)。

A. 平等原则　　B. 自愿原则

C. 公平原则　　D. 诚实信用原则

5. 遵守法律原则(也称为合法原则或公序良俗原则)

遵守法律原则,即当事人订立、履行合同,应当遵守法律、行政法规,遵守社会公共秩序,符合社会的公共道德标准,不得扰乱社会经济秩序,不得损害社会公共利益(即公共秩序和善良风俗)。我国《合同法》第七条规定:“当事人订立、履行合同,应当遵守法律、行政法规,尊重社会公德,不得扰乱社会经济秩序,损害社会公共利益。”

巩固提升

一、单项选择题

1. 下列各情形中,在当事人之间产生合同法律关系的是(　　)。

A. 甲拾得乙遗失的一块手表

B. 甲邀请乙看球赛,乙因为有事没有前去赴约

C. 甲因放暑假,将一台电脑放入乙家

D. 甲鱼塘之鱼跳入乙鱼塘

2. 租赁合同是(　　)。

A. 双务合同　　B. 无偿合同

C. 无名合同　　D. 为第三人利益订立的合同

3. 根据《合同法》的规定,下列合同中属于实践性合同的是(　　)。

A. 赠与合同

B. 居间合同

C. 货运合同

D. 自然人之间的借贷合同

4. 遗赠扶养协议(　　)。

A. 只能适用《继承法》,不能适用《合同法》

B. 是身份合同

C. 不是平等主体之间的合同

D. 是债权合同,适用《合同法》

4. 合同终止以后当事人应当遵循保密和忠实等义务,此种义务在学术上称为后契约义务。此种义务的依据是(　　)。

A. 自愿原则　　B. 合法原则

C. 诚实信用原则　　D. 协商原则

5. 要求当事人之间的权利义务对等、公平合理,以利益均衡作为价值判断标准来调整合同主体之间的关系,强调双方负担和风险的合理分配。这是合同法的基本原则中的(　　)。

A. 平等原则　　B. 自愿原则

C. 公平原则　　D. 诚实信用原则

二、多项选择题

1. 下列合同既属于双务合同,又属于有偿合同的是(　　)。

A. 买卖合同　　B. 借贷合同

C. 租赁合同　　D. 附有保管费的保管合同

2. 丰起商场给张某无偿保管一辆自行车;张某借给李某500元钱不要利息;李某把2万元柑橘交给铁路部门运输;铁路部门找木器加工厂加工制作100条长椅。以上4种合同(　　)。

A. 第一个合同是实践合同　　B. 第二个合同是实践合同

C. 第三个合同是实践合同　　D. 第四个合同是实践合同

3. 甲与乙订立买卖合同,甲与乙之间的债权债务关系(　　)。

A. 属于法定之债　　B. 属于意定之债

C. 属于诺成合同　　D. 具有相对性

4. 下列各项中,(　　)适用《合同法》。

A. 政府采购合同　　B. 以悬赏广告为要约订立的合同

C. 以招标、投标方式订立的合同　　D. 以拍卖方式订立的合同

5. 下列合同中,既可以是有偿合同也可以是无偿合同的有(　　)。

A. 保管合同　　B. 委托合同　　C. 借款合同　　D. 互易合同

6. 无名合同的法律适用规则为(　　)。

A. 直接适用《合同法》中有名合同的规定

B. 适用《合同法》总则中的规定

C. 应该参照《合同法》分则中最相类似的规定

D. 应该参照《合同法》以外法律中最相类似的规定

三、案例分析

周某见本县中学校舍破旧,提出捐献人民币20万元用于整修校舍,要求该中学将全部旧墙拆除。学校校长表示接受。后该中学按照签订的赠与合同翻建校舍,并要求周某交付20万元。但周某只愿交付10万元,并说:“我是无偿赠与,交10万元就不错了。”双方发生争议。

问:

(1) 周某应交付10万元还是20万元?

(2) 赠与合同是双方法律行为,还是单方法律行为? 为什么?

(3) 赠与合同是单务合同,还是双务合同? 是有偿合同,还是无偿合同?

为什么？

(4) 对合同如何进行分类？分类的意义是什么？

四、实训

情景设计

甲煤矿公司长期以某价格从乙机电公司购买某品牌和型号的直流电动机，双方合作愉快，从未发生合同纠纷。2014 年 3 月 15 日，甲煤矿公司与乙机电公司又签订了一份电机买卖合同，约定由乙机电公司于 4 月 15 日前向甲煤矿公司供应 20 千瓦电机 20 台，甲煤矿公司于合同签订后向乙机电公司交付定金 5 万元。合同签订后，乙机电公司四处寻找货源，至 4 月 14 日甲煤矿公司所需电机仍无着落。乙机电公司负责人发现合同中未写明须交付直流电动机，尽管其明知甲煤矿公司一直购买的是直流电动机，为避免承担违约责任，便向甲煤矿公司交付了 20 台 20 千瓦交流电动机。10 日后，甲煤矿公司发现乙机电公司交付的不是自己需要的直流电动机，要求乙机电公司承担违约责任。乙机电公司称因合同条款不明造成自己误解，损失应由双方共同分担。

工作任务

任务 1：乙机电公司的履行行为违反了合同法中的哪种原则？

任务 2：合同法有哪些基本原则？

训练方法

学生自由组合，4 ~8 人为一组，先在组内展开讨论，再与其他小组进行交流，然后小组派代表发言，最后由授课老师点评。

步骤 1：各小组将本组意见写成书面材料；

步骤 2：每一小组推选 1 ~2 名代表发言，并可与其他小组展开辩论。

考核标准

能正确辨别理解并运用合同法的基本原则。

项目三

合同的订立

项目认知

合同的订立是合同双方动态行为和静态协议的统一，它既包括缔约各方在达成协议之前接触和洽谈的整个动态的过程，也包括双方达成合意、确定合同的主要条款或者合同的条款之后形成的协议。前者如要约邀请、要约、反要约等，包括先合同义务和缔约过失责任；后者如承诺、合同成立和合同条款等。

内容结构图

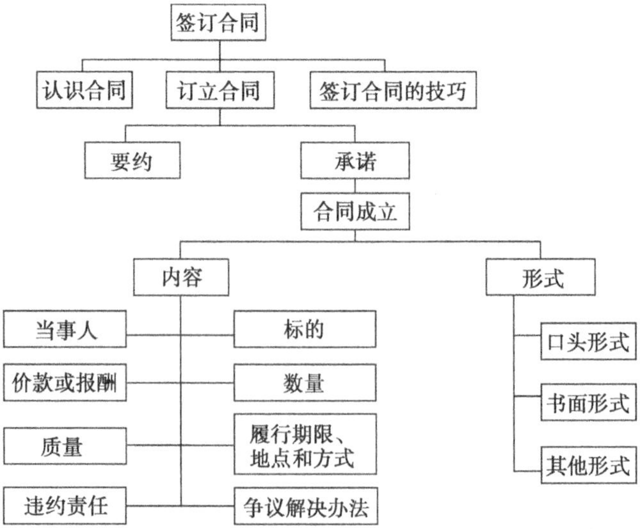

学习目标

1. 知识目标

（1）掌握合同订立、成立的概念；

（2）掌握合同订立过程中的“要约”与“承诺”；

（3）熟悉合同的内容与形式，尤其是关于格式条款的规章制度。

2. 能力目标

（1）能够正确地掌握要约成立的要件、要约和要约邀请的区别，以及要约的撤回与要约的撤销；

（2）能够运用所学理论知识解决具体的合同订立过程中的纠纷；

（3）具备草拟合同及完善合同内容的实践能力。

相关法律条文

《中华人民共和国合同法》（第二章）

第九条　当事人订立合同，应当具有相应的民事权利能力和民事行为能力。

当事人依法可以委托代理人订立合同。

第十条　当事人订立合同，有书面形式、口头形式和其他形式。

法律、行政法规规定采用书面形式的，应当采用书面形式。当事人约定采用书面形式的，应当采用书面形式。

第十一条　书面形式是指合同书、信件和数据电文（包括电报、电传、传真、电子数据交换和电子邮件）等可以有形地表现所载内容的形式。

第十二条　合同的内容由当事人约定，一般包括以下条款：

（一）当事人的名称或者姓名和住所；

（二）标的；

（三）数量；

（四）质量；

（五）价款或者报酬；

（六）履行期限、地点和方式；

（七）违约责任；

（八）解决争议的方法。

当事人可以参照各类合同的示范文本订立合同。

第十三条 当事人订立合同，采取要约、承诺方式。

第十四条 要约是希望和他人订立合同的意思表示，该意思表示应当符合下列规定：

（一）内容具体确定；

（二）表明经受要约人承诺，要约人即受该意思表示约束。

第十五条 要约邀请是希望他人向自己发出要约的意思表示。寄送的价目表、拍卖公告、招标公告、招股说明书、商业广告等为要约邀请。

商业广告的内容符合要约规定的，视为要约。

第十六条 要约到达受要约人时生效。

采用数据电文形式订立合同，收件人指定特定系统接收数据电文的，该数据电文进入该特定系统的时间，视为到达时间；未指定特定系统的，该数据电文进入收件人的任何系统的首次时间，视为到达时间。

第十七条 要约可以撤回。撤回要约的通知应当在要约到达受要约人之前或者与要约同时到达受要约人。

第十八条 要约可以撤销。撤销要约的通知应当在受要约人发出承诺通知之前到达受要约人。

第十九条 有下列情形之一的，要约不得撤销：

（一）要约人确定了承诺期限或者以其他形式明示要约不可撤销；

（二）受要约人有理由认为要约是不可撤销的，并已经为履行合同作了准备工作。

第二十条 有下列情形之一的，要约失效：

（一）拒绝要约的通知到达要约人；

（二）要约人依法撤销要约；

（三）承诺期限届满，受要约人未作出承诺；

（四）受要约人对要约的内容作出实质性变更。

第二十一条 承诺是受要约人同意要约的意思表示。

第二十二条 承诺应当以通知的方式作出，但根据交易习惯或者要约表明可以通过行为作出承诺的除外。

第二十三条 承诺应当在要约确定的期限内到达要约人。

要约没有确定承诺期限的，承诺应当依照下列规定到达：

（一）要约以对话方式作出的，应当即时作出承诺，但当事人另有约定的除外；

（二）要约以非对话方式作出的，承诺应当在合理期限内到达。

第二十四条 要约以信件或者电报作出的，承诺期限自信件载明的日期或者电报交发之日开始计算。信件未载明日期的，自投寄该信件的邮戳日期开始计算。要约以电话、传真等快速通讯方式作出的，承诺期限自要约到达受要约人时开始计算。

第二十五条 承诺生效时合同成立。

第二十六条 承诺通知到达要约人时生效。承诺不需要通知的，根据交易习惯或者要约的要求作出承诺的行为时生效。

采用数据电文形式订立合同的，承诺到达的时间适用本法第十六条第二款的规定。

第二十七条 承诺可以撤回。撤回承诺的通知应当在承诺通知到达要约人之前或者与承诺通知同时到达要约人。

第二十八条 受要约人超过承诺期限发出承诺的，除要约人及时通知受要约人该承诺有效的以外，为新要约。

第二十九条 受要约人在承诺期限内发出承诺，按照通常情形能够及时到达要约人，但因其他原因承诺到达要约人时超过承诺期限的，除要约人及时通知受要约人因承诺超过期限不接受该承诺的以外，该承诺有效。

第三十条 承诺的内容应当与要约的内容一致。受要约人对要约的内容作出实质性变更的，为新要约。有关合同标的、数量、质量、价款或者报酬、履行期限、履行地点和方式、违约责任和解决争议方法等的变更，是对要约内容的实质性变更。

第三十一条 承诺对要约的内容作出非实质性变更的，除要约人及时表示反对或者要约表明承诺不得对要约的内容作出任何变更的以外，该承诺有效，合同的内容以承诺的内容为准。

第三十二条 当事人采用合同书形式订立合同的，自双方当事人签字或者盖章时合同成立。

第三十三条 当事人采用信件、数据电文等形式订立合同的，可以在合同成立之前要求签订确认书。签订确认书时合同成立。

第三十四条 承诺生效的地点为合同成立的地点。

采用数据电文形式订立合同的，收件人的主营业地为合同成立的地点；没有主营业地的，其经常居住地为合同成立的地点。当事人另有约定的，按照其约定。

第三十五条　当事人采用合同书形式订立合同的，双方当事人签字或者盖章的地点为合同成立的地点。

第三十六条　法律、行政法规规定或者当事人约定采用书面形式订立合同，当事人未采用书面形式但一方已经履行主要义务，对方接受的，该合同成立。

第三十七条　采用合同书形式订立合同，在签字或者盖章之前，当事人一方已经履行主要义务，对方接受的，该合同成立。

第三十八条　国家根据需要下达指令性任务或者国家订货任务的，有关法人、其他组织之间应当依照有关法律、行政法规规定的权利和义务订立合同。

第三十九条　采用格式条款订立合同的，提供格式条款的一方应当遵循公平原则确定当事人之间的权利和义务，并采取合理的方式提请对方注意免除或者限制其责任的条款，按照对方的要求，对该条款予以说明。

格式条款是当事人为了重复使用而预先拟定，并在订立合同时未与对方协商的条款。

第四十条　格式条款具有本法第五十二条和第五十三条规定情形的，或者提供格式条款一方免除其责任、加重对方责任、排除对方主要权利的，该条款无效。

第四十一条　对格式条款的理解发生争议的，应当按照通常理解予以解释。对格式条款有两种以上解释的，应当作出不利于提供格式条款一方的解释。格式条款和非格式条款不一致的，应当采用非格式条款。

第四十二条　当事人在订立合同过程中有下列情形之一，给对方造成损失的，应当承担损害赔偿责任：

（一）假借订立合同，恶意进行磋商；

（二）故意隐瞒与订立合同有关的重要事实或者提供虚假情况；

（三）有其他违背诚实信用原则的行为。

第四十三条　当事人在订立合同过程中知悉的商业秘密，无论合同是否成立，不得泄露或者不正当地使用。泄露或者不正当地使用该商业秘密给对方造成损失的，应当承担损害赔偿责任。

任务1 合同订立过程的认识

任务情境

洪通公司因业务扩大，急需办公电脑，于是向甲、乙两家公司发出函电。函电中称："我公司急需联想4792型号台式电脑200台，如果公司有货，请速来函电，我公司愿派人前去购买。"甲、乙两公司在收到函电后，先后向洪通公司回复了函电，在函电中告知他们备有现货，且告知了联想4792型号台式电脑的价格，而甲公司在发出函电的同时，派车给洪通公司送去了200台电脑。在该批货物送达之前，洪通公司得知乙公司的电脑价格更合理，因此，向乙公司致电，称："我公司愿向贵公司购买200台电脑，盼速发货，运费由我公司承担。"在发出函电的第二天上午，乙公司发函称已准备好发货。下午，甲公司将200台电脑运到，洪通公司告知甲公司，他们已决定购买乙公司的货物，因此不能购买甲公司的货物。甲公司认为，洪通公司的拒收货物行为已构成违约，双方协商不成，甲公司向法院起诉。

问题：

(1) 洪通公司向甲、乙两公司发函的行为，在合同法上属于什么行为？

(2) 甲、乙两公司的复函行为是什么行为？

(3) 洪通公司第二次向乙公司发函的行为是什么行为？

(4) 洪通公司与乙公司之间的买卖合同是否成立？为什么？

任务分析

(1) 洪通公司向甲、乙两公司分别发函的行为在合同法上属于要约邀请行为。所谓要约邀请，是指仅希望他人向自己发出要约的意思表示，要约邀请人并不受该意思表示的约束。洪通公司向甲、乙两公司发函的内容并不包括合同的主要条款，如没有价格方面的内容，可见，洪通公司只是通过发函希望别人向自己发出要约。

(2) 甲、乙两公司复函的行为是要约。根据《合同法》第十四条的规定，要约是希望和他人订立合同的意思表示，而且要约必须内容具体、确定，一经承诺，要约人即受要约的结束。本案中，甲、乙两公司的复函行为都告知备有现货，并告知了价格，内容具体明确，因此他们的行为属于要约。

(3) 洪通公司第二次向乙公司发函的行为属于承诺。根据《合同法》第二十一条、第三十条的规定，承诺是受要约人同意要约的意思表示，承诺的内容应当和要约的内容一致。从本案来看，洪通公司第二次向乙公司发函的行为完全符合承诺的条件，属于承诺行为。

(4) 洪通公司与乙公司之间的买卖合同成立，根据《合同法》第二十五、第二十六条，承诺需要通知的，承诺通知到达要约人时生效，承诺生效时合同成立。本案中，乙公司在洪通公司发出复函后第二天就发函表示准备发货，表明承诺通知已到达要约人，因此，洪通公司与乙公司的买卖合同已经成立。

相关法理

合同的订立又称缔约，是当事人为设立、变更、终止财产权利义务关系而进行协商、达成协议的过程。《合同法》第二条规定："合同是平等主体的自然人、法人、其他组织之间设立、变更、终止民事权利义务关系的协议。"既然合同是一种协议，就须当事人各方的意思表示一致，合同才能成立。当事人为达成协议，相互为意思表示进行协商到达成合意的过程，也就是合同的订立过程。《合同法》第十三条规定："当事人订立合同，采取要约、承诺方式。"依此规定，合同的订立包括要约和承诺两个阶段，当事人为要约和承诺的意思表示均为合同订立的程序。现行合同法在合同订立上的一个重大变化是将要约和承诺这两个重要步骤用法条规定为订立合同的基本方式。根据现行《合同法》的规定，要约是指一方当事人以缔结合同为目的，向对方当事人提出合同条件，希望对方当事人接受的意思表示。发出要约的一方称要约人，接受要约的一方称受要约人。承诺是指受要约人同意接受要约的全部条件而缔结合同的意思表示。

一、合同订立过程

1. 须有双方或多方当事人

合同为各方达成的协议，属于双方或多方的法律行为，因此，订立合同须由至少两方当事人参与，仅一方当事人不存在订立合同问题。订约当事人是否为双方或多方，决定于参与订约的人是否为相互独立的意思主体。在一般情形下，订约当事人各方的经济目的是相反的，但在某些情形下，订约当事人各方也可有相同的经济目的，但须能为相互独立的意思表示。

2. 须有当事人之间意思表示的互动

合同订立是由独立的主体相互接触，互为意思表示，直到达成协议的过程。因此，合同的订立须有当事人互为意思表示，从要约、再要约，直到承诺。

3. 须为特定当事人之间为缔约而为意思表示

订立合同只能在特定的人或者特定范围内的人之间进行，并且当事人须以缔约为目的进行接触，当事人之间相互所为的意思表示是为订约发出的。若不特定的人之间或者虽为特定人之间相互接触，进行协商，但并不以订约为目的，则不属于合同订立问题。

二、合同订立后果

合同的订立是缔约当事人之间相互接触、协商的过程，是动态行为与静态结果的合同订立统一体。合同订立的动态行为是缔约人相互协商的过程。合同订立的静态结果是合同订立过程结束的状态，即动态行为的后果。

合同订立过程结束会有两种后果：

（1）当事人之间达成合意，即合同成立，此可谓合同订立的积极结果，也就是当事人订立合同的意图实现。

（2）当事人之间不能达成合意，即合同不成立，此可谓合同订立的消极结果，也就是当事人订立合同的意图不实现，即订约不成功或失败。

可见，合同的成立仅是合同订立的积极结果，仅表现合同订立过程结束时的一种静态状态。

三、合同当事人

《合同法》第二条规定："本法所称的合同是平等主体的自然人、法人、其他组织之间设立、变更、终止民事权利义务关系的协议。"《合同法》第九条规定："当事人订立合同，应当具有相应的民事权利能力和民事行为能力。""当事人依法可以委托代理人订立合同。"按照这一规定，订立合同的当事人必须是具有相应民事权利能力和民事行为能力的自然人、法人或其他组织。

（1）当事人的民事权利能力，是指民事主体依法享有民事权利和承担民事义务的资格。民事权利能力是由法律赋予民事主体的。《中华人民共和国民法通则》（以下简称《民法通则》）第九条规定："公民从出生时起到死亡时止，具有民事权利能力，依法享有民事权利，承担民事义务。"《民法通则》第三十六条规定:“法人的民事权利能力和民事行为能力,从法人成立时产生,到法人终止时消灭。”其他组织的民事权利能力与法人相同,始于该组织的成立,终于该组织的终止。

(2) 当事人的民事行为能力,是指民事主体通过自己的行为取得民事权利和承担民事义务的资格。自然人的民事行为能力与民事权利能力并不一致,有民事权利能力的自然人并不一定就具有民事行为能力。根据公民的年龄、智力和精神状况的不同,《民法通则》将自然人的民事行为能力分为3种:完全民事行为能力、限制民事行为能力和无民事行为能力。按照《合同法》第二条的规定,自然人、法人、其他组织均可订立合同。年满18周岁且精神、智力状况正常的自然人具有完全的民事行为能力,可以独立缔约;年满16周岁且以自己的劳动收入为主要生活来源的自然人,视为完全民事行为能力人,也可以独立缔约。

四、合同订立与合同成立的关系

合同订立是合同成立的基础和前提,没有合同的订立,也就不会有具体合同的成立;合同订立是当事人为订约而进行相互协商的全过程,而合同的成立仅是缔约当事人达成合意的状态;合同的订立可有合同成立与不成立两种后果,而合同成立仅是合同订立的积极后果。

合同的成立是当事人之间产生权利义务的基础,具有重要的作用:

(1) 合同的成立旨在解决合同是否存在的问题。合同成立是合同订立过程的积极结果。如果合同不成立,则合同订立失败,不发生具体合同,也就无所谓合同的履行、变更、解除或者终止等问题。

(2) 合同的成立是认定合同效力的前提条件。只有成立的合同才会发生合同是否有效的问题。如果合同没有成立,当然也就谈不上合同的效力。

(3) 合同的成立是区分合同责任和缔约过失责任的根本标志。合同订立过程中,因一方当事人的过失致使合同不成立即订约失败,造成他方损失的,过失方应当承担赔偿责任,但因合同关系尚不存在,这种赔偿责任只能属于缔约过失责任。只有在合同成立后,因当事人之间存在合同关系,一方违反合同的,才会发生合同的违约责任。

(4) 合同成立的标志与效力。根据《合同法》第八条第二款:“依法成立的合同,受法律保护”的规定,合同成立后才能受到法律的保护。在合同订立的过程中,何时合同成立也须依法确定。对此,《合同法》第三十二条、第三十三条、第三十六条、第三十七条规定了4种情况:① 当事人采用合同书形式订立合同的，自双方当事人签字或者盖章时合同成立。② 当事人采用信件、数据电文等形式订立合同的，可以在合同成立之前要求签订确认。签订确认书时合同成立。③ 法律、行政法规规定或者当事人约定采用书面形式订立合同，当事人未采用书面形式但一方已经履行主要义务，对方接受的，该合同成立。④ 采用合同书形式订立合同，在签字或者盖章之前，当事人一方已经履行主要义务，对方接受的，该合同成立。依法成立的合同，对当事人具有法律约束力。当事人应当按照约定履行自己的义务，不得擅自变更或者解除合同。

任务2 合同订立第一步——发出要约

任务情境

日常生活中,最常见的订立合同莫过于农贸市场买菜。以张三向菜农李四购买白菜为例,一个典型的买菜过程大致可分为以下几个步骤:第一,张三向李四询问白菜价格;第二,李四表明白菜价格1元/斤,共有100斤;第三,张三还价0.8元/斤,买5斤;第四,李四表示同意0.8/斤,卖给张三5斤。此时,双方就买菜达成合意。

任务分析

上述案例中,李四向张三表示白菜价格1元/斤,共有100斤可售的行为,可以看作李四向张三发出的要约。

所谓要约,是一方当事人以签合同为目的,向对方当事人提出合同的具体条件,并期待对方当事人接受该条件的意思表示。该意思表示应满足以下规定:① 要约内容具体确定;② 表明经受要约人承诺,要约人即受该意思表示约束(《合同法》第十四条)。在民商事活动中,要约通常被称为发价、发盘、出盘、报价等。

要约是当事人一方向对方发出的希望与对方订立合同的意思表示。由客户发出自己要些什么东西、要求的价格等条件,然后由商家决定是否接受客户的要约。假如商家接受客户的要约,那么交易成功;假如商家不接受客户的要约,那么交易失败。这是个双赢的商业模式,客户以自己的条件得到自己需要的东西,商家无需到处寻找客户,潜在客户主动找你并发出要约购买商品,商家只需说卖还是不卖。

相关法理

一、要约的概念

要约,是当事人一方向对方发出的希望与对方订立合同的意思表示。发出要约的一方称要约人,接受要约的一方称受要约人。

二、要约的构成条件

从学理角度而言,我国《合同法》对要约的规定必须包括4个构成要件。

1. 要约是特定人的意思表示

要约人发出要约的目的是期望得到受要约人的承诺并成立合同。只有要约人特定,受要约人才能对之承诺。所谓特定人,是外界能客观确定的人。不管是自然人还是法人,是本人还是代理人,都可发出要约。

2. 要约内容必须具体确定

通常认为,只要作为合同要素的内容达到了具体确定的要求,就可认定为要约内容具体明确。至于合同要素的内容,则应结合具体合同类型具体把握。例如,买卖、租赁、承揽等合同要素的内容各有差异。

3. 要约应有缔结合同的目的

要约应当表明经受要约人承诺,即受该意思表示约束。这说明要约本身要以缔结合同并接受合同约束为目的。此一要件是要约区别于好意施惠行为的基本标准。

4. 要约应向相对人发出

相对人包括特定的人和不特定的人。相应地,要约可分为特定要约和不特定要约。所谓特定要约一般是指向某个或某些特定的人发出的要约。例如,"任务情境"中李四向特定人张三发出出售白菜的要约。不特定要约则是向不特定的公众发出的要约。例如,商场的标价商品、自动售货机、公共汽车等。

例1　甲与妻子乙在家中商量,将自家的汽车以30万元的价格出售给朋友丙。不料,甲、乙说的话被站在门外的丙偷听到,并觉得这笔生意不错。丙等了很久,不见甲、乙有何动静。为防止节外生枝,丙给甲、乙发了一封信,要旨是:"我,丙,同意以30万元的价格购买你们的汽车。"甲、乙接到该信后未置可否。

解析 ① 对特定人发出的要约，须依序经过3个阶段，才能生效：a. 作成要约（使其客观上存在）；b. 作出（向相对人所在方向发出）；c. 到达（非对话方式作出）或被了解（对话方式作出）。② 甲、乙对丙的要约尚未作出，要约就不可能生效，丙无承诺的资格。③ 丙给甲、乙写的信只能算一个要约。故甲、乙与丙的买卖合同尚未成立。

例2 ① 甲给乙写信，载明："我愿以30万元的价格将自己去年购买的那部汽车出售给乙。"

② 甲给乙写信，载明："正在考虑，以30万元的价格将自己去年购买的那部汽车出售给乙。"

解析 ① 甲的意思表示包含买卖合同的主要条款，且有受拘束的意思（乙若承诺，则买卖合同成立），故甲的意思表示构成要约。

② 甲的意思表示包含买卖合同的主要条款，但不具有受拘束的意思，故甲的意思表示不构成要约。

特别提醒

对特定人的要约 VS 对不特定人的要约

要约都是对相对人的意思表示，未对相对人作出的，要约不可能生效。根据相对人是否特定，要约分为对特定人的要约和对不特定人的要约（到站的公共汽车、自动售货机、构成要约的商业广告均为对不特定人的要约）。二者的核心区别有两点：① 生效时间不同。对特定人的要约，自要约到达相对人或自相对人了解时生效。对不特定人的要约，自作出时生效。② 要约失效的情况不同。对特定人的要约，受要约人拒绝要约的通知到达要约人时，要约失效。对不特定人的要约，部分受要约人拒绝要约的通知到达要约人时，要约并不失去效力。

三、要约邀请

要约邀请也称要约引诱，是指希望他人向自己发出要约的意思表示。要约邀请具有以下特点：① 要约邀请是一种意思表示；② 要约邀请的目的在于诱使他人向自己发出要约，只是订立合同的预备行为；③ 要约邀请只是引诱他人发出要约，行为人撤回其要约邀请，只要没有造成相对人信赖利益的损失，一般不承担法律责任。

要约邀请主要有：① 寄送价目表。但是，如果派发此类材料时明确表示愿受承诺的约束,或从其内容中可以确定有此意图,则应视为要约。② 拍卖广告。③ 招标公告。但招标人在招标公告中明确表示将与报价最优者订立合同的,可视为要约。④ 招股说明书。⑤ 商业广告。但如果广告内容符合要约规定,如注明相对人只要作出规定的行为就可以使合同成立,应视为要约。

练一练

1. 下列不属于要约邀请的一项是(　　)。

A. 寄送的价目表　　B. 拍卖公告

C. 商贩的沿街叫卖　　D. 商业广告

2. 竞买人以报价方式向拍卖人所作的应买的意思表示,在法律性质上属于(　　)。

A. 要约邀请　　B. 要约

C. 对拍卖人拍卖公告的承诺　　D. 订立合同的确认

四、要约的形式

《合同法》第二十三条对要约的形式区分了对话方式和非对话方式,并赋予其不同的法律效力。但一般认为,要约还可区分为口头形式和书面形式。口头形式是要约人以直接对话或电话等方式向受要约人进行要约。书面形式则是采取交换信函、电报、传真、电子邮件等方式进行要约。除了常规的要约形式以外,以下特定情形也属于要约。

1. 商品的标价展示

我国《合同法》秉承大陆法系的传统,认为商品标价陈列的行为是一种要约。商品陈列标明单价的,视为要约;未标明单价的,不视为要约。标明单价同时标明是展览品的,不视为要约。

2. 自动售货机的设置

自动售货机的设置属于向不特定人发出的要约,而消费者的投币行为属于承诺。至于公共汽车的站牌所标示的内容不具有要约性质,而是合同成立后格式条款的内容。

特别注意 当自动售货机出现故障或显示已无存货时,要约应被视为失去效力。此时,消费者所投货币,应依不当得利返还。

3．悬赏广告

所谓悬赏广告是广告发布人以广告的形式表明对完成其广告中约定事项的人给付广告中约定报酬的意思表示行为。一般认为，悬赏广告是向不特定人发出的要约，即使行为人在不知悬赏广告的情况下完成了广告所要求的行为，或者行为人为限制行为能力人或无行为能力人，完成广告所要求行为时，仍可请求支付报酬。

4．特殊商业广告

一般的商业广告属于要约邀请。但《合同法》第十五条规定，商业广告的内容符合要约规定的，视为要约。这里所言的“广告的内容符合要约规定”，应理解为广告中既含有合同得以成立的确定内容，又含有广告人希望订立合同的愿望及愿意受拘束的意图。例如，广告中含有“保证随到随买”、“保证款到五天内发货”等类似字样皆表达了愿受拘束的意思，故可视为要约。如果商业广告中表明“数量有限，售完为止”，则刊登广告的商家不负责任。

例3 甲公司通过电视发布广告，称其有100辆某型号汽车，每辆价格15万元，广告有效期10天。乙公司于该则广告发布后第5天自带汇票去甲公司买车，但此时车已全部售完，无货可供。下列选项正确的是(　　)

A．甲构成违约　　　　B．甲应承担缔约过失责任

C．甲应承担侵权责任　　　　D．甲不应承担民事责任

解析 本题涉及要约的成立要件问题。商业广告一般不构成要约，而属于要约邀请。但如果广告内容符合要约规定，应视为要约。本题中甲公司的广告说明了标的物的价格，且有有效期，说明在此期限内相对人只要作出承诺合同即成立，甲公司的广告构成要约。乙公司去甲公司买车的行为则构成承诺，甲、乙公司之间买卖合同已成立。甲公司不能履行合同，应承担违约责任。

练一练

1．下列属要约的是(　　)。

A．某股份公司的招股说明书

B．某公司在电视台播发的售房广告，但称“价格面议”

C．某出租车未打开顶灯，在马路上行驶

D．某处于运营中的自动售货机，投入5元硬币，自动送出一杯可乐

2．某果品公司因市场上西瓜脱销，向新疆某农场发出一份传真：“因我市市场西瓜脱销，不知贵方能否供应。如有充足货源，我公司欲购十个冷冻火车皮。

望能及时回电与我公司联系协商相关事宜。”农场因西瓜丰收，正愁没有销路，接到传真后，喜出望外，立即组织十个车皮货物给果品公司发去，并随即回电：“十个车皮的货已发出，请注意查收。”在果品公司发出传真后，农场回电前，外地西瓜大量涌入，价格骤然下跌。接到农场回电后，果品公司立即复电：“因市场发生变化，贵方发来的货，我公司不能接收，望能通知承运方立即停发。”但因货物已经起运，农场不能改卖他人。果品公司拒收，农场指责果品公司违约，并向法院起诉。

试分析：

（1）本案的纠纷是谁的原因导致的？为什么？

（2）此案应如何处理？

特别提醒

商品房的销售广告和宣传资料的性质

《商品房买卖合同解释》第三条　商品房的销售广告和宣传资料为要约邀请，但是出卖人就商品房开发规划范围内的房屋及相关设施所作的说明和允诺具体确定，并对商品房买卖合同的订立及房屋价格的确定有重大影响的，应当视为要约。该说明和允诺即使未载入商品房买卖合同，亦应当视为合同内容，当事人违反的，应当承担违约责任。

根据《商品房买卖合同解释》第三条，房地产开发商作为出卖人所作出的商品房的销售广告和宣传资料为要约邀请。但是，若同时符合以下3个条件，该广告或者宣传资料应定性为商品房买卖合同的要约。其内容即使未载入商品房买卖合同，亦应当视为合同内容，当事人违反的，应当承担违约责任。这3个条件是：① 广告和宣传资料说明和允诺的对象是商品房开发规划范围内的“房屋”及“相关设施”；② 所作的说明和允诺“具体确定”；③ 该说明和允诺对商品房买卖“合同的订立”及房屋“价格的确定”有重大的影响。

例4　喜好网球和游泳的赵某从宏大公司购买某小区商品房一套，交房时发现购房时宏大公司售楼部所展示的该小区模型中的网球场和游泳池并不存在。经查，该小区设计中并无网球场和游泳池。下列选项正确的有（　　）。

A. 赵某有权要求退房

B. 赵某如要求退房，有权请求宏大公司承担缔约过错责任

C. 赵某如要求退房，有权请求宏大公司双倍返还房款

D. 赵某如不要求退房，有权请求宏大公司承担违约责任

解析 宏大公司的行为构成欺诈，根据《合同法》第五十四条，受害人赵某享有撤销权。故A选项正确；B选项正确。② 消费者购买商品房遭受欺骗的，不能依照《消费者权益保护法》第五十五条的规定主张三倍惩罚性赔偿。但若符合《商品房买卖合同解释》第八、第九、第十四条规定的7种情形之一，买房人有权请求房地产开发企业承担已付房款双倍的惩罚性赔偿责任。本题的情形不符合其中的任何一种情形，故赵某无权请求宏大公司双倍返还购房款，故C选项错误。③ 根据《商品房买卖合同解释》第三条，宏大公司的售楼模型应定性为要约，且应当成为商品房买卖合同的内容，宏大公司负有交付带有游泳池和网球场的商品房的义务，故D选项正确。

五、要约的效力

要约的法律效力，又称要约的拘束力，是指要约的生效及对要约人、受要约人的拘束力。

1. 要约的生效时间

(1) 要约采取到达主义原则，要约到达受要约人时生效。

(2) 所谓要约到达受要约人，并不强求要约一定要交付到受要约人或其代理人手中，只要要约送达受要约人所能控制并应当能了解的地方，如受要约人的住所或信箱，都可视为到达。采用数据电文形式订立合同，收件人指定特定系统接收数据电文的，该数据电文进入该特定系统的时间，视为到达时间；未指定特定系统的，该数据电文进入收件人的任何系统的首次时间，视为到达时间。

(3) 自要约发出后至到达相对人之前，存在一定的时间差。在该时间差内，要约还未生效，如发生要约信件的意外丢失而导致不能使相对人了解该要约，则所引起的损失均由要约人自行承担。

练一练

1. 甲单位以电子邮件的方式向乙单位发出要约，此要约的生效时间是(　　)。

A. 该电子邮件发出的时间

B. 该电子邮件进入乙单位指定的电子邮箱的时间

C. 乙单位知道已经收到该电子邮件的时间

D. 乙单位知悉该电子邮件内容的时间

2. 甲单位以电子邮件的方式向乙单位发出要约,乙单位共有4个电子邮箱,并且没有特别指定,则此要约的生效时间是(　　)。

A. 该电子邮件进入乙单位任一电子邮箱的首次时间

B. 该电子邮件进入乙单位4个电子邮箱的最后时间

C. 乙单位知道已经收到该电子邮件的时间

D. 乙单位知悉该电子邮件内容的时间

2. 要约生效后的拘束力

(1) 要约对要约人的拘束力,是指要约生效后,要约人即受到要约的拘束,不得随意撤回、撤销或对要约加以限制、变更和扩张。其目的在于维护交易的安全,给受要约人稳定的预期。

(2) 要约对受要约人的拘束力,是指受要约人在要约生效时即取得承诺的权利和地位。作为一种权利,这意味着受要约人可以承诺,也可以不承诺(但强制缔约时,承诺是一种法定义务)。作为一种地位,这意味着其不能继承,也不得转让。

3. 要约的存续期间

要约的存续期间是指受要约人得以承诺的期间,分为定有存续期间和未定有存续期间两种。

(1) 要约定有存续期间的,承诺应当在要约确定的期限内到达要约人。期限届满,受要约人未作出承诺的,要约失效。

要约人仅表明截止时限时,一般应理解为承诺到达时间。如“应于2014年8月1日前承诺”,应理解为受要约人的承诺应于2014年8月1日前到达要约人。

要约人仅规定一定承诺期间时,这里的期间起算一般理解为自要约人发出要约通知之日起算。因为要约人并不知道要约何时能到达受要约人。例如“应于10天内承诺”,可理解为从要约人发出要约之日起10日内。

(2) 要约未定有存续期间的,应依据合同法按下列规则处理:

① 要约以对话方式作出的,应即时作出承诺,但当事人另有约定的除外。这里的即时是指尽可能快,有“立刻”、“马上”之意。

② 要约以非对话形式作出的,承诺应在合理期限内达到。所谓合理期限,通常应考虑以下因素:要约到达受要约人所必需的时间、受要约人考虑是否承诺的时间、承诺发出到达要约人所需时间。

六、要约的撤回和撤销

1. 要约的撤回

要约的撤回是指在要约生效之前,要约人使要约不发生法律效力的行为。要约发出后,要约人可能因另有考虑而撤回要约,以阻止要约发生效力。此时,为保护受要约人的合法权益,撤回要约的通知应在要约到达受要约之前或者与要约同时到达受要约人。

(1) 采用报纸、电视等作出的公众要约或商品标价展示,一经作出,即视为到达受要约人,故不存在撤回的可能,只能由要约人撤销。

(2) 要约一经撤回,即失去效力。要约撤回本身不能被要约人再撤回。

(3) 要约撤回后而为的承诺,只能被看作一个新的要约。

2. 要约的撤销

要约的撤销是指要约人在要约生效后,将该项要约取消,使要约的法律效力归于消灭的意思表示。

(1) 撤销要约的通知应当在受要约人发出承诺通知之前到达受要约人。

(2) 撤销要约的通知应由要约人发出。受要约人可能从第三方得知要约人想撤销其要约,但仅此并不能导致要约的撤销。

(3) 对撤销要约的限制。有下列情形之一的,要约不得撤销:① 要约人确定了承诺期限或以其他形式明示要约不可撤销的;② 受要约人有理由认为要约是不可撤销的,并已经为履行合同做了准备工作。

练一练

下列关于要约撤销的表述中,错误的是(　　)。

A. 要约生效后,不得撤销

B. 要约人确定了承诺期限的,要约不可撤销

C. 要约人以其他形式明示要约不可撤销的,要约不能撤销

D. 受要约人从要约的条款中推测出要约是不可撤销的,并已经为履行合同做了准备工作的,要约不可撤销

3. 要约撤回与撤销的区别

相同点:二者都发生在承诺生效之前,合同成立后,要约人便不能再撤回或撤销其要约。

不同点:要约撤回发生在要约生效之前,而要约撤销发生在要约生效之后。

练一练

甲于5月1日向乙发出一要约，后反悔欲撤回，遂于5月3日发出撤回通知。要约于5月5日至乙处，但因乙外出，未能拆阅。撤回通知则于5月6日到达乙处，乙于5月7日返回家中，则此要约(　　)。

A. 有效，因为要约已先于撤回通知到达乙

B. 有效，因为要约发出后不得任意撤回

C. 无效，因为撤回通知和要约同时到达乙

D. 无效，因为要约已被撤销

七、要约失效的情形

有下列情形之一的，要约失败：

(1) 承诺期限届满，受要约人未作出承诺。

特别注意　如果要约没有确定承诺期限，要约以对话方式作出，若非即时作出承诺，且当事人未另有约定的，要约失效。要约以非对话方式作出的，承诺未在合理期限内到达，要约失效。

(2) 要约人依法撤销要约。

(3) 拒绝要约的通知到达要约人。

特别注意　向不特定人发出的要约，不因特定受约人的拒绝而消灭。例如，商品标价陈列出售，并不因特定的人表达拒绝而消灭。

(4) 受要约人对要约内容作出实质性变更。

受要约人对要约的内容作出实质性变更的，视为新要约。有关合同标的、数量、质量、价款或报酬、履行期限、履行地点和方式、违约责任和解决争议方法等的变更，是对要约内容的实质性变更。

例5　甲给乙发了一个短信："我把你上次看到的那部 iPhone 6 以 8 000 元的价格卖给你，一周内回复有效。"乙立即给甲回复一个短信："7 000 元，我要了。"第二天，乙见甲没有反应，又给甲发了一个短信："昨天的短信不算话，你那个手机 8 000 元我要了。"甲接到短信后还是未置可否。问：甲、乙间手机买卖合同是否已经成立？

解析　合同未成立，原因如下：① 乙给甲回复的第一个短信对甲的要约作出实质性变更，甲的要约因此失效。② 甲的要约失效后，乙丧失承诺的资格，乙给甲发的第二个短信不是承诺，仅为一个新的要约。

例6　甲给乙发了一个短信："我把你上次看到的那部 iPhone 6 以

8 000 元的价格卖给你。”乙收信后立即回复道：“想钱想疯了！”考虑了一夜的乙第二天改变了主意，给甲发短信曰：“你昨天卖手机的意见，我完全同意，一切按你说的办，请即刻交货。”甲接到短信后未置可否。问：甲、乙间手机买卖合同是否已经成立？

解析 合同未成立，原因在于：乙拒绝要约的通知到达甲后，甲的要约已经失效，乙不再享有承诺的资格。

练一练

1. 2014 年 8 月 5 日，甲公司向乙公司发出订购图书的订单，订单中详细列明了订购数量、交货日期等，并要求乙公司在接到订单之日起 3 日内向甲公司发出确认函。乙公司 8 月 6 日接到订单，于 8 月 10 日向甲公司发出确认函，同时寄出该批图书。甲公司收到图书后，拒绝接受。下列关于本案的说法正确的是(　　)。

A. 甲向乙发出订单是要约邀请

B. 乙向甲发出确认函属于承诺

C. 乙向甲发出确认函属于要约

D. 乙向甲寄书属于履行合同

2. 华新公司需要一批原料，遂向大秦厂发出传真，称：“我公司愿购贵厂 A 产品 400 吨，单价 300 元/吨，货到付款。”大秦厂传真回复：“库存仅 300 吨，若要全部购买，单价 300 元/吨，款到发货”。下列说法正确的是(　　)。

A. 华新公司发传真的行为是要约邀请

B. 华新公司发传真的行为是要约

C. 乙公司回复的传真中更改了甲传真的主要内容，构成新的要约

D. 乙公司回复传真的行为是承诺

任务3　合同订立第二步——作出承诺

任务情境

日常生活中，最常见的订立合同莫过于农贸市场买菜。以张三向菜农李四购买白菜为例，一个典型的买菜过程大致可分为以下几个步骤。第一，张三向李四询问白菜价格；第二，李四表明白菜价格1元/斤，共有100斤；第三，张三还价0.8元/斤，买5斤；第四，李四表示同意0.8元/斤，卖给张三5斤。此时，双方就买菜达成合意。

任务分析

任务情境中，经张三还价后，李四表示同意0.8元/斤，卖给张三5斤的行为可看作李四对张三要约的承诺。

所谓承诺是受要约人作出的同意要约以成立合同的意思表示。

相关法理

一、承诺的概念

承诺，是受要约人同意接受要约的全部条件的缔结合同的意思表示。在商业交易中，承诺又称接受或还盘。承诺的法律效力在于，承诺一经作出，并送达要约人，合同即告成立，要约人不得加以拒绝。

二、承诺的构成要件

1. 承诺由受要约人作出

(1) 承诺必须由受要约人作出。

(2) 受要约人可以授权代理人代为承诺。

(3) 受要约人以外的第三人即便知道要约内容并作出同意的意思表示，

也不以承诺论。

2．承诺与要约的内容一致

承诺是受要约人愿意按要约的全部内容与要约人订立合同的意思表示。

（1）如果受要约人在承诺中对要约的内容加以实质性变更，便不构成承诺，而视为对要约的拒绝而成立反要约。

（2）如果受要约人在承诺中对要约的内容加以非实质性变更，除要约人及时表示反对或要约表明承诺不得对要约的内容作出任何变更外，该承诺有效。合同的内容以承诺的内容为准。

练一练

2014年8月11日，甲公司接到乙公司出售各种设备的要约，有效期至9月1日。甲公司于8月12日电复："如能将每件设备价格降低50元，即可接受。"对此，乙公司没有答复。甲公司于8月29日再次致电乙公司表示接受其8月11日要约中包括价格在内的全部条件。下列选项正确的是（　　）。

A．乙公司的沉默表明其已接受甲公司的降价要求

B．甲公司8月29日的去电为承诺，因此合同已成立

C．甲公司8月29日的去电是迟到的承诺，因此合同没有成立

D．甲公司8月29日的去电是新要约，此时合同还没有成立

3．承诺须向要约人作出

承诺是对要约的同意，是受要约人与要约人订立合同，当然要向要约人作出。如果承诺不是向要约人作出，则作出的承诺不视为承诺，达不到与要约人订立合同的目的。

4．在承诺期限内到达要约人

1）承诺期限的起算

① 要约以信件或电报作出的，承诺期限自信件载明的日期或电报交发的日期开始计算。信件未载明日期的，自投递该信件的邮戳日期开始计算。

② 要约以电话、传真等快速通讯方式作出的，承诺期限自要约到达受要约人时开始计算。

2）承诺的迟到

承诺的迟到是指承诺在承诺期限届满后或在合理期限后才到达要约人。具体可分为：

① 可预期的迟到。受要约人超过承诺期限发出承诺的，除要约人及时通

知受要约人该承诺有效的外，视为新要约。

② 不可预期的迟到。受要约人在承诺期限内发出承诺，按通常情形能够及时到达要约人，但因其他原因，承诺到达要约人时超过承诺期限时，除要约人及时通知受要约人因承诺超过期限不接受该承诺的以外，承诺有效。

特别注意 这里的"及时通知"是指依善良管理人的注意，在情势允许的范围内，不迟延而为发送。该通知行为是事实行为，以要约人将迟到的事实向承诺人发出通知就已足够，不到达的风险由承诺人承担。

练一练

甲商城向乙企业发出采购100台电冰箱的要约，乙于5月1日寄出承诺信件，5月8日信件寄至甲商城，时逢其总经理外出，5月9日总经理知悉了该信内容，遂于5月10日电传告知乙收到承诺。该承诺生效时间为（　　）。

A. 5月1日　　B. 5月8日　　C. 5月9日　　D. 5月10日

三、承诺的生效

《合同法》第二十五条规定："承诺生效时合同成立。"除非法律另有规定，承诺生效时，合同成立。承诺生效的时间因承诺方式的不同而不同。

（1）以对话方式承诺。受要约人以对话方式（相对人可以同步受领，如当面谈话、打电话、将书面的意思表达当面交给对方等）作出承诺的，自要约人"了解"承诺内容时，承诺生效。

（2）以非对话的通知方式承诺。以通知方式承诺的，通知到达要约人时承诺生效。所谓"到达"，指到达要约人控制的范围，要约人具有知悉的可能性，要约人事实上是否知悉，在所不问。

（3）采用数据电文方式承诺。采用数据电文方式承诺，要约人指定特定系统接收数据电文的，承诺进入该特定系统时生效；要约人未指定特定系统的，承诺自进入要约人的任何系统的首次时间生效。

（4）意思实现。当事人以非对话方式订立合同，根据交易习惯或者要约的要求承诺不需要通知的，受要约人可以通过作出特定的行为来承诺（例如，向自动售货机投币购物；再如当事人之间有系列交易，所有交易的承诺均未作通知；等等），自作出承诺的行为时，承诺生效。所作出的"承诺的行为"，通常是履行行为，如预付价款、将订购的货物投邮、装运货物、在工地上开始施工等。

（5）以单纯的沉默作出承诺。缔约当事人双方事前约定承诺可以沉默方式作出的，承诺期限届满，受要约人未作任何表示的，视为作出承诺，承诺期限届满之日为承诺生效之日。

例7 甲公司于6月5日以传真方式向乙公司求购一台机床，要求“立即回复”。乙公司当日回复“收到传真”。6月10日，甲公司电话催问，乙公司表示同意按甲公司报价出售，要其于6月15日来人签订合同书。6月15日，甲公司前往签约，乙公司要求加价，未获同意，乙公司遂拒绝签约。对此，下列说法正确的是（　　）。

A. 买卖合同于6月5日成立

B. 买卖合同于6月10日成立

C. 买卖合同于6月15日成立

D. 甲公司有权要求乙公司承担缔约过失责任

解析 根据《合同法》第三十条的规定，承诺的内容应当与要约的内容一致。受要约人对要约的内容作出实质性变更的，视为新要约。有关合同标的、数量、质量、价款或者报酬、履行期限、履行地点和方式、违约责任和解决争议方法等的变更，是对要约内容的实质性变更。而本题中，乙公司6月5日的答复仅属对事实的明确，并非对要约的承诺；6月10日的答复则强调签订合同书，提出了新的条件，当属新的要约；而当6月15日甲公司前往签约时，又就价格提出了新的条件，仍属于新的要约。因此本题中的合同没有成立，甲公司只能要求乙公司承担缔约过失责任。

特别提醒

部分承诺的法律效力问题

例如，甲向乙发出要约，现有100台某牌某型号电视机，每台单价2 000元，如需要请在10天内回复，乙在第5天便回复，其他条件完全同意，但只需要50台。乙的回复是构成新要约的效力还是构成部分承诺的效力，对此存在不同观点：依我国台湾地区司法实践的做法，承认部分承诺的承诺效力，即乙的回复到达甲时合同成立，合同的内容以乙的回复为准；依我国《合同法》，不承认部分承诺的承诺效力，改变数量条款视为实质性变更，构成新要约。

承诺能否以沉默的方式作出

在通常情况下，承诺应以明示的方式作出，但在强制缔约的情况下，缔约义务人对要约的沉默可理解为默示承诺。例如，出租车司机负有强制缔约义务，在乘客登上出租车后，即使出租车司机未有任何表示，亦视为承诺。

四、承诺的形式和撤回

1. 承诺的形式

承诺一般应以通知的方式作出，但根据交易习惯或要约表明可以通过行为作出承诺的除外（《合同法》第二十二条）。所谓根据交易习惯以行为作出承诺，典型事例如向旅馆订特定价位的房间。以行为表示承诺意思，在特定场合，该承诺可表现为沉默或不作为。

通常情形下，沉默并不能意味着承诺。但在例外情形下，沉默可以视为意思表达。根据《民通意见》第六十六条规定，不作为的默示只有在法律有规定或者当事人双方有约定的情况下，才可视为意思表示。可知：

（1）沉默在有法律规定的情形下，可以作为承诺。例如，《合同法》第一百七十一条规定："试用买卖的买受人在试用期内可以购买标的物，也可以拒绝购买。试用期间届满，买受人对是否购买标的物未表示的，视为购买。"

（2）沉默在有约定的情形下，可以作为承诺。例如，合同双方约定，一方未在某一既定期限内做出回绝表示，就视为承诺。

2. 承诺的撤回

（1）承诺的撤回，是承诺人阻止承诺发生法律效力的行为。

（2）撤回承诺的通知，应先于或与承诺同时到达要约人。

练一练

下列哪些情况不是承诺？（　　）

A. 受要约人向要约人以外的第三人作出的接受要约的意思表示

B. 拍卖人的拍定

C. 受要约人在承诺期限届满后作出的与要约内容完全一致的答复

D. 甲给乙去函，提出以单价 580 元出售自行车 200 辆，乙提出，如单价 510 元，即可购买

任务4　合同成立时间和地点的判断

任务情境

2014 年 5 月 6 日 10:40,坐落在天津南开区的富达公司的董事长周某以公司名义以电子邮件方式给贵阳侨力飞公司发出一份要约,要求购买一批贵阳当地的特产。要约中规定侨力飞公司应当在 10 天内答复。要约中还提出,如果就履行合同发生争议,任何一方可以到合同成立地法院起诉。侨力飞公司总经理卫某在 5 月 7 日 23:23 在家中上网,查阅到了这份要约,于 5 月 16 日下午以侨力飞公司的名义发出电子邮件,表示完全接受要约。邮件 17:49 发送成功。富达公司的上下班时间是 8 时至 18 时。周某出差到西藏拉萨,于 5 月 17 日 10:30 查阅到了这份承诺。6 月 1 日,侨力飞公司按照要约的要求向天津发货,并电话通知天津富达公司,富达公司电话中要求停止发货,理由是侨力飞公司发出承诺已经超过了承诺期限,双方之间的合同没有成立。

问题:

(1) 该合同是否已经成立?

(2) 如合同成立,成立时间如何?

(3) 该合同纠纷应由何地法院管辖?

任务分析

本案中,双方当事人是以数据电文中的电子邮件形式签订合同的。对当事人提出的问题,有以下几个方面需要注意:

(1) 合同已经成立

2014 年 5 月 6 日上午 10:40,富达公司发出要约,要约中规定侨力飞公司应当在 10 天内答复,即承诺期限为 10 天。发出要约的当天已经不足一天,计算在内是不公平的。《民法通则》第一百五十四条第二款中也规定:“规定依照小时计算期间的,从规定时开始计算。规定按日、月、年计算期间的,开始的当天不算入,从下一天开始计算。”因此,承诺期限应当从第 2 天起算。这样,承诺期限的最后一天为5月16日。随之而来的问题是,承诺期限是至5月16日24时为止,还是要约人富达公司下班的时间为止?《民法通则》第一百五十四条第三款规定:“期间的最后一天的截止时间为24点。有业务时间的,到停止业务活动的时间截止。”富达公司下班的时间是18时,侨力飞公司于5月16日17:49发出电子邮件,表示完全接受要约。电子邮件的发出时间与到达时间几乎是同一时间,应当认为侨力飞公司在承诺期限内送达了承诺,承诺送达时,承诺生效,合同成立。

(2)合同于承诺送达时(17:49)成立。

侨力飞公司以电子邮件的方式承诺,邮件于17:49发送成功。发送成功,就意味着电子邮件已经进入网络服务商的服务器或者进入相对人的服务器,记载于服务器硬盘之中。此时尽管相对人还没有看到电子邮件,但已经处于相对人随时可以阅读的状态,也就是说进入了相对人的控制范围,这样就是送达,否则就会落入“了解主义”的窠臼,使送达人承担相对人不阅读和迟延阅读的风险。

周某出差到西藏拉萨,于5月17日10:30查阅到了这份承诺,但不能以10:30作为承诺送达的时间。6月1日,侨力飞公司按照要约的要求向天津发货,并电话通知天津富达公司,富达公司电话中要求停止发货,理由是侨力飞发出承诺已经超过了承诺期限。而从以上的分析来看,承诺的到达,并没有超过承诺期限。

(3)合同于要约人的营业地(天津南开区)成立。

周某出差到西藏拉萨,于5月17日10:30查阅到了这份承诺。但不能认为西藏拉萨为合同成立地点,因为用电子邮件签订合同,凡是有互联网的地方都可以接收,因此依照《合同法》第三十四条第二款规定,此种情况以收件人的主营业地为合同成立的地点。要约中还提出,如果就履行合同发生争议,任何一方可以到合同成立地法院起诉,要约的内容已经转化为合同的内容,因此受诉法院应当是天津南开区人民法院。

相关法理

一、合同成立的时间

1. 确定合同成立时间的一般原则

《合同法》第二十五条规定:“承诺生效时合同成立。”承诺生效是合同成立的实质要件,也是判断合同成立时间的标准。承诺是对要约的接受,承诺生效,双方意思表达取得一致,合同成立。

(1) 以通知方式作出的承诺,在承诺通知到达要约人时承诺生效。

(2) 以行为方式作出的承诺。以积极的行为(作为)为承诺的,要约人接受该行为的时间为合同成立的时间。例如,甲公司急需水泥,要求乙公司3天内将水泥送到甲公司,乙公司在第三天将水泥送到甲公司,则甲公司接受的时间为合同成立的时间。以消极行为(不作为)为承诺的,承诺人为该行为的时间为合同成立的时间。比如,甲公司要求乙公司停止发布各种广告为承诺,则乙公司停止发布广告的时间为合同成立的时间。

2. 合同成立时间的特殊情形

1) 合同书形式合同的成立时间

《合同法》第三十二条规定:“当事人采用合同书形式订立合同的,自双方当事人签字或者盖章时合同成立。”在具体操作上,如果双方当事人签字或盖章不在同一地点的,以最后签字或盖章的时间作为合同成立的时间。签字、盖章有其一即可。签字或者盖章,是当事人达成合意的外在标志,也可以成为形式上的标志。签字,是指当事人、法定代理人、负责人或者其授权的代理人签字。自然人作为合同当事人在合同上不签字而只是盖上自己的私人名章,也是可以的,但我国私人名章没有备案,因此不签名而只盖章,在交易中存在不安全因素。对于法人、其他组织来说,其公章都经过备案。

2) 信件、数据电文形式合同的成立时间

《合同法》第三十三条规定:“当事人采用信件、数据电文等形式订立合同的,可以在合同成立之前要求签订确认书。签订确认书时合同成立。”签订确认书是当事人附加的程序,应当注意,要求签订确认书须在合同成立之前。合同成立之后,一方当事人要求签订确认书,实际上是要否定或者推翻已经产生约束力的合同。对于这种做法,当然不能予以支持。

3) 要式合同的成立时间

要式合同在双方当事人依法办理特定手续后成立。但《合同法》第三十六条规定:“法律、行政法规规定或者当事人约定采用书面形式订立合同,当事人未采用书面形式但一方已经履行主要义务,对方接受的,该合同成立。”《合同法》第三十七条规定:“采用合同书形式订立合同,在签字或者盖章之前,当事人一方已经履行主要义务,对方接受的,该合同成立。”

4) 实践合同的成立时间

对于实践合同,除意思表示一致外,应在交付标的物时合同成立。

二、合同成立的地点

合同的成立地,是当事人达成合意的地点。把合同的签订地等同于合同的成立地,这是不准确的。因为合同成立地只有一个,而合同签订地,当事人分处异地的时候,可以有两个,两个合同签订地,可能有一个是合同成立地,也可能合同成立地在第三地。确定合同成立地,对于合同纠纷的诉讼管辖、交易习惯的适用、价格的确定、有关费用的承担及涉外合同的法律适用等具有重要意义。

1. 确定合同成立地点的一般原则

合同成立,是通过要约、承诺的程序实现的。承诺生效,则合同成立。因此,“承诺生效的地点为合同成立的地点”(《合同法》第三十四条第一款)。这是确定合同成立地点的一般原则和根本依据,不论是采用数据电文形式订立合同,还是采用合同书形式订立合同,或者是行为方式成立合同,合同的成立地点都不能摆脱这一规则的制约。

1)以通知方式作出的承诺

以通知方式作出的承诺在承诺通知到达要约人时承诺生效,这种情况下合同成立的地点就是要约人的地点。具体可分为两种情况:要约人为自然人时,合同成立的地点就是要约人的住所地即户口所在地或者经常居住地;要约人为法人或者其他组织时,合同成立的地点则是要约人的主要营业地或者经常居住地。

2)以行为方式作出的承诺

以积极的行为(作为)为承诺的,要约人接受该行为的地点为成立的地点。例如,甲公司急需水泥,要求乙公司3天内将水泥送到甲公司,乙公司在第三天将水泥送到甲公司,则甲公司所在地就是合同的成立地。以消极的行为(不作为)为承诺的,承诺人为该行为的地点为合同成立的地点。例如,甲公司要求乙公司停止发布某种广告为承诺,则乙公司停止发布广告的地点为合同成立地。

2. 合同成立地点的特殊情形

1)采用数据电文形式的合同成立地点

《合同法》第三十四条第二款规定:“采用数据电文形式订立合同的,收件人的主营地为合同成立地点;没有主营地的,其经常居住地为合同成立地点。当事人另有约定的,按照其约定。”这又可分为两种情况:

① 对成立地没有约定时合同的成立地点。

采用数据电文(电报、传真、电子数据交换和电子邮件等)订立合同,当事人对于合同的成立地点或者收件地点没有约定时，收件人的主营业地为合同的成立地点。收件人是指承诺收件人，主营业地是收件人进行主要营业活动的主要基地和中心。对于从事经营活动的法人，营业地应当是指其住所，合同成立的地点是其住所；对于不从事经营活动的法人，其没有营业地，也就无所谓主营业地，其合同成立的地点也就是其住所。我国《民法通则》第三十九条规定："法人以它的主要办事机构所在地为住所。"法人只设一个办事机构时，该办事机构所在地就视为住所。如果同时设有两个以上办事机构，则应当以主要办事机构为其住所。

例8 甲公司（主营业地在天津）以电子邮件在北京向南京的乙公司发出要约，乙公司发电子邮件予以承诺。甲公司董事长在英国收到电子邮件，合同成立地在哪里？

解析 合同成立地应在天津。甲公司只要打开计算机，无论天涯海角都能收到信息，若以收到邮件地为承诺地，具有不确定性，因此应当以主营业地为承诺地。

从事经营活动的自然人（如个体工商户、农村承包经营户），亦应当以他的主营业地为合同成立地点；不从事经营活动的自然人，以其经常居住地为合同的成立地点。《民法通则》第十五条规定："公民以他的户籍所在地的居住地为住所，经常居住地与住所不一致的，经常居住地视为住所。"据此，不从事经营活动的自然人，以其住所为合同成立地点。

② 对成立地或者收件地有约定时合同的成立地点。

采用数据电文（电报、传真、电子数据交换和电子邮件等）订立合同，当事人对于合同的成立地点有约定时，自应从其约定。当事人没有明确约定合同成立地点，只约定收件地点的，应当视为约定了合同成立地，即收件地为合同成立地。

2）采用合同书形式的合同成立地点

《合同法》第三十五条规定："当事人采用合同书形式订立合同的，双方当事人签字或者盖章的地方为合同成立的地点。"当事人分处异地签订合同的，以最后签字、盖章的地点为成立地，这也适用于双方当事人在合同成立前约定签订确认书的情况。

特别注意 第一，签订合同书方式成立的合同的成立时间。书面合同自当事人双方完成签字、盖章的时间为合同成立的时间。但签字、盖章前，当事人一方已经受领相对人主要给付的，合同可成立。当事人签字、盖章有先后的，以最后一方的签字、盖章时间为合同成立时间。当事人捺手印具有与签字或者盖章同等的效力。

第二，信件、数据电文等形式的合同，当事人要求签订确认书的，签订确认书时合同成立。依据《最高人民法院关于审理买卖合同纠纷案件适用法律问题的解释》（以下简称《买卖合同解释》）第一条的规定，当事人之间没有书面合同，一方以送货单、收货单、结算单、发票等主张存在买卖合同关系的，人民法院应当结合当事人之间的交易方式、交易习惯及其他相关证据，对买卖合同是否成立作出认定。对账确认函、债权确认书等函件、凭证没有记载债权人名称，买卖合同当事人一方以此证明存在买卖合同关系的，人民法院应予以支持，但有相反证据足以推翻的除外。

第三，以履行方式成立的合同的成立时间。虽然法律规定应当采用书面形式，或者当事人约定应采用书面形式，但当事人一方履行合同主要义务，对方当事人接受的，合同成立。对方接受的时间为合同成立的时间。这里所讲的主要义务是指合同的主给付义务，通常不包括从给付义务。对于主给付义务的履行，量的多少通常不影响合同的成立。

练一练

1. 张某和李某采用书面形式签订一份买卖合同，双方在甲地谈妥合同的主要条款，张某于乙地在合同上签字，李某于丙地在合同上摁了手印，合同在丁地履行。关于该合同签订地，下列正确的选项是（　　）。

A. 甲地　　B. 乙地　　C. 丙地　　D. 丁地

2. 武汉海大公司与深圳天宇公司签订书面合同，先由海大公司签字、盖章后邮寄给天宇公司签字盖章，该合同何时成立？（　　）

A. 自两公司签订备忘录时成立

B. 自海大公司签字、盖章时成立

C. 自天宇公司签字、盖章后交付邮寄时成立

D. 自天宇公司签字、盖章时成立

任务5 合同的形式和内容

任务情境

2014 年 5 月 2 日,北京市某公司甲与另一公司乙签订了购买空调 100 台的合同,约定每台空调价格为 1 900 元,于同年 5 月 4 日交货,合同订立后,乙公司当即支付预付款 19 000 元。甲公司提供 40 台空调后,乙公司经检验认为该产品质量不合格,要求退货。甲公司认为自己不可能在合同约定的时间内向乙公司提供合同约定的空调,于是建议由丙公司供货,货款由乙公司向丙公司支付。双方约定最后签订合同应当以书面形式,但双方协商一致后,直接通知丙公司向乙公司供货,未签订书面的合同。5 月 6 日,丙公司向乙公司交付空调 100 台,价款共计 190 000 元,但乙公司仅向丙公司支付货款 171 000元,扣除了已经向甲公司支付的19 000元。丙公司向法院起诉,要求乙公司支付剩余货款,并支付相应的利息。

问题:本案应如何处理?

任务分析

本案在审理过程中有不同意见。第一种意见认为,由于甲与乙约定应当订立书面合同,但没有采用书面合同形式,所以合同未成立。第二种观点认为,甲与乙虽然约定应当采用书面形式订立合同,实际上当事人并未以书面形式订立合同,但当事人已经履行了合同,所以该合同已经成立并生效。

审理本案关键要正确地认定应当采用书面形式的合同,在没有采用书面形式时的法律效力。

合同通常应于承诺生效时成立。对于法律、行政法规规定或者当事人约定应采用书面形式的合同,应当在当事人于书面合同上签名、盖章后生效。本案中,甲公司与乙公司在签订由丙公司交付货物的合同时约定,该合同应当采用书面形式,则该合同应当于双方在书面合同上签字、盖章时生效。但约定应当采用书面形式订立的合同,即使当事人没有以书面形式订立合同,也未必就一定不成立。按照《合同法》第三十六条规定，只要实际上双方已经成立口头的合同，当事人一方已经实际履行了其主要合同义务的，即使当事人约定应当订立书面合同而没有采用书面形式，也应当认为合同已经成立。

本案中，甲公司与乙公司之间所订立的由第三人丙公司交付空调的协议（涉及第三人利益的合同），就交货的时间、价格及支付价款的方式，都有明确的规定，可见双方已经就合同的内容达成口头的协议，也即已经成立一份口头合同。唯一的不足就是当事人未依照约定订立书面的合同。口头合同成立后，丙公司即向乙公司交付了约定的100台空调，乙公司接收并支付了90台的货款。可见当事人已经履行合同的主要义务，只是由于乙公司已经向甲公司支付过10台空调的预付款，所以乙公司少向丙公司支付了10台空调的价款，才产生了争议。依照《合同法》第三十六条的规定，甲公司与乙公司之间就由丙公司代为交付空调的合同已经有效成立。乙公司拒绝向丙公司支付10台空调的价款，丙公司有权向乙公司追偿。

合同的形式，又称合同的方式，是当事人合意的表现形式，是合同内容的外部表现，是合同内容的载体。合同的形式包括口头形式、书面形式和电子数据等其他形式。

关于合同的形式问题，一直在我国合同法领域居于突出的地位。在《合同法》颁布之前，我国采用严格的形式要件主义，凡是约定或者法律、行政法规、规章规定应当采用书面形式的合同，未采用书面形式的，一律无效。这一方面扩大了合同无效的范围，另一方面干涉了当事人的合同自由。相比于我国已经参加的《国际货物销售公约》中有关形式问题的规定，我国《合同法》的规定仍然较为严格。

相关法理

一、合同的形式

我国《合同法》规定，当事人订立合同，可采用书面形式、口头形式和其他形式。如果法律、行政法规或当事人有特别约定，则订立合同时就应符合法律、行政法规或当事人约定的合同形式。

1. 书面形式

书面形式是指以文字有形地表现当事人合意内容而订立合同的形式。书面形式具有易于举证的特点。现实中，书面形式的合同具体表现为合同书、信件和数据电文(包括电报、电传、传真、电子数据交换、电子邮件)等。

法律、行政法规规定应当采取书面形式的合同类型主要有:

(1)《合同法》分则规定的书面合同,如商业借款合同、6个月以上的长期租赁合同、融资租赁合同、建设工程合同、技术开发合同、技术转让合同。

(2)《城市房地产法》规定的书面合同,如土地使用权出让合同、房地产抵押合同、房屋租赁合同。

(3)《中华人民共和国合伙企业法》(以下简称《合伙企业法》)规定的书面合同,如设立合伙企业的合伙协议。

(4)涉外合同,如中外合资经营企业合同、中外合作经营企业合同、中外合作勘探开发自然资源合同。

(5)《担保法》规定的书面合同,如保证合同、抵押合同、质押合同、定金合同等。

2. 口头形式

口头形式是指当事人只以语言为意思表达订立合同的合同形式。

口头形式最常见的是面谈和电话交谈两种表现形式,主要适用于即时结清的小额交易。合同采用口头形式也可能产生相关书面凭证。例如,到超市购物后,要求其开具发票或购物凭证。

特别注意 这里的发票或购物凭证只能作为合同成立的证明,而不能作为合同成立的要件。

3. 其他形式

当事人未以书面形式或者口头形式订立合同,但从双方从事的民事行为能够推定双方有订立合同意愿的,可以认定是以《合同法》第十条第一款中的“其他形式”订立的合同。其他形式是指除书面形式、口头形式之外的订立合同的形式,主要包括混合形式、默示形式等。

1)混合形式

不同合同形式混合于同一合同时,为混合形式。例如,合同的部分内容采用书面形式,其他部分采用口头形式等。

2)默示形式

当事人未用语言、文字表达其意思表示,仅用行为甚至沉默向对方发出要约,对方接受该要约,作出相应行为作为承诺,合同成立。根据《民通意见》第六十六条,一方当事人向对方当事人提出民事权利的要求,对方未用语言或文字明确表示意见,但行为表明已接受的,可以认定为默示。例如,某报亭内放置着当天出版的1元/份的《新京报》,顾客将1元钱放在报亭柜台上,买卖合同已经成立。不作为的默示只有在法律有规定或者当事人双方有约定及具有交易习惯的情况下，才可以视为意思表示。

二、违反合同形式的法律后果

1．违反书面形式的后果

《合同法》第十条规定以下两种情形，应采用书面形式订立合同：① 法律、行政法规规定采用书面形式；② 当事人约定采用书面形式。

违反上述情形，可能导致如下后果：

1）合同不成立

一般认为，要式合同所要求的形式是合同的成立要件。也即，合同应采用而没有采用规定形式，则合同原则上不成立。但对此也有例外规定，如法律、行政法规规定或者当事人约定采用书面形式的合同，当事人未采用书面形式，但一方已经履行主要义务，对方接受的，该合同成立。

2）视为不定期

在租赁合同中，对租赁期限6个月以上的，合同法规定应采用书面形式，当事人未采用书面形式的，视为不定期租赁。

2．未办理批准、登记手续的后果

《合同法》第四十四条第二款规定，法律、行政法规规定应办理批准、登记等手续生效的，依其规定。可见，在其他法律、行政法规规定以批准、登记等手续作为生效条件的，如合同未履行相应的批准、登记等手续，则合同无效。

3．未签字或盖章的后果

采用合同书形式订立合同的，合同成立应有当事人的签字或者盖章。如果没有签字或盖章，但一方已经履行主要义务，对方接受的，合同成立。

三、合同的内容(条款)

1．合同的一般条款

为了弥补部分合同当事人缔约能力的不足，合同法规定了合同的一般条款，提供给当事人作为缔约的参考。根据《合同法》第十二条的规定，合同的一般条款包括：

（1）当事人的姓名（或者名称）和住所。当事人是合同权利义务的承受者，如果没有当事人，则合同关系无法存在，合同权利和合同义务就失去存在的意义，给付和受领给付也无从谈起。因此，订立合同必须有当事人这一条款，该条款是一切合同的主要条款。当事人由其名称或姓名及住所加以特定化、固定化，因此，合同的草拟必须写清当事人的姓名、名称和住所。

（2）标的。标的是合同权利和义务指向的对象。合同若没有标的，权利义务就无所指向，且标的是其他合同条款的基础和前提，因此标的是合同成立必须具备的条款，且必须明确、具体，当事人应使用有效手段使合同标的得以确定。以标的物为例，对标的物的品种、规格、花色、型号、商标，必要时连生产地、生产商、生产日期等都要具体规定。

（3）质量和数量。标的质量和数量是确定合同标的的具体条件，是这一标的区别于同类另一标的的具体特征。质量一般包括5个方面：① 标的的物理和化学成分；② 标的的规格；③ 标的的性能；④ 标的的款式；⑤ 标的的感觉要素。标的数量要确切，首先应选择双方共同接受的计量单位，其次要确定双方认可的计量方法，再次应允许规定合理的磅差和在途自然减（增）量及计算方法。

（4）价款或报酬。价款或报酬是指当事人取得合同标的所付出的货币代价，是有偿合同的条款。价款是取得标的物一方当事人向对方支付的代价，如货款、租金等。报酬是获得服务的一方当事人向对方支付的代价，如运费、保管费、加工费等。价款或报酬一般由当事人在订立合同时自由约定，但对于国民经济发展和人民生活关系重大的少数商品、资源稀缺商品、垄断经营的商品、重要的公共事业及公共产品等，有相关政府定价或政府指导价的，必须执行政府定价或政府指导价。

（5）履行期限、地点和方式。履行期限是合同中享有权利的一方当事人要求对方履行义务的请求权发生的时间界限。履行期限涉及当事人的期限利益，也是确定违约与否的因素之一。履行期限可以规定为即时履行，也可以规定为定时履行，还可以规定为在一定期限内履行。如果分期履行，还应明确规定每期履行的准确时间。

履行地点是合同约定的一方当事人履行义务和对方接受该履行的地点。合同的履行地点既直接关系到运输费用由谁负担、风险由谁承受，又是确定标的物所有权转移的依据，还是确定诉讼管辖的依据之一。对于涉外合同，它更是确定法律适用的一项依据。所以，当事人必须根据合同的性质和内容，对合同履行地点作出明确、具体的约定。

履行方式是当事人履行合同义务的具体方式和要求。例如，是一次性交付还是分期分批交付，是交付实物还是交付标的物的所有权凭证，是铁路运输还是空运、水运等，这些同样事关当事人的利益。因此，当事人应当根据合同的性质和内容，对合同的履行方式作出约定。

（6）违约责任。违约责任是合同当事人不履行合同义务或不适当履行义务时应承担的法律后果。违约责任是促使当事人履行义务,使守约方免受或少受损失的法律措施,对当事人的利益关系重大,合同对此应予以明确。例如,明确规定违约致损的计算方法、赔偿范围等。值得注意的是,违约方之所以要承担违约责任,并不是基于合同的约定,而是由合同的效力决定的。所以,即使合同中没有约定违约责任条款,如果一方当事人违约,另一方当事人仍可以请求对方承担违约责任。当事人所约定的违约责任条款,只决定着违约方所应承担责任的范围和程度。

(7)解决争议的方法。合同履行过程中,当事人之间可能会产生各种争议,对此应及时、妥善地解决。为了在发生纠纷时尽快合理地解决争议,合同当事人在订立合同时,对解决争议的方法也应作出明确规定。解决争议的方法一般有协商、调解、仲裁、诉讼等。

如果欠缺上述7项内容之某一项或某几项,是否必然导致合同不成立,在实践中应具体问题具体分析。根据最高人民法院《关于适用〈中华人民共和国合同法〉若干问题的解释》(以下简称《〈合同法〉解释》(二)第一条规定,当事人对合同是否成立存在争议,人民法院能够确定当事人名称或者姓名、标的和数量的,一般应当认定合同成立,但法律另有规定或者当事人另有约定的除外。对合同欠缺的前款规定以外的其他内容,当事人不能达成协议的,人民法院依照《合同法》第六十一条、第六十二条、第一百二十五条等有关规定予以裁定。

2. 合同条款约定不明时的处理

1)协议补充

合同生效后,当事人就质量、价款或者报酬、履行地点等内容没有约定或约定不明确的,可以协议补充。

2)合同条款补充

如果当事人不能达成补充协议,则可按照合同有关条款补充欠缺的条款。例如,某合同约定甲方违约承担损害赔偿责任的范围为直接损害,但对乙方赔偿损害的范围没有作出规定,则根据合同整体解释补充原则,可补充乙方赔偿损害的范围也为直接损害。

3)交易习惯补充

如果采用整体解释原则也无法补充欠缺条款时,则需要按照交易习惯填补。这里所谓的“交易习惯”,应从以下角度判断:① 在交易行为当地或者某一领域、某一行业通常采用并为交易对方订立合同时所知道或者应当知道的做法;② 当事人双方经常使用的习惯做法。

对于交易习惯,由提出主张的一方当事人承担举证责任。

3. 适用任意性规定补充

如果上述3种方式都无法填补合同约定不明的条款,《合同法》第六十二条提供了任意性条款作为补充。

(1) 质量要求不明确的,按照国家标准、行业标准履行;没有国家标准、行业标准的,按照通常标准或者符合合同目的的特定标准履行。

(2) 价款或者报酬不明确的,按照订立合同时履行地的市场价格履行;依法应当执行政府定价或者政府指导价的,按照规定履行。

执行政府定价或者政府指导价的,在合同约定的交付期限内政府价格调整时,按照交付时的价格计价。逾期交付标的物的,遇价格上涨时,按照原价格执行;遇价格下降时,按照新价格执行。逾期提取标的物或者逾期付款的,遇价格上涨时,按照新价格执行;遇价格下降时,按照原价格执行。

(3) 履行地点不明确,给付货币的,在接受货币一方所在地履行;交付不动产的,在不动产所在地履行;其他标的,在履行义务一方所在地履行。

(4) 履行期限不明确的,债务人可以随时履行,债权人也可以随时要求履行,但应当给对方必要的准备时间。

(5) 履行方式不明确的,按照有利于实现合同目的的方式履行。

(6) 履行费用的负担不明确的,由履行义务一方负担。

练一练

1. 如果合同对于履行地点约定不明,双方无法达成补充协议,依照合同条款或交易习惯,也无法确定履行地点的,给付不动产的在何处履行?(　　)

A. 债权人所在地　　B. 债务人所在地

C. 任何一方当事人所在地均可　　D. 不动产所在地

2. 章某与王某签订一份货物买卖合同,章某为卖方,住在甲市,王某为买方,住在乙市。双方对履行地点没有约定,且不能通过习惯、合同性质确定,双方又不能达成协议,则依法(　　)。

A. 交付货币应在甲市,交付货物应在乙市

B. 交付货物应在甲市,交付货币应在乙市

C. 交付货币和货物均在甲市

D. 交付货币和交付货物均在乙市

3. 合同生效后,当事人就质量、价款或者报酬、履行地点等内容没有约定或约定不明的,首选的措施是(　　)。

A. 当事人就此补充协议　　B. 按照合同目的确定

C. 按照国家标准确定　　D. 按照交易习惯确定

任务6 格式条款的处理

任务情境

(1) 朱某进超市购物,将装有首饰、现金的挎包存放于超市存包处,后领包时发现包已遗失,索赔时该超市以“存包处《存包须知》(以下简称《须知》)明示:无论存包者是否申明物件的价值,若遗失,每件酌情补偿5~10元”为由,只愿意赔付10元。另悉,该《须知》贴在存包窗口上,十分醒目。下列选项正确的是( )。

A. 该《须知》属于格式条款

B. 该《须知》并未订入合同

C. 该《须知》为合同的一个条款,但该条款无效

D. 该《须知》为合同的一部分,有效

2. 甲手机专卖店门口立有一块木板,上书“假一罚十”4个醒目大字。乙从该店购买了一部手机,后经有关部门鉴定,该手机属于假冒产品,乙遂要求甲履行其“假一罚十”的承诺。关于本案,下列哪一选项是正确的?( )

A. “假一罚十”过分加重了甲的负担,属于无效的格式条款

B. “假一罚十”没有被订入合同之中,故对甲没有约束力

C. “假一罚十”显失公平,甲有权请求法院予以变更或者撤销

D. “假一罚十”是甲自愿作出的真实意思表示,应当认定为有效

任务分析

(1) 本题涉及格式条款问题。依《合同法》第三十九条、第四十条规定,格式条款是当事人为了重复使用而预先拟定,并在订立合同时未与对方协商的条款。格式条款的拟定人应当遵循公平原则确定当事人之间的权利和义务。格式条款具有免除格式条款提供方责任、加重对方责任、排除对方主要权利的,格式条款无效。本题中,《存包须知》为反复使用而拟定的条款,为格式条款。该格式条款在顾客存包时能够被清楚了解,应认为订入超市与每个

存包顾客之间的存包保管合同之中。但该格式条款内容明显违反公平原则，任何包裹的丢失均只赔偿5~10元，免除了超市作为保管人依《合同法》第三百七十四条规定应承担的因保管人保管不善造成保管物毁损、灭失所应承担的赔偿责任，也排除了顾客作为寄存人依该条请求赔偿损失的权利，因此，该格式条款应视为无效条款。

(2) ①“假一罚十”是格式条款。甲利用格式条款加重自己的责任，无《合同法》第四十条规定的无效事由，故A选项错误。须注意：当事人通过格式条款加重自己的责任属于“韩信点兵，多多益善”，但不能太过，如果加重自己责任达到违背善良风俗的程度，也会导致合同无效。如甲的格式条款表明：“若出售的手机有假，我愿剖腹自杀。”② 根据《合同法》第三十条，“假一罚十”不是免除或者限制自己责任的条款，甲并不负有以合理的方式提请对方注意的义务。退一步讲，即使是属于免除或者限制自己责任的格式条款，提供者未以合理方式提请对方注意的，也视为格式条款已经订入合同中，只是相对人享有撤销权。故B选项错误。③《最高人民法院关于适用〈中华人民共和国民事诉讼法〉若干问题的意见》（以下简称《民事意见》）第七十二条规定：“一方当事人利用优势或者利用对方没有经验，致使双方的权利与义务明显违反公平、等价有偿原则的，可以认定为显失公平。”即显失公平需要一个主观要件：一方利用自己的优势或者利用对方的急迫、轻率、无经验。“假一罚十”是甲深思熟虑的产物，乙也没有什么优势地位。故C选项错误，D选项正确。

相关法理

现实生活中，为降低签约成本，节约交易费用，经常会出现由一方当事人单方制定部分条款的情形，这些由一方当事人单方拟定的合同条款，就是格式条款。我国《合同法》第三十九至第四十一条是关于格式条款的规定。

一、定义

格式条款是当事人为了重复使用而预先拟定，并在订立合同时未与对方协商的条款。

格式合同剥夺了对方的合同自由，不允许对方讨价还价，不允许对方改变，因此就隐藏着一个危险——可能损害对方的利益。格式合同大量出现在消费领域，作为分散的、弱小的消费者个体，往往无法和强势的经营者对抗，这就需要国家给予特殊的保护。因此,《合同法》设置了第三十九至第四十一条,以防止格式条款的不当使用。

二、对格式条款的限制

1. 用公平原则限制格式条款

《合同法》第三十九条规定:"采用格式条款订立合同时,提供格式条款的一方应当遵循公平原则确定当事人之间的权利和义务。"这是因为格式合同是当事人一方决定的,因此如果制定格式条款的一方违背了公平原则,就要发生《合同法》第五十四条关于显失公平规定的适用,也即相对方有权要求变更合同的内容或者撤销合同。

2. 规定了格式条款制定者的提示义务和说明义务

《合同法》第三十九条还规定,格式条款的提供者应"采取合理的方式提请对方注意免除或者限制其责任的条款,按照对方的要求,对该条款予以说明",这叫作提示义务和说明义务。

提示义务就是要提请对方注意合同上的这个免责条款。提示义务应采取合理的方式履行,所谓合理的方式,应结合合同的性质、交易的习惯等各种情况来判断。例如,如果免责条款用黑体字或大号字体,印在合同书上比较醒目的位置,可以认为已经履行了提示义务。如果把免责条款用很小的字体,印在合同书不显眼的地方,就说明违背了提示义务。

对格式条款,如果对方要求说明格式条款含义,那么格式条款提供人还要给予说明。

特别注意 提供格式条款的一方对格式条款中免除或者限制其责任的内容,在合同订立时采用足以引起对方注意的文字、符号、字体等特别标识,并按照对方的要求对该格式条款予以说明的,人民法院应当认定符合《合同法》第三十九条所称"采取合理的方式"。

提供格式条款一方对已尽合理提示及说明义务承担举证责任。

提供格式条款的一方当事人违反《合同法》第三十九条第一款关于提示和说明义务的规定,导致对方没有注意免除或者限制其责任的条款,对方当事人申请撤销该格式条款的,人民法院应当支持。

3. 规定了格式条款无效情形

(1) 格式条款具有《合同法》第五十二条规定情形。

有下列情形之一的,合同无效:一方以欺诈、胁迫的手段订立合同,损害国家利益;恶意串通,损害国家、集体或者第三人利益;以合法形式掩盖非法目的;损害社会公共利益;违反法律、行政法规的强制性规定。

(2) 格式条款具有《合同法》第五十三条规定情形。

《合同法》第五十三条规定了两种免责条款无效。

第一种是“造成人身伤害的”,免责条款无效。这里应注意:不管伤害是谁造成的,都不能够在合同上预先用一个条款来免除责任。这是现代各国保护劳动者,保护消费者的一个重要规则。例如,合同预先规定工伤概不负责就剥夺了宪法规定的劳动者享受劳动保护的权利,违反了法律,应认定为无效。

练一练

某公司在其格式劳动合同中规定“工伤概不负责”,后该公司员工李某上班时因操作机器不当造成骨折。李某因受伤造成的损失应由谁负责?( )

A. 根据合同约定,应当李某自己承担

B. 主要由李某承担,该公司对其不能承担的部分承担补充责任

C. 应由该公司承担

D. 根据公平原则,由该公司承担主要责任,李某承担次要责任

第二种是“因故意或者重大过失造成对方财产损失的”,免责条款无效。

(3) 提供格式条款一方免除其责任、加重对方责任、排除对方主要权利的视为无效。

“免除其责任”是指提供格式条款的一方不合理、不正当地免除其依照法律应当负有的强制性法定义务。例如,以格式条款作出的下列免责应属无效:“本店对所销售的新手机一律不承担三包责任”、“消费金额100元以下,谢绝出具发票”、“存款被人冒领,本行不承担责任”。

“加重对方责任”是指格式条款含有对方当事人在通常情况下不应当承担的义务。例如,规定消费者对不可抗力发生的后果也应承担责任;规定消费者承担超乎常理的违约金或损害赔偿金(“偷一罚十”)。

“排除对方主要权利”是指排除对方按照“合同的性质”通常应当享有的“主要”权利。例如,经营者在格式条款中规定,消费者对受领的具有严重瑕疵的标的物只能请求修理或更换,不能解除合同或者请求减少价金,亦不能请求损害赔偿。再如,格式条款规定消费者在发生纠纷时只能与经营者协商解决,不能提起诉讼或仲裁。又如,对普通商品规定“商品离柜,概不退换”。

(4) 对格式条款理解上的限制。

① 通常理解:格式条款的理解发生争议时,按通常理解予以解释。

② 对格式条款有两种以上的通常理解时,做不利于提供格式条款一方的解释。

③ 当格式条款与非格式条款不一致时,采用非格式条款的理解。

任务7 缔约过失责任的认定

任务情境

王某是一个工人，一直想做服装生意，并与多家经销商联系，但均未成功。某日他看到一个专门经营运动服销售的A公司寻找连锁店经营人，于是就根据该广告注明的地址前去实地考察，经过考察后王某认为该公司的运动服兼具时装和运动性质，很适合正悄然兴起的运动风，并且对开店资本、环境等方面都很满意。只是自己手头钱不是太足，于是与A公司负责人商量，希望能够由A公司先发两批货，到第三批时再交前两批的服装费。A公司负责人为了吸引王某加入，遂满口答应，并许诺只要王某选好了店址，公司经过调查符合公司的要求，就可以签合同进行装修了，王某负责装修费用，A公司可以提供技术和人力上的支持，按该专卖店的统一规格给王某的店面装修。于是王某请了一个月的假，四处奔波，终于寻找到了合适的店址，A公司派人调查后表示店址没有问题，但是却提出该品牌走俏，想要开连锁店的人很多，服装费不能够拖延，并要求王某再加30 000元经营费。王某认为这违反了他们当初的约定，因此难以接受。王某要求A公司赔偿损失，A公司辩称：现在是市场经济，经营主体有充分的经营自主权，双方为了合作而进行协商很常见，只要没有正式签合同，就无须负责。

问题：

(1) 王某和A公司之间是什么样的关系？A公司的说法是否正确？

(2) 假如王某要求赔偿损失，那么下列哪些费用应当由A公司负责赔偿并分析原因：① 100元的实地考察费用；② 3 000元的寻找店址的费用；③ 一个月的误工费；④ 因此丧失其他机会所造成的损失。

任务分析

(1) 本题考查的是缔约过失责任的问题。缔约过失责任，是指在合同订立的过程中，一方因为违反诚实信用原则所产生的义务，给对方造成损失所应承担的损害赔偿责任。缔约过失责任产生在合同订立过程中,如果合同已经订立,那么违反合同的行为将产生违约责任。本题中,王某和A公司正处于缔约过程中,两者之间并没有合同关系,但是却存在着缔约关系。

根据合同法理论,一旦进入缔约阶段,双方当事人之间就具有某种订约上的联系,为了缔约合同,一方所实施的足以使对方产生信赖的行为,将对其产生约束,双方已经由原来普通的关系进入特殊的联系阶段。双方当事人都应当按照诚信原则的要求,讲诚实、守信用,以善意的方式行使权利并履行义务。根据诚实信用原则的要求,双方当事人在订立合同时应当同时负有一定的附随义务,即先契约义务,具体包括:无正当理由不得撤销要约的义务;使用方法的告知义务;合同订立前重要事情的告知义务;协作和照顾的义务;忠实义务;保密义务;不得滥用谈判自由的义务。如果双方的谈判已经进入一定的阶段,一方的行为足以使另一方当事人合法地相信其会与之订立合同,并因此支付了一定费用,那么中断谈判就是有错的。

本案中,王某与A公司的谈判及A公司负责人的承诺,足以使王某产生合理的信赖,假如A公司意图提高费用等,也应当及时通知王某,而不是等到王某已经花费资金找到店址,需按承诺签合同时才告知。况且A公司派人调查了店址并表示同意,表明王某的履行并没有不当。因此,A公司仅以经营自主为由拒绝签合同并且不予赔偿的行为,是不负责任的,也没有理由。

(2)本题考查缔约过失责任的赔偿范围。根据合同法理论,信赖利益应当为缔约过失责任赔偿的基本范围,信赖利益的损失限于直接损失,直接损失就是指因为信赖合同的成立和生效所支出的各种费用。具体包括:第一,因信赖对方要约邀请和有效的要约而与对方联系、赴实地考察检查标的物以及为此支出的费用。第二,因信赖对方将要缔约,为缔约做各种准备工作并为此支付的各种合理费用。第三,为谈判所支出的劳务及为支出上述费用所失去的利息。但是,各种费用的支出必须是合理的,不能是受害人任意支出的。本案中,3 000元的寻找店址的费用及王某为了寻找店址而专门请了一个月假的误工费用,显然都是为缔约做各种准备工作所支出的合理费用,因此应当得到赔偿。至于其100元的实地考察费用,看似符合上述第一条,但该费用发生在A公司承诺之前,况且是王某想要寻找机会所必须支出的,与A公司的行为没有直接关系,因此不应当得到赔偿。王某因与A公司谈判所丧失的其他机会造成的损失,属于间接损失。间接损失是指如果缔约一方能够获得各种机会,而在因另一方的过错导致合同不能成立的情况下,使这些机会丧失。这些损失不包含在信赖利益的范围内,因为机会本身就是很难确定的，存在很大的偶然性，在举证上也存在困难，这种损失无需赔偿。

相关法理

一、概念和特征

缔约过失责任是指在合同订立过程中，合同一方当事人因违背基于诚实信用原则产生的义务，造成合同相对方的利益损失所应承担的损害赔偿责任。

缔约过失责任具有如下特征：

1. 缔约的过失发生在合同订立过程中

缔约过失虽然发生在合同订立过程中，但当事人之间显然已经具有基于订立合同而产生的联系。正是基于这种联系，在双方当事人之间产生了某种信赖关系。如果没有订立合同的联系，不能适用缔约过失责任。

2. 一方违背依诚实信用原则所应负的义务

根据诚实信用原则，当事人订立合同时应履行一定的附随义务，包括无正当理由不得撤销要约的义务、使用方法的告知义务、重大事项的告知义务、保密义务等。只要当事人违反了上述义务并导致合同最终无法成立，就构成缔约上的过失。

3. 导致他人信赖利益受损

缔约过失行为导致合同无法成立后，造成的信赖利益损害是指相对方因信赖合同的成立生效，但由于合同不成立或无效所蒙受的利益损失。只有在合同相对人遭受信赖利益的损失，且该损失与缔约过失行为有直接因果关系的情况下，信赖人才能基于相对人缔约上的过失请求赔偿。

例 9 甲、乙同为儿童玩具生产商。“六一”节前夕，丙与甲商谈进货事宜。乙知道后向丙提出更优惠的条件，并指使丁假借订货与甲接洽，报价高于丙，以阻止甲与丙签约。丙经比较与乙签约，丁随即终止与甲的谈判，甲因此遭受损失。对此，下列哪一项说法是正确的？(　　)

A. 乙应对甲承担缔约过失责任

B. 丙应对甲承担缔约过失责任

C. 丁应对甲承担缔约过失责任

D. 乙、丙、丁无须对甲承担缔约过失责任

解析 ① 原则上，缔约过失责任只能成立于磋商合同的当事人之间，甲、乙之间并未进入磋商阶段，因此二者之间不成立缔约过失责任，故 A 选项错

误。② 根据合同自由原则，进入合同磋商的任何一方均有随时退出磋商的自由。因此，若丙无违反先合同义务的行为，丙退出与甲的磋商，另行选择与乙订立合同，丙就无需对甲承担缔约过失责任，故B选项错误。③ 根据《合同法》第四十二条，丁的行为构成恶意磋商，应对甲因此遭受的信赖利益损失承担缔约过失责任，故C选项正确。④ 需说明：丁系受乙的指使，并因此给甲造成损失，乙、丁是否构成共同侵权，应对甲承担连带损害赔偿责任，属于另一个问题（按照《中华人民共和国侵权责任法》的规定，可作如此认定）。但是，在目前的法律制度下，尚不能认为乙、丁共同构成缔约过失责任（当然，未来的法律制度可以朝这个方向发展）。根据前述内容，亦可认定D选项错误。

练一练

A公司应B公司之约赴京洽谈签约，后因双方对合同价款无法达成一致协议而未能签订合同。对A公司赴京发生的差旅费应由（　　）。

A. A公司和B公司各负担一半

B. B公司负担

C. A公司自行承担

D. B公司负担比例必须高于A公司

二、缔约过失责任的类型

按合同的状态，可将缔约过失责任分为合同未成立型、合同无效型、合同可撤销型、效力未定合同不被追认型和附生效条件的合同生效条件不成就型。

1. 合同未成立型

（1）假借订立合同，恶意进行磋商。

这里的“假借”是指根本没有订立合同的目的，与对方进行谈判磋商只是个借口，目的是损害对方或他人利益。

（2）故意隐瞒与订立合同有关的重要事实或者提供虚假情况。

故意隐瞒重要事实或者提供虚假情况的目的是为了使合同相对方因被蒙蔽而进入错误认识。这属于缔约时的欺诈行为。

（3）泄露或不正当使用商业秘密。

此时，可能构成缔约过失责任与侵犯责任的竞合。

（4）其他违背诚实信用原则的行为。

这是关于缔约过失责任的兜底条款，主要包括违反有效的要约邀请、要约人违反有效要约等。

2．合同无效型

这里的"合同无效"是指合同自始、当然无效的情形。合同无效后，有过错的一方应赔偿对方因此受到的损失，双方都有过错的，应当各自承担相应的责任。

3．合同被撤销型

(1) 在合同因重大误解订立的情形下，如果申请撤销合同一方有过错，则相对方可在合同撤销后，要求撤销方承担缔约过失责任。

(2) 在订立合同时显失公平的情形下，如果申请撤销合同一方有过错，则相对方可在合同撤销后，要求撤销方承担缔约过失责任。

(3) 在因欺诈、胁迫或乘人之危而撤销合同情形下，受欺诈人、受胁迫人或受损害人在主张撤销合同后，如果因订立合同受有损害，可以要求有过错的欺诈人、胁迫人或乘人之危人进行赔偿。

特别注意 如果受欺诈人在知道或应当知道欺诈事由之日起1年内没有行使撤销权，则撤销权归于消灭。而受欺诈人如因受欺诈而受损害，其损害赔偿请求权，应另行适用2年的诉讼时效(《合同法》第五十五条、《民法通则》第一百三十五条)。

4．效力未定合同不被追认型

效力未定的合同，主要是指有限制行为能力人认定的合同和无权代理人订立的合同等。在上述合同中，如果有追认权人不予追认而导致合同无效，则同样可发生缔约过失责任。

5．附生效条件的合同生效条件不成就型

合同附有生效条件时，如果该条件未成就导致合同无效，也可能发生缔约过失责任。

三、缔约过失责任与违约责任、侵权责任的区别

1．缔约过失责任与违约责任的区别

缔约过失责任以先合同义务为成立的前提，而违约责任以合同债务为成立的前提。

缔约过失责任原则上要以缔约人有过失为成立前提，而违约责任原则上为严格责任，一般不要求以过错为要件。

例10 甲公司在与乙公司协商购买某种零件时提出，由于该零件的工艺要求高，只有乙公司先行制造出符合要求的样品后，才能考虑批量购买。乙

公司完成样品后,甲公司因经营战略发生重大调整,遂通知乙公司:本公司已不需此种零件,终止谈判。下列哪一选项是正确的?(　　)

A. 甲公司构成违约,应当赔偿乙公司的损失

B. 甲公司的行为构成缔约过失,应当赔偿乙公司的损失

C. 甲公司的行为构成侵权行为,应当赔偿乙公司的损失

D. 甲公司不应赔偿乙公司的任何损失

解析　甲、乙已经进入磋商阶段,彼此均负有先合同义务。但甲并无违反先合同义务的行为,相反,甲已经尽到了照顾、忠实、告知等先合同义务,明确表示“只有乙公司先行制造出符合要求的样品后,才能考虑批量购买”,故甲不承担缔约过失责任,B选项错误。须注意:根据合同自由原则,进入合同磋商的任何一方均享有随时终止磋商的自由,只要没有违反先合同义务,就无需承担任何责任。因为合同未成立,谈不上违约责任,故A选项错误。甲并无侵权行为,乙遭受的损失属于市场风险,应由乙自己承担,故C选项错误,D选项正确。

2. 缔约过失责任与侵权责任的区别

缔约过失责任以过错为成立要件,而侵权责任既有过错责任又有无过错责任。

缔约过失责任的赔偿范围通常是信赖利益,侵权责任的赔偿范围则是固有利益或完全性利益。

四、缔约过失责任的赔偿范围

缔约过失责任主要是针对信赖利益的赔偿。特别是在合同不成立型和合同无效型中,受损害方可以请求的是合同缔结前所处的状态,故以信赖利益损失大小为赔偿范围。信赖利益损害可以区分为所受损害和所失利益。所受损害可表现为买受人为去现场查看买卖标的物所支付的交通费。所失利益则可表现为丧失与第三人另订立合同的机会所产生的损失。信赖利益的赔偿,原则上不得超过当事人订立合同时所应预见到的因合同不成立、无效或被撤销可能造成的损失,也不得超过合同有效或合同成立时相对人可能得到的利益。例如,张三与李四拟签订合同将其电脑以3 000元卖给李四时,王五提出愿意以更高价格购买,李四被迫购买了其他人的电脑。而王五借故拖延最终没有签订合同,张三无奈以2 400元将电脑卖给了赵六。其中2 400元和3 000元的差价损失,张三可向王五主张承担缔约过失责任。

特别提醒

缔约过失责任的使用范围

依照我国《合同法》的规定,缔约过失责任的使用范围如下:① 恶意磋商致使合同不能成立。非恶意的过失中断交涉致使合同不成立的,即使相对人受有损失,也不负缔约过失赔偿责任,该损失应为商业风险。② 隐瞒重大事项或者提供虚假情况。这种情况可构成欺诈。受欺诈的当事人不行使撤销权,合同有效;受欺诈的相对人行使撤销权,使合同因撤销归于无效,可请求过失方负缔约过失责任。③ 违反诚信原则的其他情形。此种行为从语义学上推断出要求行为人的过失为重大过失。④ 违反保密义务。当事人一方泄露或不正当使用缔约时的他方当事人的商业秘密,构成缔约过失。

缔约过失与不正当竞争

不正当竞争行为违反的是公法秩序,即竞争秩序,因此,不正当竞争行为应受行政处罚,当然,受害人可依法要求民事赔偿。缔约过失不涉及公法秩序问题,而是缔约人违反诚信原则的行为,所涉及的利益关系是当事人之间的利益关系,因此,缔约过失不存在行政处罚的问题,只存在民事赔偿问题。缔约过失行为往往与不正当竞争行为重叠,构成缔约过失也可能构成不正当竞争。此时,行为人既要承担缔约过失责任,又要受不正当竞争的法律制裁。但缔约过失行为不等于不正当竞争行为。

巩固提升

一、单项选择题

1. 甲公司拟用招标方式采购一成套设备，向包括乙在内的十余家厂商发出其制作的包含设备性能、规格、品质、交货日期等内容的招标书。乙公司在接到标书后制作了投标书。甲公司在接到乙公司及其他公司的投标书后，通过决标，最后确定乙公司中标，并向乙公司发出了中标通知书。下面行为属于要约的是(　　)。

A. 甲向乙发出招标书　　B. 乙向甲发出投标书

C. 甲对所有标书进行决标　　D. 甲向乙发出中标通知书

2. 根据《合同法》的规定，下列各项中，属于不得撤销要约的情形为(　　)。

A. 要约已经到达受要约人　　B. 要约人确定了承诺期限

C. 要约人明示要约不可撤销　　D. 受要约人已对要约作出承诺

3. 甲公司2014年7月1日通过报纸发布广告，称其有某型号的电脑出售，每台售价8 000元，随到随购，数量不限，广告有效期至同年7月30日。乙公司委托王某携带金额16万元的支票于7月28日到甲公司购买电脑，但甲公司称广告所述电脑已全部售完。乙公司为此受到一定的经济损失。根据合同法的规定，下列表述正确的是(　　)。

A. 甲公司的广告构成要约，乙公司的行为构成承诺，甲公司不承担违约责任

B. 甲公司的广告构成要约，乙公司的行为构成承诺，甲公司应当承担违约责任

C. 甲公司的广告不构成要约，乙公司的行为不构成承诺，甲公司不承担民事责任

D. 甲公司的广告构成要约，乙公司的行为不构成承诺，甲公司不承担民事责任

4. 下列关于要约失效的陈述，错误的是(　　)。

A. 甲以信件方式向乙发出要约，要求购买某型号钢材10吨。乙打电话告知甲，无货可供。该要约失效。

B. 甲以信件方式于7月5日向乙发出要约，并确定了一个月的承诺期

间。7 月 10 日该要约到达乙处。乙于 8 月 6 日以信件方式作出承诺,8 月 9 日承诺到达甲处。该要约失效。

C. 甲拟以信件方式向乙发出要约,并要求乙必须在一个月内承诺,信件落款时间为 7 月 1 日。但甲迟迟没有发信,直到 7 月 10 日才发出信件。乙于 8 月 4 日作出承诺,该信件于 8 月 7 日到达甲处。该承诺生效,因此要约没有失效。

D. 甲以信件方式向乙发出要约,要求购买某型号钢材 10 吨。乙打电话告知甲,因为市场行情发生变化,要约中确定的价格应当上浮 10%。该要约失效。

5. 下列有关承诺的说法不正确的是(　　)。

A. 承诺的内容必须与要约一致

B. 承诺必须在要约的有效期内到达要约人

C. 承诺生效以后合同可以成立

D. 承诺方式必须符合要约的要求

6. 我国《合同法》规定:合同成立的地点是(　　)。

A. 合同签订地　　B. 合同承诺生效地

C. 当事人户籍所在地　　D. 当事人主营业地

7. 法律规定应当采用书面形式的合同,当事人未采用书面形式,但已履行主要义务的,该合同(　　)。

A. 有效成立　　B. 可变更、可解除

C. 无效　　D. 可撤销

8. 下列情形中,合同已经成立的是(　　)。

A. 甲对乙说:“我的那本佟柔教授主编的《中国民法》8 块钱卖给你,要不要?”乙说:“好,一言为定。”

B. 联想计算机公司与某销售公司签订了销售 500 台联想商博士 2000 电脑的合同,双方就合同的全部条款已经协商完毕并打印好后各执一份,但没有签字盖章。不久,联想公司便将 500 台联想商博士 2000 电脑运送到了该销售公司。

C. 甲超级市场发传真给乙食品厂,上面写着“请速运 20 箱统一牛肉味方便面来我公司”。该食品厂立即派车送去了 30 箱统一牛肉味方便面。

D. 郭某打电话给马某说:“昨天你想买的那枚珍珠我决定卖给你了,8 000 块钱。”,马某说:“我要和我老婆商量一下,明天给你答复。”第二天,马某发电子邮件给郭某说:“决定 8 000 元买你的珍珠,请速送来。”

9. 所有KODAK洗相店在装照片的纸袋封口上方都用非常小的字体提示:“1. 如遇意外损坏或损失,只赔偿同类同量胶卷;2. 由订印照片之日期起,如3个月后仍未前来领取,订件将由本公司随意处理;3. 如遇机械故障、电流中断或水源问题,本公司有权将取件时间押后。”请问,对这3条提示的效力评价正确的陈述是( )。

A. 这3条提示都属于格式条款,都应当归于无效

B. 尽管这3条提示都属于格式条款,但只是第一条无效

C. 第一条与第二条无效

D. 第一条与第三条无效

10. 下面属于可以适用《合同法》缔约过失责任规定的情形有( )。

A. 甲某租用幸福巷30号乙某的房屋一间,为期3年,此间其亲友的信件都寄往此处。租期届满后,甲某没有继续承租乙的房屋,乙怀恨在心。甲走后仍有一些信件寄往幸福巷30号,乙将这些信统统扔进了垃圾箱,在甲前来询问时,乙告诉他说没有收到任何信件。

B. 张三某日上街办事,因事情紧急抄近路从一家超级市场穿过,恰好该超市正在修理地下管线,地面挖了个坑,由于修理工人去取材料,便临时在坑上面铺了几张硬纸板,张三正好踩中这个坑摔了进去,致使小腿骨折断。

C. 李婶带着自己5岁的儿子小黑子去超级市场购物,小黑子去收银台帮妈妈将购得的物品打包时,一脚踩在一片白菜叶子上跌了一跤,两颗门牙被撞掉。

D. 海拉东将一头病入膏肓的马鹿谎称是非常健壮的马鹿卖给了左伍海,卖后不到两天马鹿就死了。

二、多项选择题

1. 要约发出以后,遇有下列( )情况时,即不发生效力或消灭其效力。

A. 要约被撤回　　B. 要约被拒绝

C. 要约的有效期限届满　　D. 要约人丧失民事行为能力

2. 甲农场于7月2日向乙农场发出要约,要卖给乙农场一头种牛,甲农场要求乙农场15天内答复。甲农场的要约于7月5日到达乙农场。7月3日,甲农场又给乙农场去信,称该种牛对甲农场意义重大,不能出售,请乙农场原谅,第二封信于7月6日到达。乙农场7月7日回信表示接受甲农场的一切条件购买种牛,该回信于7月10日到达。甲农场拒绝交货,请根据已知条件,选择下列正确的选项( )。

A. 甲、乙之间的合同不成立,因为要约已被撤销

B. 甲、乙之间的合同成立,因为要约没有被撤销

C. 甲、乙之间的合同于7月10日承诺到达时成立

D. 甲、乙之间的合同不成立,因此乙只能追究甲的履约责任,不能追究其违约责任

3. 甲向乙发出要约,乙的(　　)行为不发生承诺的效力。

A. 附条件地接受要约

B. 撤回承诺的通知与承诺同时到达要约人

C. 撤回承诺的通知因送达的原因后于承诺到达,要约人未及时将该情况通知承诺人

D. 承诺被依法撤销

4. 下列合同关于履行地点的说法正确的是(　　)。

A. 交付动产的合同,应在债权人的所在地履行

B. 不动产权的转移合同,应在不动产权利登记机关所在地履行

C. 给付货币的合同,应在接受货币一方所在地履行

D. 修缮房屋合同,应在房屋所在地履行

5. 合同中的免责条款如具备(　　)的情形则无效。

A. 造成对方当事人人身伤害的

B. 造成对方财产损失的

C. 因故意造成对方财产损失的

D. 因重大过失造成对方财产损失的

三、案例分析

1. 某水果批发商(简称甲方)曾向南方某县水果供应点(简称乙方)购买过荔枝。因该县荔枝质量好,价格便宜,投入市场后销售很好。甲方又向乙方传真购买10吨荔枝的合同。随后甲方担心乙方不继续供货,在发出传真一周后又向乙方寄去一封挂号信,信中除了提出再多购买5吨荔枝外,还提出双方在协商的基础上签订合同确认书。在挂号信寄出后的第二天,乙方收到甲方的传真,表示同意按甲方传真中的条件供货10吨。挂号信及确认书一事双方没有再提及。不久,因供求关系变化,荔枝跌价,甲方要求其订购的荔枝价格下调5%,否则不收货。乙方没理睬甲方的要求,按原约定送来荔枝15吨。甲方要求按下调的价格支付货款,乙方不同意,认为自己按合同履行义务,对方也应当按合同支付价款。双方协商不成,诉至法院。

法院在核查事实时发现,乙方在收到甲方要求签订合同确认书之前已经发出同意供货10吨传真,故判决10吨荔枝按旧价格执行,后5吨荔枝通过当事人和解,按甲方提出的价格执行。

试分析:

(1) 法院的处理正确吗?

(2) 为什么?

2. 某制衣厂(简称甲方)为生产高档毛衣向某机械厂(简称乙方)订购一套机织设备。双方本应按照约定签订书面合同,但由于乙方说没关系,表示肯定能够在两个月内送货上门,并安装调试至顺利生产,故双方没有签订书面合同。两个月后,乙方准时将设备送到甲方,并进行了安装调试。在安装完毕之后的试生产过程中,机器出现故障。甲方又请乙方的专业人员进行了两次调试,但故障仍未排除,于是,甲方以合同未采用法律规定的书面形式为由,要求认定合同不成立,并退货。

试分析:

(1) 甲方要求认定合同不成立的请求有无法律依据? 为什么?

(2) 此案应如何处理?

3. 原告入住被告宾馆,在前台办手续时,宾馆要求其在印有“贵重物品请交前台保管,否则在本宾馆丢失恕不负责”的登记单上签字。原告签字后入住。当晚原告下楼就餐时,其留在客房中的手提电脑与价值1万元的礼品丢失。经公安部门核查,系窃贼用专用工具撬开门锁入室行窃所致,丢失电脑及礼品情况属实。原告与宾馆协商赔偿事宜未果,遂提起诉讼,称与宾馆所签免责条款属格式条款,根据《合同法》第四十条应属无效,要求宾馆按电脑与礼品价金赔偿损失。被告辩称,原告已与宾馆签订载有免责条款的合同,根据免责条款,宾馆承担保管义务,并未完全免除自己责任,因此不属于无效条款;宾馆亦无故意或者重大过失,不属于《合同法》第五十三条规定的无效情形,故免责条款有效,宾馆应依此免责。

试分析:

(1) 格式条款的概念。

(2) 宾馆印有“贵重物品请交前台保管,否则在本宾馆丢失恕不负责”的登记单是否属于格式条款?

(3) 如果是格式条款,它的效力如何?

(4) 客人随身携带的贵重物品丢失的责任归属如何?

4. 北京A机床厂经营状况一直不好,为了改善不景气的状况,该厂2013

年10月10日与广州B电子设备厂商定,双方联营生产彩电集成电路板,A机床厂提供厂房及部分资金,B电子设备厂负责提供部分资金和技术设备,双方的资金于同年11月15日前到位,年底前完成设备安装。此后,A机床厂于10月底将现有厂房内的设备全部拆除,并将厂房腾空,同时,向银行贷款50万元,期限1年。同年12月初,B电子设备厂称,由于该公司近来经营亏损,资金紧张,投资无法到位,提出双方不再合作。A机床厂因已做了充分准备,故不同意取消合作。此后,B电子设备厂不再理睬。A机床厂诉至法院,要求B电子设备厂赔偿其拆除设备、改建厂房的损失7万元及其贷款利息。B电子设备厂称,双方并未正式签订合作合同,故该公司未违反任何约定义务,不应承担任何责任,不同意A机床厂的任何诉讼请求。

请用缔约过失责任原理,分析法院应当如何处理该案纠纷。

四、实训

(一)

情景设计

S省某建筑公司因施工期紧迫,而未能事先与有关厂家订好供货合同,造成施工过程中水泥短缺,急需100吨水泥。该建筑工程公司同时向A市海天水泥厂和B市的丰华水泥厂发函,函件中称:“如贵厂有300号矿渍水泥现货(袋装),吨价不超过1 500元,请接到信10天内发货100吨。货到付款,运费由供货方自行承担。”A市海天水泥厂接信当天回信,表示愿以吨价1 600元发货100吨,并于第3天发货100吨至S省建筑工程公司,建筑工程公司于当天验收并接收了货物。B市丰华水泥厂接到信件后,积极准备货源,于接信后第7天,将100吨袋装300号矿渍水泥装车,直接送至S省某建筑工程公司,结果遭到建筑公司的拒收。理由是:本建筑工程仅需要100吨水泥,至于给丰华水泥厂发函,只是进行询问协商,不具有法律约束力。丰华水泥厂不服,遂向人民法院提起了诉讼,要求依法处理。

工作任务

任务1:丰华水泥厂与某建筑工程公司之间是否成立合同关系?
任务2:某建筑工程公司拒收丰华水泥厂的100吨水泥是否于法有据?
任务3:水泥厂的发货行为如何定性?
任务4:海天水泥厂与建筑公司的合同何时成立?合同内容如何确定?
任务5:假设建筑工程公司收到海天水泥厂的回信后,于次日再次去函表示愿以吨价1 550元接货,海天水泥厂收到第2份函件后即发货100吨至建筑工程公司。那么,二者之间的合同是否成立?如果成立,则何时成立?合同内容如何确定?

任务6:请用生活中的实例叙述合同的订立过程,包括要约邀请、要约和承诺。

训练方法

学生自由组合,4~8人为一组,先在组内展开讨论,再与其他小组进行交流,然后小组派代表发言,最后由授课老师点评。

步骤1:各小组将本组意见写成书面材料;

步骤2:每一小组推选1~2名代表发言,并可与其他小组展开辩论。

考核标准

1. 能正确辨别合同订立过程中的要约邀请、要约和承诺。
2. 能正确认定合同成立的时间。
3. 能确定合同的内容。

(二)

情景设计

××蔬菜公司和××生产基地订立了一份蔬菜订购合同,如下:

甲方(购方):××蔬菜公司

乙方(供方):××蔬菜生产基地

为了促使蔬菜生产优质、高产,保证蔬菜供应,经甲、乙双方充分协商,特订立本合同,以供双方共同遵守。

第一条 蔬菜交售质量及办法

1. 蔬菜品种的等级价格,按规定执行。乙方应分等级交售,甲方抽样验级。

2. 蔬菜交售时间由甲方联络员与乙方负责人协商,提前一天安排次日应交售的品种、数量,开出蔬菜预约通知单,乙方凭条办理交售。其交售与预约量允许上下浮动20%。

第二条 在乙方按季(月)完成蔬菜交售任务情况下,乙方每交售1万斤蔬菜,甲方提供________斤化肥指标。

第三条 甲方的权利与义务

1. 甲方对乙方交售的蔬菜必须及时验收，及时承付菜款，最迟不超过________小时(天)。(根据不同品种规定验收期限)

2. 甲方评定蔬菜等级要按照国家规定的质量标准，不得任意压级压价。

3. 甲方应按季(月)根据乙方交售蔬菜任务拨付给乙方化肥供应指标。

4. 甲方对乙方交售的不合规格的蔬菜，有权拒收，但必须对乙方认真说明理由。

第四条 乙方的权利与义务

1. 乙方在完成交售任务前，不得私自出售蔬菜。

2. 为确保人民身体健康，乙方必须按照蔬菜用药规定施用农药，严禁在蔬菜地使用剧毒农药。对药性、肥气未脱的蔬菜严禁出土上市。

3. 乙方交售给甲方的蔬菜，要求一级菜达到________%，二级菜达到________%，三级菜不多于________%，不得交售其他等级菜。

4. 乙方必须保证按合同规定的面积和品种种植蔬菜，未完成合同规定的任务前不得种植其他农作物。

5. 乙方的蔬菜生产如受气候条件的影响，允许在减产________%的幅度内不以违约论。

6. 乙方完成向甲方交售蔬菜的任务后，有权自行销售。

第五条 乙方违约责任

1. 乙方非因自然灾害，未完成当月合同总数量的90%者，应根据所欠缺蔬菜价款，比照银行拖延付款的规定，向甲方偿付违约金。

2. 乙方如在未完成交售任务前擅自出售蔬菜，每出售100斤，应向甲方偿付违约金________元。

3. 乙方如交售使用剧毒农药喷洒以及药性、肥气未脱的蔬菜，应按每百斤________元向甲方偿付违约金。如果因此造成人身伤亡，乙方应承担一切责任。

第六条 不可抗力

如因不可抗力的自然灾害造成蔬菜生产的损失，不以乙方违约论，甲方应据实减少乙方所承担的交售任务。

第七条 其他约定

本合同自甲、乙双方签字之日起生效，甲、乙双方任何一方不得擅自修改或解除合同，如双方代表人发生变更，不得变更合同。本合同如有未尽事宜，必须由甲、乙双方共同协商，作出补充规定，补充规定与本合同具有同等效力。合同期满，甲、乙双方可根据对下一年蔬菜供求的预测，重新签订蔬菜订购合同。

第八条　本合同一式二份，甲、乙双方各执一份。

第九条　本合同有效期自____年__月____日至____年____月____日止。

甲　方：____________　　　　乙　方：____________

代表人：____________　　　　代表人：____________

年　月　日　　　　年　月　日

工作任务

结合基本原理，对该合同进行修改完善。

考核标准

能正确把握买卖合同成立的必备条款。

（三）

情景设计

假如你是×××公司法务部的工作人员，请拟定一份公司产品的销售合同样本。

考核标准

合同条款必须完备、齐全，内容清晰明确。

项目三

合同效力的判断与处理

项目认知

通过判断与处理合同效力的训练，学生应能够熟练运用合同效力的相关专业知识，解决有瑕疵合同的效力问题，具备分析解决有关合同效力实际问题的能力，培养作为高职法学专业学生应具备的思维敏捷、反应机敏、善于观察、冷静处事的素质。

内容结构图

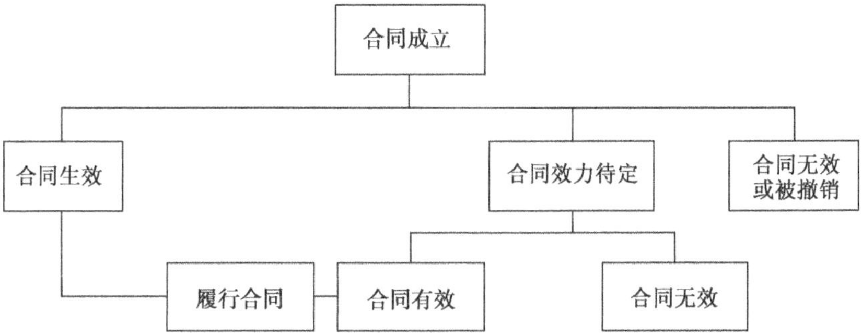

学习目标

1. 知识目标

（1）了解合同效力的内涵；

（2）掌握附条件、附期限合同的规则；

（3）掌握可追认合同的种类、效力；
（4）掌握因表见代理、表见代表订立合同的效力；
（5）了解导致合同无效的事由；
（6）了解导致合同撤销的事由。

2．能力目标

（1）能够正确识别有效合同和无效合同；
（2）能够区别合同的成立与生效；
（3）能正确判断表见代理合同的效力；
（4）能够签订附条件合同、附期限合同；
（5）能够正确处理可撤销合同，无效合同，因表见代理、表见代表订立的合同纠纷。

相关法律条文

《中华人民共和国合同法》（第三章）

第四十四条　依法成立的合同，自成立时生效。法律、行政法规规定应当办理批准、登记等手续生效的，依照其规定。

第四十五条　当事人对合同的效力可以约定附条件。附生效条件的合同，自条件成就时生效。附解除条件的合同，自条件成就时失效。

当事人为自己的利益不正当地阻止条件成就的，视为条件已成就；不正当地促成条件成就的，视为条件不成就。

第四十六条　当事人对合同的效力可以约定附期限。附生效期限的合同，自期限届至时生效。附终止期限的合同，自期限届满时失效。

第四十七条　限制民事行为能力人订立的合同，经法定代理人追认后，该合同有效，但纯获利益的合同或者与其年龄、智力、精神健康状况相适应而订立的合同，不必经法定代理人追认。

相对人可以催告法定代理人在一个月内予以追认。法定代理人未作表示的，视为拒绝追认。合同被追认之前，善意相对人有撤销的权利。撤销应当以通知的方式作出。

第四十八条　行为人没有代理权、超越代理权或者代理权终止后以被代理人名义订立的合同，未经被代理人追认，对被代理人不发生效力，由行为人承担责任。

相对人可以催告被代理人在一个月内予以追认。被代理人未作表示的，视为拒绝追认。合同被追认之前，善意相对人有撤销的权利。撤销应当以通知的方式作出。

第四十九条　行为人没有代理权、超越代理权或者代理权终止后以被代理人名义订立合同，相对人有理由相信行为人有代理权的，该代理行为有效。

第五十条　法人或者其他组织的法定代表人、负责人超越权限订立的合同，除相对人知道或者应当知道其超越权限的以外，该代表行为有效。

第五十一条　无处分权的人处分他人财产，经权利人追认或者无处分权的人订立合同后取得处分权的，该合同有效。

第五十二条　有下列情形之一的，合同无效：

（一）一方以欺诈、胁迫的手段订立合同，损害国家利益；

（二）恶意串通，损害国家、集体或者第三人利益；

（三）以合法形式掩盖非法目的；

（四）损害社会公共利益；

（五）违反法律、行政法规的强制性规定。

第五十三条　合同中的下列免责条款无效：

（一）造成对方人身伤害的；

（二）因故意或者重大过失造成对方财产损失的。

第五十四条　下列合同，当事人一方有权请求人民法院或者仲裁机构变更或者撤销：

（一）因重大误解订立的；

（二）在订立合同时显失公平的。

一方以欺诈、胁迫的手段或者乘人之危，使对方在违背真实意思的情况下订立的合同，受损害方有权请求人民法院或者仲裁机构变更或者撤销。

当事人请求变更的，人民法院或者仲裁机构不得撤销。

第五十五条　有下列情形之一的，撤销权消灭：

（一）具有撤销权的当事人自知道或者应当知道撤销事由之日起一年内没有行使撤销权；

（二）具有撤销权的当事人知道撤销事由后明确表示或者以自己的行为放弃撤销权。

第五十六条　无效的合同或者被撤销的合同自始没有法律约束力。合同部分无效，不影响其他部分效力的，其他部分仍然有效。

第五十七条　合同无效、被撤销或者终止的，不影响合同中独立存在的有关解决争议方法的条款的效力。

第五十八条　合同无效或者被撤销后，因该合同取得的财产，应当予以返还；不能返还或者没有必要返还的，应当折价补偿。有过错的一方应当赔偿对方因此所受到的损失，双方都有过错的，应当各自承担相应的责任。

第五十九条　当事人恶意串通，损害国家、集体或者第三人利益的，因此取得的财产收归国家所有或者返还集体、第三人。

任务1 合同效力认知

任务情境

设甲公司与运动员乙于2011年约定,乙如获得2012年伦敦奥运会冠军,将赠与乙100万元。

问题:

(1)双方的约定是否成立?

(2)双方的约定是否有效?

(3)双方的约定何时生效?

任务分析

(1)合同成立,指当事人意思表示一致,达成合意。案例中甲公司与乙已经就赠与事项达成合意,所以该约定已成立。

(2)合同有效,是指合同成立后,能够产生缔约当事人预期的法律效果。判断合同是否有效以合同已经成立为前提,但合同成立并不等于合同有效,已成立的合同必须完全符合法律规定的有效要件,才是一个完美的合同,才能得到法律的保护,否则就可能是一个有瑕疵的合同。案例中没有特别说明该合同是否有瑕疵,所以只能推断该合同无瑕疵,符合法律规定的有效要件,所以该约定有效。

(3)合同的有效和合同的生效是两个不同的概念,合同有效与否是一个价值判断问题,法律通过规定合同的有效要件,作为判断标准。对符合有效要件的合同,按当事人的合意赋予法律效果。合同是否生效属于事实判断问题,而不是价值判断问题。即导致合同生效的合同成立、法律规定的事实、所附条件的成就和所附期限的届至,都属于法律事实。附生效条件的合同,自条件成就时生效。案例中双方的约定应当是在乙获得伦敦奥运会冠军时开始生效。

相关法理

一、合同效力的含义

合同的效力又称合同的法律效力，是指依法成立的合同对当事人具有法律约束力。

合同的效力体现在合同对当事人各方的拘束力上。在法律有特别规定的情况下，还体现在对合同以外的第三人的拘束力上，这种合同相对性的例外情形被称为合同效力的扩张。合同效力的具体表现为：

（1）在当事人之间设定一定的权利义务关系；

（2）对当事人具有法律拘束力；

（3）具有强制履行效力和违约责任后果；

（4）法定的合同附随义务必须履行；

（5）第三人不得有侵害合同债权的行为。

二、合同的成立与生效

合同成立与合同生效的联系：合同的成立是合同生效的前提。合同成立解决的是合同存在与否的事实问题，而合同成立后是否发生效力则是法律价值的判断问题。

合同的成立要件，可分为一般成立要件和特别成立要件。一般成立要件是一切合同所共通的要件，包括：① 具有两方以上的当事人；② 有合同标的；③ 当事人意思表示一致，即相互之间就合同标的达成合意。一般情况下，满足以上 3 个要件，合同就成立。但要物合同及要式合同的成立还有其特别成立要件，即要物合同须交付标的物，要式合同须履行一定的形式。

合同成立与合同生效的区别如下：

1．性质不同

合同成立是指合同订立过程的完成；合同生效，是指合同符合法律的规定，从而产生法律拘束力。合同成立主要体现当事人的意志，体现了合同自由原则，以当事人的合意为基础。合同的生效则表明法律对合同关系肯定或否定的评价，反映的是国家对合同关系的干预，以法律规定为基础。

2．要件不同

只要当事人就合同的主要条款意思表示一致，合同即告成立。合同的生效，以合同的成立为前提，除了当事人合意以外，还应当符合法律规定的生效要件：合同当事人需要具有相应的民事行为能力，意思表示真实，不违反法律或者社会公共利益等。

3．法律后果不同

合同不成立只能产生缔约过失责任、返还不当得利等民事责任。合同无效，不仅会产生民事责任，还可能引起行政责任或者刑事责任。

4．解释方法和意义不同

在合同的条款有遗漏或者不清楚的情况下，如果当事人已经就合同的主要条款达成了协议，法院仍可以认为合同已经成立，并依解释规则补充合同的遗漏，确定合同内容。但是如果合同的内容不符合法律规定的生效要件，法院无权通过合同解释的方法使其有效，只能依法认定其无效。

三、合同的生效

有效合同的生效有以下几种情形：

1．合同成立时即生效

如果法律上没有特别规定，当事人之间也不存在特别约定，合同依法成立即可发生当事人预期的法律效果。这是合同生效的一般规则。

2．法律对合同生效另有规定的，依其规定

《合同法》第四十四条第二款规定："法律、行政法规规定应当办理批准、登记手续生效的，依照其规定。"如依《中华人民共和国中外合资经营企业法实施条例》第十四条规定，合营企业的协议、合同等须经审批机构批准后生效。

3．当事人对合同生效另有约定的，依其约定

依《合同法》规定，当事人可以对合同生效附条件或附期限。附生效条件的合同，自条件成就时生效；附生效期限的合同自期限届至时生效。

四、合同效力的几个层次

合同效力的层次见表3-1。

表3-1　合同效力的层次

合同效力状态	法律效果	法律依据
有效	当事人各方承受合同约定的权利义务，当事人不履行其义务，除有免责事由外，应根据不履行的情形，承担继续履行、赔偿损失、支付违约金或者定金的责任	《合同法》第四十四条、第一百零七条

续表

合同效力状态	法律效果	法律依据
无效	返还财产、折价补偿、赔偿损失等	《合同法》第五十二条、第五十八条
效力待定	待权利人追认后各方当事人承受合同约定的权利义务	《合同法》第四十七条、第四十八条、第五十一条
可撤销	权利人行使撤销权与否，将分别产生合同有效与无效两种后果	《合同法》第五十四条
附条件、附期限生效	待条件成就或期限到来时，当事人各方承受合同约定的权利义务	《合同法》第四十五条、第四十六条

练一练

王某与谢某签订了一份房屋租赁合同，双方在合同中约定：如果王某的父亲去世，则将其父亲现居住的住房租与谢某。以下对该租赁合同表述正确的是(　　)。

A. 既未成立，也未生效　　　　B. 是附条件的合同

C. 是附期限的合同　　　　D. 在王某父亲去世时该合同成立

任务 2 有效合同的判断与处理

任务情境

李某本人酷爱收藏,并且具有相当的古玩鉴赏能力。其家中收藏有一商代酒杯,但由于年代太久远,李某无法评估其真实价值,只能大略估计其价值在 10 万元以上。某日,李某将其酒杯带到一古董店,请古董店老板鉴赏,店老板十分喜欢该酒杯,并且知道其价值不下百万,于是提出向李某买下该酒杯,出价为 50 万元。李某对此高价内心十分满意,但仔细一想,心知该酒杯价值绝对超过 50 万元,如果拍卖,超过百万也有可能。但苦于拍卖成本过高,自身也没有条件拍卖,于是,李某心生一计,同意将酒杯卖给古董店老板,待日后古董店老板高价卖出后再主张合同可撤销,要求变更合同。结果,古董店老板通过拍卖,酒杯被卖到 1 000 万元。此后,李某向法院主张合同显失公正,要求古董店老板至少再补偿 900 万元。

问题:

(1) 李某与古董店老板的合同是否成立? 是否有效?

(2) 李某的请求是否具有法律依据? 为什么?

(3) 法院应如何处理?

任务分析

(1) 李某与古董店老板的买卖合同已经成立,双方意思表示真实并且一致,合同有效。

(2) 李某的请求没有法律依据。虽然我国《合同法》规定,显失公正的合同属于可撤销或可变更合同,但本案中的买卖合同不属于此种情况。首先,李某具有相当的古玩鉴赏能力,虽然他不知道酒杯的真实价值,但内心已经知道其价值绝对超过 50 万元,在此情况下他仍然将酒杯卖给古董店老板,法律上就应该推定其意思表示真实有效,而不属于因缺乏经验导致判断失误的情形;其次,李某将酒杯卖给古董店老板的时候,就已经准备事后主张合同变更,因此当然不存在被骗或者失误的情形,相反,李某心知肚明,显然不属于合同显失公正;再次,李某主张合同显失公正属于恶意,不应得到支持。

(3)根据上面分析可知,法院不应支持李某的请求,应认定合同有效。

相关法理

合同作为民事行为的一种,其生效应具备一定的条件。

一、当事人具有相应的缔约能力

合同都以当事人的意思表示为基础,以产生一定的法律效果为目的。因此,行为人必须能够独立表达自己的意思,正确理解自己行为性质的后果,也就是应当具备相应的缔约能力,这里的缔约能力包括缔约权利能力和缔约行为能力。一般的合同,对当事人的缔约权利能力没有特别要求,而对特殊的合同,当事人只有具备特殊资格才能缔结。例如,特定性质的合同只有具有特殊经营资格的法人才能缔结。一般情况下,应更注重分析当事人的缔约行为能力。

(1)对于限制民事行为能力的自然人,因受制于其年龄、智力、精神状况等因素,一般只能缔结与其年龄、智力、精神状况等因素相适应的合同,其他合同由其法定代理人代理或征得其法定代理人的同意。这里的"与其年龄、智力、精神状况相适应的合同"主要包括:第一,法律上纯获利益的合同。例如,赠与合同及免除其义务的合同等。第二,日常生活必需合同。例如,购买食物、饮料及搭乘公共汽车等。

(2)对于无民事行为能力的自然人,由其法定代理人代理缔结合同。

(3)对于法人及其他组织。一般认为,法人或其他组织的法定代表人、负责人超越权限订立的合同,除相对人知道或应当知道其超越权限的以外,该代表行为有效。

特别提醒

法定代表人之越权行为的效力

(1)《合同法》第五十条规定:"法人或者其他组织的法定代表人、负责人超越权限订立的合同,除相对人知道或者应当知道其超越权限的以外,该代表行为有效。”

（2）法定代表人超越权限与相对人订立的合同系越权行为，其合同效力规则如下：

① 若相对订立人订立合同系善意（不知道代表人超越权限），构成表见代表（注意：不是表见代理），合同有效。

② 若相对人订立合同系恶意（知道代表人超越权限），合同效力待定。

企业法人超越经营范围订立的合同

（1）《〈合同法〉解释（一）》第十条规定：“当事人超越经营范围订立合同，人民法院不因此认定合同无效。但违反国家限制经营、特许经营及法律、行政法规禁止经营规定的除外。”

（2）企业法人超越经营范围与相对人订立合同的效力规则如下：

① 原则上，企业法人的民事权利不受其经营范围的限制，企业法人超越经营范围订立的合同，其合同不因此而无效。

② 若企业法人超出经营范围与相对人订立的合同违反禁止经营（如武器买卖、麻醉品买卖）、限制经营（文物买卖、黄金买卖）、特许经营（如烟草批发、食盐批发）的规定，因企业法人无此民事权利能力，合同无效。

例1 2014年5月，通达公司和伟新货栈签订一份购销钢材合同。通达公司于约定期限内通知伟新货栈前往领取钢材，伟新货栈拒不履行。通达公司向法院提起诉讼，请求伟新货栈继续履行合同并支付违约金。伟新货栈主张自己是粮油贸易货栈，不具有钢材经营资格，其与通达公司签订的钢材购销合同超越了其经营范围，应为无效合同。

问题：法人超越经营范围订立的买卖合同是否具有法律效力？

解析 通达公司与伟新货栈签订的合同属于当事人的真实意思表示，虽然伟新货栈超越其经营范围对外签订购销合同，但因该合同没有违反国家专营、专卖及法律禁止性规定，合同标的物也不属于限制流通物，不能因此认定购销合同无效。

二、当事人意思表示真实

所谓意思表示，是行为人将其产生、变更和终止民事权利和民事义务的意思表示于外部的行为。意思表示真实是合同有效的重要条件，因为合同是当事人之间的一种合意，此种合意符合法律规定，依法可以产生拘束力，而当事人的意思能否产生拘束力，则取决于当事人的意思表示是否与行为人的真实意思相一致。在大多数情况下,行为人表示于外部的意思同其内心真实意思是一致的,但是有时行为人的意思表示与其真实意思不符合。在意思表示不真实的情况下,不能仅以行为人表示于外部的意思为依据,而不考虑行为人的内心意思,比如行为人在重大误解下作出的意思表示,与其真实意思完全不符,如果不考虑行为人的真实意思,而使其外部的意思表示有效,则不利于保护行为人的利益。同时,也不能仅以行为人的内心意思为依据,因为行为人的内心意思往往是局外人无从考查的,如果行为人随时以意思表示不真实为理由主张合同的效力欠缺,就使对方当事人的利益受到损害。

三、不违反法律、行政法规的强制性规定

合同之所以能产生法律效力,就在于当事人的意思表示符合法律规定。只有合法的合同,法律才赋予法律拘束力,不合法的合同显然不能受到法律的保护,也不能产生法律效力。合同合法是指合同不得违反法律、法规的强制性规定和社会公序良俗。法律、法规的强制规定,是指必须由当事人遵守,不得通过协商加以改变的规定。内容合法,主要是指合同的内容合法,即合同的各项条款都必须符合法律、法规的强制性规定。

这里关于“违反法律、行政法规的强制性规定”应把握两点:

(1) 违反的对象为全国人民代表大会及其常务委员会制定的法律和国务院制定的行政法规,不包括行政规章、地方性法规等其他规范性文件,也即违反行政规章或地方性法规等规范性文件不导致合同无效。

(2) 这里的“强制性规定”特指效力性规定(《〈合同法〉解释(二)》第十四条)。一般认为,强制性规定分为管理性规定和效力性规定,违反管理性规定,可能会受到相关国家机关的处罚,但不必然导致合同无效。例如,根据《城市房地产管理法》第五十四条,房屋租赁合同应以书面形式,并向房屋管理部门备案。该条规定就是管理性规定,目的是加强房屋管理部门对房地产租赁市场的规范。因此,如果租赁合同因没有备案而违反上述规定,也只是可能受到行政处罚,而不会影响其效力。而违反效力性规定,则从根本上否定了合同的效力。

四、不违反国家利益或社会公共利益

国家利益、社会公共利益是一个抽象概念,类似于公序良俗。但凡关系我国基本政治制度、社会公共秩序、主流道德观念等都可归类于国家利益或

公共利益,主要包括:

(1) 合同限制他人或自己的权利能力或行为能力以至违背了社会生活的基本准则。例如,约定10年内不得恋爱的合同。

(2) 合同本身不损害社会公共利益,但所附条件损害社会公共利益。如附条件的赠与合同约定,甲方赠与乙方10万元,条件是乙方3日内将高速公路隔断。

练一练

甲、乙之间的下列合同中哪些属于有效合同?( )

A. 甲与丙离婚期间,用夫妻共同存款向乙公司购买保险,指定自己为受益人

B. 甲将其宅基地抵押给同村外嫁他村的乙用于借款

C. 甲将房屋卖给精神病人乙,合同履行后房价上涨

D. 甲驾车将流浪精神病人撞死,因查找不到死者亲属,乙民政部门代其与甲达成赔偿协议

任务3　无效合同的判断与处理

任务情境

2014 年 6 月 20 日，原告新余市金威矿业有限责任公司（下称原告）与被告钟细珠（下称被告）签订井下采掘劳务合同书和补充协议，约定被告承包原告的赤铁矿井，进行井下掘进、采矿，根据被告的采矿量，原告按 85 元/吨的基本单价与被告结算，原告对矿井起监督指导管理作用，如井下发生安全事故，由被告承担全部责任。协议签订后，被告雇佣人员进行井下采掘，并按协议的约定与原告进行结算。2014 年 8 月 17 日，被告组织人员进行井下采掘时，发生安全事故，致使两名井下人员死亡。事故发生后，被告将两位死者运至火葬场，支付死者家属当日食宿费用，第二天便躲避不见。原告在界水乡镇府的协调下，与两位死者的家属达成赔偿协议，各赔偿 8 万元，支付各种费用 172 002.50 元，并已全部履行完毕。另查明，在原告公司成立之前，该赤铁矿井即由被告在采掘，该赤铁矿井位于界水乡，原告尚未取得开采许可证。

问题：原被告之间签订的井下采掘劳务合同是否有效？

任务分析

（1）原被告之间签订的合同无效。该无效合同违反了法律、行政法规的规定，即订立合同的目的、合同的形式和内容等违反了有关法律的规定，这里违反的法律仅限于全国人民代表大会及其常务委员会制定的法律和由国务院制定的行政法规，不包括地方性法规、规章和其他规范性文件。如果将违反一般行政法规和地方规定的合同都认定为无效，那么不但会使无效合同的数量大增，影响和阻碍社会交易活动，而且会助长行政干预和地方保护主义，不利于保护当事人的合法权益。当然如果损害了社会公共利益和秩序或者国家利益，可以依照《合同法》第五十二条中关于损害国家利益或社会公共利益的规定确定合同无效。

（2）此类无效合同必是违反了法律、行政法规中的强制性规定。我们知道,法律、行政法规包含强制性规定和任意性规定。强制性规定,是指行为人无条件地必须遵守的规定,不允许行为人自行协商选择,其表现为规定行为人必须做某行为或者绝对不能做某行为;任意性规定,是指允许行为人自主选择的规定。法律、行政法规中的任意性规定本身就具有允许行为人以意思选择的意义,所以对于违反非强制性规定的合同,并不影响其效力;而如果合同违反了法律、行政法规的强制性规定,就会导致无效。

(3)《中华人民共和国矿产资源法》第三条规定:"勘查、开采矿产资源,必须依法分别申请、经批准取得探矿权、采矿权,并办理登记;从事矿产资源勘查和开采的,必须符合规定的资质条件。"第六条规定:"探矿权、采矿权不得转让。"《中华人民共和国矿产资源法实施细则》第五条规定:"国家对矿产资源的勘查、开采实行许可证制度。开采矿产资源,必须依法申请登记,领取采矿许可证,取得采矿权。"从本案来看,2014 年 6 月 20 日原告与被告签订的井下采掘劳务合同书和补充协议显然同时包含了上述两方面的情形,即违反了全国人民代表大会及其常务委员会制定的《中华人民共和国矿产资源法》中关于取得采矿权的审批制度及不得擅自转让采矿权等强制性的规定,故应属于无效合同。

相关法理

一、无效合同的概念与特征

无效合同,是指虽经当事人协商成立,但因不符合法律要求而不予以承认和保护的合同。无效合同自始无效,在法律上不能产生当事人预期追求的效果。合同部分无效,不影响其他部分效力的,其他部分仍然有效。

无效合同有以下几个特点:

1. 无效合同都具有违法性

所谓违法性,是指违反了法律和行政法规的强制性规定,违反了国家利益和社会公共利益。

2. 无效合同具有不得履行性

所谓不得履行性,是指当事人在订立无效合同以后,不得依据合同实际履行,也不承担不履行合同的违约责任。合同被确认为无效,已经履行的,当事人因该合同取得的财产,应当予以返还;不能返还的,应当折价补偿。

3. 无效合同自始无效

合同一旦被确认为无效,就将产生溯及力,自合同订立时起就不具有法律约束力。当事人不能通过同意或追认使其生效。这一点与无权代理、无权处分、限制民事行为能力人的行为不同,后者可以通过当事人的追认而生效。

4. 无效合同当然无效

无效合同的无效性质具有必然性,不论当事人是否请求确认无效,人民法院、仲裁机关和法律规定的行政机关都可以确认其无效。这与可撤销的合同不同。对于可撤销的合同,当事人请求撤销,人民法院或仲裁机关才予以撤销。

无效合同不发生效力,是指不发生当事人所预期的法律效力。当事人对无效合同的出现有过失的,要承担包括缔约过失责任在内的相应的民事责任或者行政责任。成立无效合同的行为可能具备侵权行为、不当得利、缔约过错要件,会发生损害赔偿、返还不当得利的效力。

二、合同无效的分类

1. 绝对无效与相对无效

以无效效果的范围为标准,可将合同无效分为绝对无效和相对无效。

(1)绝对无效意味着任何人都可主张;

(2)相对无效则指无效一般只能由善意第三人主张。

从尊重合同相对性出发,无效合同以绝对无效为原则,以相对无效为例外。我国《合同法》中相对无效的合同主要是指恶意串通损害特定第三人利益的合同。

2. 全部无效与部分无效

以合同无效原因是存在合同内容的全部或部分,可区分为全部无效与部分无效。

(1)全部无效是指合同全部内容都不发生效力;

(2)如果无效的原因仅存在于合同的一部分,其他有效部分不因无效部分而受到影响。

例2 甲被乙打成重伤,乙为甲支付医药费5万元。甲与乙达成如下协议:"乙赔偿甲医药费5万元,甲不得告发乙。"甲获得5万元赔偿后,向公安机关报案,后乙被判刑。下列哪一选项是正确的?( )

A. 甲、乙之间的协议有效

B. 因甲乘人之危,乙有权撤销该协议

C. 甲、乙之间的协议无效

D. 乙无权要求甲返还该5万元赔偿费

解析 ① 根据《合同法》第五十二条的规定,损害社会公共利益的合同无效。乙将甲打成重伤,依照《刑法》的规定已构成故意伤害罪,甲、乙约定“甲不得告发乙”妨碍了公安机关对违法犯罪行为的打击,损害了公共秩序,这一约定是无效的。② 根据《合同法》第五十六条,甲、乙的约定中“甲不得告发乙”的部分无效。同时,也可以比较勉强地认为该无效部分具有可分性,故甲、乙的约定“乙赔偿甲医药费5万元,甲不得告发乙”属于部分无效,而不是全部无效,也不是全部有效。故A选项错误,C选项错误。③ 既然甲、乙约定中的“乙赔偿甲医药费5万元”部分仍然有效,则D选项正确。④《民通意见》第七十条规定:“一方当事人乘对方处于危难之际,为牟取不正当利益,迫使对方作出不真实的意思表示,严重损害对方利益的,可以认定为乘人之危”。据此,乘人之危的构成要件有三:a. 一方乘对方处于危难之际;b. 逼迫对方作出不真实的意思表示;c. 严重损害对方利益。本题中,甲的行为不符合第三个要件,因为乙将甲打伤后,甲住院已经花费5万元,甲与乙签订该协议并未严重损害乙的利益,不符合乘人之危的要件,故B选项错误。

特别提醒

部分无效的情形

(1) 合同某项条款因违反法律禁止性规定或公序良俗被法院认定为无效。例如,劳动合同约定“下班后受伤概不负责“,该条款就违反了工伤保险条例中的强制性规定而被法院认定为无效。

(2) 合同标的的数量超过法定范围。例如,自然人之间借贷合同约定的利息超过国家规定的最高利率,其高于最高利率的部分无效。

(3) 合同的标的物有部分属于法律禁止流通物。例如,买卖合同中约定的标的物包括工艺品和国家禁止流通的文物,则该买卖合同中仅买卖禁止流通物部分无效,其他工艺品部分可以有效。

三、导致合同无效的事由(无效合同的类型)

《合同法》第五十二条规定有下列情形之一的,合同无效:① 一方以欺诈、胁迫的手段订立合同,损害国家利益;② 恶意串通,损害国家、集体或者第三人利益;③ 以合法形式掩盖非法目的;④ 损害社会公共利益;⑤ 违反法律、行政法规的强制性规定。

1．一方以欺诈、胁迫的手段订立合同，损害国家利益

在经济生活中出现很多以此类合同的方式侵吞国有资产和损害国家利益的情形，但是受害方当事人害怕承担责任或者对国家财产漠不关心，致使国有资产大量流失，若此类合同不纳入无效合同之中，不能有效保护国有资产。一方以欺诈、胁迫的手段订立合同，如果只是损害对方当事人的利益，则属于可撤销的合同。一方以欺诈、胁迫的手段订立合同，损害了国家利益的，则为无效合同。国家利益，指国家的经济利益、政治利益、安全利益、军事利益。国有企业的利益不能等同于国家利益。

所谓欺诈，就是故意隐瞒真实情况或者故意告知对方虚假的情况，欺骗对方，诱使对方作出错误的意思表示而与之订立合同。欺诈的种类很多，例如，出售假冒伪劣产品，提供虚假的商品说明书，在没有履行能力的情况下，对外签订合同骗取定金或者货款等。欺诈具有以下构成要件：① 欺诈一方当事人有欺诈的故意。即欺诈方明知告知对方的情况是虚假的，并且会使对方当事人陷于错误认识仍为之。欺诈的故意既包括欺诈人有使自己因此获得利益的目的，也包括使第三人因此获得利益而使对方当事人受到损失的目的。② 要有欺诈另一方的行为。所谓欺诈行为，是指欺诈方将其欺诈故意表示于外部的行为，欺诈行为既可是积极的行为，也可是消极的行为。欺诈行为在实践中可分故意陈述虚假事实的欺诈和故意隐瞒真实情况使他人陷入错误认识的欺诈。故意告知虚假情况就是虚假陈述，如将劣质品说成优等品；故意隐瞒真实情况是指行为人负有义务向他方如实告知某种真实情况而故意不告知。③ 受欺诈方签订合同是由于受欺诈的结果。只有当欺诈行为使他人陷于错误认识，而他人由于此错误认识在违背其真实意愿的情况下而与之签订了合同，才能构成受欺诈的合同。

所谓胁迫，是指行为人以将要发生的损害或者以直接实施损害相威胁，使对方当事人产生恐惧而与之订立合同。因胁迫而订立的合同包括两种类型：一种情况是以将要发生的损害相威胁，而使他人产生恐惧。将要发生的损害可以是涉及生命、身体、财产、名誉、自由、健康等方面的，这种损害必须是相当严重的，足以使被胁迫者感到恐惧。如果一方所进行的将造成损害的威胁是根本不存在的、没有任何根据的，或者受胁迫方根本不会相信的，不构成胁迫。另一种情况是行为人实施不法行为，直接给对方当事人造成人身的损害或财产的损害，而迫使对方签订合同。这种直接损害可以是对肉体的直接损害，如殴打对方；也可以是对精神的直接损害，如散布谣言，诽谤对方。

因胁迫而订立的合同要具有如下构成要件:① 胁迫人具有胁迫的故意。即胁迫人明知自己的行为将会对受胁迫方从心理上造成恐惧而故意为之的心理状态,并且胁迫人希望通过胁迫行为使受胁迫者作出的意思表示与胁迫者的意愿一致。② 胁迫者必须实施了胁迫行为。如胁迫者必须要有以将要有的损害行为或者直接对对方施加损害相威胁的行为。如果没有胁迫行为,只具有主观上的故意,不构成胁迫行为。胁迫在合同中常常表现为强制对方订立合同而实施的行为,也可以是在合同订立后,以胁迫手段迫使对方变更或者解除合同。③ 胁迫行为必须是非法的。胁迫人的胁迫行为是给对方施加一种强制和威胁,但这种威胁必须是没有法律依据的。如果一方有合法的理由对另一方施加压力,则就不构成合同中的威胁。例如,一方向另一方提出,如对方不按时履行合同,就要提起诉讼,因为提起诉讼是合法手段,不构成胁迫。④ 必须要有受胁迫者因胁迫行为而违背自己的真实意思与胁迫者订立的合同。如果受胁迫者虽受到了对方的威胁但不为所动,没有与对方订立合同或者订立合同不是由于对方的胁迫,则也不构成胁迫。

2. 恶意串通,损害国家、集体或者第三人利益

恶意串通是指合同当事人或代理人在订立合同过程中,为谋取不法利益与对方当事人、代理人合谋实施的违法行为。例如,卖方的代理人甲某为了获取回扣,将卖方的标的物价格压低,买方和代理人甲某都得到了好处,而被代理人卖方却受到了损失。恶意串通成立的合同,行为人出于故意,而且合谋的行为人是共同的故意。行为人的故意不一定都是合同当事人的故意。例如,代理人与对方代理人串通,订立危害一方或双方被代理人的合同,就不是合同当事人的故意。行为人恶意串通是为了谋取非法利益,如在招标、投标过程中,投标人之间恶意串通,以抬高或压低标价,或者投标人与招标人恶意串通以排挤其他投标人等。

例3 乙欠甲30万元,此后乙将自己(价值100万元)的全部财产以5万元的价格出卖给"知情"的丙。该买卖合同效力如何?

解析 ① 乙、丙的买卖合同属于恶意串通损害第三人(甲)利益的合同,无效。题目中的"知情"就等于"恶意串通"。② 因符合债权人撤销权的构成要件,故甲有权起诉撤销乙、丙的买卖合同。③ 这里,甲的撤销行为与乙、丙的买卖合同无效可以并存,不矛盾("无效法律行为的撤销"理论)。

3. 以合法形式掩盖非法目的

当事人订立的合同在形式上、表面上是合法的,但缔约目的是非法的,称为以合法的形式掩盖非法目的的合同。例如,订立假的买卖合同以逃避法院的强制执行;订立假的房屋租赁合同以逃避税收等。

例4 2012年12月8日,被告廖志强与原告符少荣在朋友家中参与赌博,被告将自己所带的现金输掉还欠原告赌债2万元。经中间人李某调解,原、被告订立口头约定,由原告将钱交给中间人后,再由中间人交给被告。后经多次追讨无果,原告于2013年9月2日召集数人到被告家中追债,打坏被告家中的物品,强迫被告立下欠款2万元的借据。2014年5月19日,原告向人民法院起诉,要求被告偿还欠款2万元并按2.5%支付相关利息。

问题:原被告之间的借款合同效力如何?

解析 法院经审理认为,原告出借2万元给被告,有借据为证,应予认定,但是原告要求的利息过高,应当按同期银行贷款利率计算。被告认为2万元是赌债的证据不足,不予支持。遂判决被告还款2万元给原告,并按1%支付相关的利息。一审判决后,被告不服,提起上诉。

二审法院认为,原审原告陈述的借款来源和证人的证言相矛盾,其对与被告相识、借款的经过等有关陈述前后矛盾。且双方都承认了赌博的事实,并有证人证实原告以威胁的手段迫使被告立下借据的事实。依法认定该债务是赌债,不予保护,原审原告的诉讼请求不予支持,上诉人要求驳回原告的请求予以支持,遂依法判决:撤销原判,驳回原告的诉讼请求。

4. 损害社会公共利益

当事人订立合同的目的是为追求自己的利益,但其履行或履行结果会危害社会公共利益,或者为了损害社会公共利益而订立合同,这样的合同都是损害社会公共利益的合同。例如,实施结果污染环境的合同、从事犯罪或者帮助犯罪的合同、赌博合同等。损害社会利益的合同,当事人主观上可能是故意,也可能是过失。

例5 某出版社与李某签订了一份出版合同,出版合同中约定,由李某翻译出版社指定的一本小说,出版社予以出版发行。后李某如期交稿。出版社的责任编辑在阅读该书稿时,发现该书属于黄色书籍,因此建议出版社不予出版。出版社采纳了编辑的建议,拒绝出版该书。李某起诉至法院,要求追究出版社的违约责任。

解析 经法院审查,该书确为黄色书籍。该合同因违反社会公共利益而无效,双方都应当承担缔约责任。

例6 张先生和李小姐签订了一个"包妻协议",包养3年。刚过一年,就被张先生的糟糠之妻发现并击破了这一关系。李小姐不干,说包养协议规定包养3年要给我一套三居室,现在一年怎么也得给我一个一居室。

解析 张先生和李小姐的"包妻协议"明显因损害社会公共利益而无效。

有学者对损害社会公共利益的合同作了如下归纳:① 危害国家公序的行为;② 危害家庭关系的行为;③ 违反性道德的行为;④ 违反人格和人格尊严的行为;⑤ 射幸行为;⑥ 限制经济自由的行为;⑦ 违反公平竞争的行为;⑧ 违反消费者保护的行为;⑨ 违反劳动者保护的行为;⑩ 暴利行为。

5. 违反法律、行政法规的强制性规定

强制性规定,又称强行性规范,是任意性规范的对称。对强行性规范,当事人必须遵守,如果违反,则导致合同无效;对任意性规范,当事人可以合意排除适用。全国人民代表大会及其常务委员会颁布的法律中的强制性规范、国务院颁布的行政法规中的强制性规范,是确认合同效力的依据,不能以地方法规和规章作为否定合同效力的依据。

例7 下列哪些情形属于无效合同?( )

A. 甲医院以国产假肢冒充进口假肢,高价卖给乙

B. 甲、乙双方为了在办理房屋过户登记时避税,将实际成交价100万元的房屋买卖合同价格写为60万元

C. 有妇之夫甲委托未婚女乙代孕,约定事成后甲补偿乙50万元

D. 甲父患癌症急需用钱,乙趁机以低价收购甲收藏的一幅名画,甲无奈与乙签订了买卖合同。

解析 A选项中甲医院的行为构成欺诈(但尚未损害国家利益),根据《合同法》第五十四条,甲、乙之间的买卖合同属于可撤销的合同,故A选项不当选。②《合同法》第五十二条规定:"有下列情形之一的,合同无效:……(三)以合法形式掩盖非法目的。"据此,B选项甲、乙间标的额为60万元的买卖合同无效。需注意,亦可换一个角度看问题,即甲、乙间标的额为60万元的买卖合同属于双方虚假行为(阳合同),无效,故B选项当选。还需注意,甲、乙间标的额为100万元的买卖合同(隐藏行为;阴合同)是有效的。③《合同法》第五十二条规定:"有下列情形之一的,合同无效:……(四)损害社会公共利益。"代孕合同有违公序良俗,属于损害社会公共利益的合同,无效,故C选项当选。④ D选项中乙的行为属于乘人之危,甲、乙间的买卖合同属于可撤销的合同,故D选项不当选。

四、无效的免责条款

免责条款,是当事人在合同中确立的排除或者限制其未来责任的条款。

《合同法》第五十三条规定合同中的下列免责条款无效：① 造成对方人身伤害的；② 因故意或者重大过失造成对方财产损失的。

人身安全权是不可转让、不可放弃的权利（安乐死之禁止也是出于这一理由），也是法律重点保护的权利。因此，不能允许当事人以免责条款的方式事先约定免除这种责任（这种责任通常表现为违约责任与侵权责任竞合）。对于财产权，不允许当事人预先约定免除一方故意或因重大过失而给对方造成的损失，否则会给一方当事人提供滥用权利的机会。

例 8　飞跃公司开发某杀毒软件，在安装程序中作了"本软件可能存在风险，继续安装视为同意自己承担一切风险"的声明。黄某购买正版软件，安装时同意了该声明。该软件误将操作系统视为病毒而删除，导致黄某电脑瘫痪并丢失其所有的文件。下列哪一选项是正确的？（　　）

A. 因黄某同意飞跃公司的免责声明，可免除飞跃公司的赔偿责任

B. 黄某有权要求飞跃公司承担赔偿责任

C. 黄某有权依据《中华人民共和国消费者权益保护法》获得三倍赔偿

D. 黄某可同时提起侵权之诉和违约之诉

解析　① 依据《合同法》第五十三条，飞跃公司开发的软件将黄某的操作系统当成病毒删除，给黄某造成财产损失，飞跃公司显然有重大责任，这样的财产损失赔偿责任不能预先免除，预先免除这样责任的免责条款无效。据此，"本软件可能存在风险，继续安装视为同意自己承担一切风险"的声明无效，责任不能被免除，故 A 选项错误，B 选项正确。② 依照《中华人民共和国消费者权益保护法》第五十五条，获得三倍惩罚性赔偿的要件有三：a. 一方为消费者，一方为经营商；b. 消费者以消费为目的购买商品或接受服务；c. 经营者的行为符合欺诈的构成要件。本题中，飞跃公司没有实施欺诈行为，故 C 选项错误。③《合同法》第一百二十二条规定："因当事人一方的违约行为，侵害对方人身、财产权益的，受损害方有权选择依照本法要求其承担违约责任或者依照其他法律要求其承担侵权责任。"本题中，飞跃公司的行为构成加害给付（同时构成违约和侵权），黄某可以择一主张违约责任或者侵权责任，但不能同时主张违约和侵权，故 D 选项错误。

五、无效合同财产后果的处理

合同被确认无效后，因该合同取得的财产，应当予以返还；不能返还或者没有必要返还的，应当折价补偿。有过错的应当赔偿对方因此受到的损失，双方都有过错的，应当各自承担相应的责任。

当事人恶意串通，损害国家、集体利益或者第三人利益的，因此取得的财产收归国家、集体所有或者返还给第三人。

收归国家所有，又称为追缴。追缴的财产包括已经取得的财产和约定取得的财产。如果不追缴约定取得的财产，当事人仍会因无效合同获得非法利益。《民法通则》第六十一条第二款规定："双方恶意串通，实施民事行为损害国家的、集体的或者第三人的利益的，应当追缴双方取得的财产，收归国家、集体所有或者返还第三人。"《民通意见（试行）》第七十四条规定："《民法通则》第六十一条第二款中'双方取得的财产'，应当包括双方当事人已经取得和约定取得的财产。"

练一练

公民甲与房地产开发商乙签订一份商品房买卖合同，乙提出，为少缴契税将部分购房款算作装修费用，甲未表示反对。后发生纠纷，甲以所付装修费用远远高于装修标准为由，请求法院对装修费用予以变更。该装修费用条款效力应当如何认定？（ ）

A. 是双方当事人真实意思的表示，有效

B. 显示公平，可变更

C. 以合法形式掩盖非法目的，无效

D. 违反法律禁止性规定，无效

任务4　效力待定合同的判断与处理

任务情境

为庆贺小红的12岁生日，小红的姑姑给她买了一张价值5 000元的古筝，生日过后不久，小红在学校里以古筝交换14岁的同学小杰的价值100元的电动玩具1个。3个月后，小红的母亲知道此事，将电动玩具返还给了小杰，并要求小杰返还古筝，小杰拒不返还。

问题：

小红的母亲要求小杰返还古筝的请求能否得到法律的支持？

任务分析

《合同法》第四十七条规定："限制民事行为能力人订立的合同，经法定代理人追认后，该合同有效，但纯获利益的合同或者与其年龄、智力、精神健康状况相适应而订立的合同，不必经法定代理人追认。"

相对人可以催告法定代理人在一个月内予以追认。法定代理人未作表示的，视为拒绝追认。合同被追认之前，善意相对人有撤销的权利。撤销应当以通知的方式作出。

(1) 本案双方当事人均为未成年人，互易标的物价金数额较大，并非日常生活所需的行为，该交易与当事人年龄、智力不相适应，不属于限制民事行为能力人可以订立有效合同的范围。因此，本案中两个限制行为能力人之间的互易合同为效力待定合同。

(2) 与一般效力待定的合同仅一方当事人为限制行为能力人不同，本案双方当事人都为限制民事行为能力人，故合同生效的条件为：双方当事人的代理人都对合同进行了追认，缺一不可。本案中，小红的法定代理人于3个月后知悉互易行为，未超出我国法律一般规定的1年除斥期间，因此其承认或否认权并未消灭。小红母亲主动将电子玩具退还，并请求小杰将古筝退还，上述请求权的行使应该推定为法定代理人拒绝承认互易行为，法定代理人拒绝承认的效力待定合同为无效。合同被确认无效，双方自然互负恢复原状的义务，因此，小红的母亲请求小杰返还古筝的权利应得到法律的支持。

相关法理

一、效力待定合同的含义

效力待定的合同，指合同已经成立，但因存在一定的瑕疵，效力处于不确定状态，须经有权人的特定行为或者一定事实的发生才能确定合同效力（自始有效或者确定无效）的合同。效力待定的合同包括3类：

（1）限制民事行为能力人依法不能独立订立的合同；

（2）因无权代理（但不构成表见代理）订立的合同；

（3）因无权处分订立的合同。

二、限制民事行为能力人依法不能独立订立的合同

（1）法定代理人拒绝追认的，合同确定无效。

① 法定代理人明确表示拒绝追认的，合同确定无效。

② 自相对人催告后，法定代理人在1个月内未作表示的，视为拒绝追认，合同确定无效。

（2）法定代理人追认的，自追认生效时，合同自始有效。

① 追认是一种形成权，追认系单方法律行为，明示、默示皆可。

② 追认具有溯及力，追认生效时，合同自订立时生效。

（3）追认生效的时点（《〈合同法〉解释（二）》第十一条）。

① 到达主义：追认的意思表示到达追认之相对人（限制民事行为能力人或者合同相对人）时，追认生效。

② 特殊情况：法定代理人仅向限制民事行为能力人作出追认，追认的意思表示到达限制民事行为能力人之后，合同相对人向法定代理人催告的，法定代理人对限制民事行为能力人的追认失去效力，此时法定代理人只能向合同相对人重新作出追认，追认的意思表示到达合同相对人时生效。这是德国通说观点（见例9）。

（4）追认生效前，善意相对人享有撤销权。

① 仅善意相对人享有撤销权。恶意相对人不享有撤销权。

② 除起诉外，善意相对人可通知相对人撤销合同，通知到达相对人时，合

同确定无效。

③ 善意相对人的撤销权须于追认生效之前行使。其撤销权因追认生效而消灭。

（5）根据通说，限制民事行为能力人采用“诈术”冒充完全民事行为能力人与“善意”相对人订立的合同有效（见例10）。

例9 甲（14岁），富豪男，于2013年4月1日用压岁钱在乙车行订购价值56万元的“三菱”红色跑车一部，甲的父母于2013年4月3日得知此事后，深感欣慰，举四只手赞成。2013年5月1日，乙给甲的父母打电话催告，甲的父母对乙表示追认甲的购车合同。甲、乙的买卖合同是否有效？若有，何时生效？

解析 ①4月3日，甲的法定代理人的追认已经生效。②5月1日，乙催告后，甲的法定代理人于4月3日作出的追认失效，此时，甲的法定代理人只能向乙作出追认。③ 甲的法定代理人于5月1日向乙作出追认，该追认于5月1日生效，汽车买卖合同溯及4月1日生效。

例10 甲男（15岁），身高体壮，前往乙处购买价值2万元的IBM笔记本电脑，乙问及其年龄，甲出示假的身份证显示为21周岁；乙问其是否高中生，乙出示假工作证。乙对甲具有完全行为能力深信不疑，遂与甲签订电脑买卖合同。甲、乙的买卖合同是否有效？

解析 ①《合同法》第四十七条的立法目的在于保护心志不完备的限制民事行为能力人，一旦限制民事行为能力人实施“诈术”，冒充完全行为能力人与善意相对人订立合同，即失去保护的必要性。② 甲、乙的买卖合同有效。

特别提醒

1. 无民事行为能力人依法不能独立订立的合同VS限制民事行为能力人依法不能独立实施的单方法律行为与多方法律行为

（1）限制民事行为能力人依法不能独立订立的合同，效力待定。

（2）限制民事行为能力人不能独立实施的“单方法律行为”，如抛弃动产所有权、捐助、免除债务、订立遗嘱，均属无效。

（3）限制民事行为能力人不能独立实施的“多方法律行为”，如订立合伙合同、订立公司章程，均属无效。

2. 限制民事行为能力人签订的以下合同，无需法定代理人追认即生效：

（1）法律上纯获利益的合同。

这主要是指在该合同中，限制行为能力人既不负担义务，也不丧失权利，反而可以获得利益。例如,与限制民事行为能力人签订的赠与合同。

(2) 与限制民事行为能力人的年龄、智力、精神健康状况相适应的合同。

这里所指的与年龄、智力、精神健康状况相适应主要结合行为与本人生活关联程度,本人的智力能否理解其行为并预见相应行为后果,以及行为标的数额等方面认定。

3. 效力未定合同中对相对人的保护

1) 相对人的催告权

催告权是指相对人为使合同尽快处于确定状态可以催告法定代理人在1个月内予以追认的权利。

《合同法》并没有区分相对人是否善意,一律都赋予相对人以催告权。

这里的"可以催告法定代理人在1个月内"是任意性规定,不排除当事人约定其他期限。法定代理人在收到催告通知后,如在规定或约定的期间内没有作出表示,即视为拒绝追认。

2) 善意相对人的撤销权

撤销权主体有限制,应限制在善意相对人范围内。如果相对人主观上为恶意,则不能享有撤销权。

撤销权的行使时间应在合同被追认之前,如果追认权人已经追认了合同,则不允许相对人再撤销合同。

补充:在目前的立法框架内,无民事行为能力人签订赠与合同无需经过法定代理人的追认,合同即生效。

三、因无权代理(但不构成表见代理)订立的合同

(1) 被代理人拒绝追认的,合同确定无效。

① 被代理人明确表示拒绝追认的,合同确定无效。

② 自相对人催告后,被代理人在1个月内未作出表示的,视为拒绝追认,合同确定无效。

(2) 被代理人追认的,自追认生效时,合同自始有效。

① 追认为形成权,追认系单方法律行为的,明示、默示均可(见例11)

② 追认具有溯及力,追认有效时,合同自订立时起生效。

例11 2013年3月1日,丙未经甲授权,擅自以甲的名义与乙订立一份买卖合同。同年3月15日,乙请求甲支付价款,甲表示"请求乙宽限一周"。丙、乙间买卖合同效力如何?

解析 ① 甲、乙间的买卖合同系因无权代理订立的合同,效力待定。

②3月15日,甲以默示(推定的方式)向乙表示了追认,甲的追认于3月15日生效,甲、乙间的买卖合同溯及3月1日生效。

(3)追认生效的时间。

①到达主义:追认的意思表示到达追认之相对人时,追认有效。

②追认之相对人包括无权代理人与合同相对人。

(4)追认生效之前,善意相对人享有撤销权。

①仅善意相对人享有撤销权;恶意相对人不享有撤销权。

②除诉讼外,善意相对人可通知相对人撤销合同,通知到达相对人,合同确定无效。

③善意相对人的撤销权因追认生效而消灭。

特别提醒

可撤销合同之撤销权 VS 效力待定合同善意相对人之撤销权

1. 行使方式不同

(1)可撤销合同之撤销权只能以提起诉讼或者申请仲裁的方式行使,不能在诉讼之外以通知的方式行使;

(2)效力待定合同善意相对人之撤销权,既可以诉讼方式行使,亦可在诉讼之外以通知的方式行使。

2. 权利存续期间不同

(1)可撤销合同之撤销权适用1年的除斥期间,自撤销权人知道或者应当知道撤销事由之日起1年内行使;

(2)效力待定合同善意相对人之撤销权,须在被代理人、法定代理人追认生效之前行使。

例12 甲用伪造的乙公司公章,以乙公司名义与不知情的丙公司签订食用油买卖合同,以次充好,将劣质食用油卖给丙公司。合同没有约定仲裁条款。关于该合同,下列哪一项表述是正确的?( )

A. 如乙公司追认,则丙公司有权通知乙公司撤销

B. 如乙公司追认,则丙公司有权请求法院撤销

C. 无论乙公司是否追认,丙公司均有权通知乙公司撤销

D. 无论乙公司是否追认,丙公司均有权要求乙公司履行

解析 ①因乙公司的公章系甲伪造的,权利外观的行使与乙公司无牵连

性，甲的行为不构成表见代理(仅系狭义的无权代理)，丙无权主张乙、丙间买卖合同有效，乙、丙间的买卖合同系效力待定，故D项错误。② 甲在无权代理乙公司订立买卖合同的过程中还实施了欺诈行为，且符合欺诈的构成要件(以次充好)。③ 丙公司享有两个撤销权：第一，在因甲无权代理订立的合同中，丙公司属于善意相对人，根据《合同法》第四十八条，丙享有撤销权(该撤销权只能在被代理人乙的追认生效之前行使；既可以在诉讼之外以通知方式行使，也可以通过诉讼行使)；第二，在因甲实施欺诈订立的合同中，受欺诈人丙根据《合同法》第五十四条享有撤销权(须注意：该撤销权只能以诉讼方式请求法院判决撤销，而不能在诉讼之外以通知的方式撤销)。综上，若乙公司已经追认，则丙基于无权代理的善意相对人所享有的撤销权即被撤销，但丙作为受欺诈人而享有的撤销权仍可行使，但只能以提起诉讼或申请仲裁的方式行使。故A选项错误；B选项正确；C选项错误。

四、因无权处分订立的合同

1. 无权处分与无权代理的区别

无权处分的特征是处分人无处分权，但以自己的名义订立处分合同。

无权代理的特征是代理人无代理权，但以被代理人的名义与相对人订立合同。

例13 甲委托乙保管一部相机。乙因需向丙借款3万元，谎称该相机为己有，以自己的名义质押给不知情的丙。该质押合同效力如何？

解析 ① 乙、丙间的质押合同系因无权处分订立的质押合同，效力待定。② 无权处分的特征是处分人无处分权，但以自己的名义订立处分合同。③ 若符合善意取得的构成要件，善意的丙可善意取得该相机的质权。

例14 甲委托乙保管一部相机。乙因需向丙借款3万元，未经甲同意，擅自以甲的名义将该相机质押给丙。该质押合同效力如何？

解析 ① 甲、丙间的质押合同系因无权代理订立的质押合同，效力待定。② 无权代理的特征是代理人无代理权，但以被代理人的名义与相对人订立合同。③ 善意取得以无权处分为前提条件。此例与善意取得无关。

2. 因无权处分订立合同的效力及其转换

(1) 因无权处分订立的合同效力待定。

(2) 合同成立后的合理期限内，权利人追认的，合同自始有效。

(3) 合同成立后的合理期限内，处分人取得处分权的，合同自始有效。

(4) 合同成立后的合理期限内，权利人未追认并且处分人亦未取得处分权的,合同确定无效(见例15)。

例15　甲委托乙保管一部相机。2014年3月1日,乙以自己的名义将该相机赠与丙。该赠与合同效力如何?

解析　① 乙、丙之间的相机赠与合同系因无权处分订立的合同,效力待定。② 若同年3月10日,甲对乙或者丙表示追认,自追认的意思表示到达乙或者丙时,追认生效,乙、丙的赠与合同于3月1日生效。③ 若同年3月10日,乙通过买卖、接受赠与、继承或者甲的授权取得处分权,乙、丙的赠与合同亦溯及3月1日生效。④ 若不存在前述情形,合同成立后的合理期限内,乙、丙间赠与合同确定无效。

3.《合同法》第五十一条的两个例外

《买卖合同解释》(部分)

第三条　当事人一方以出卖人在缔约时对标的物没有所有权或者处分权为由主张合同无效的,人民法院不予支持。

出卖人因未取得所有权或者处分权致使标的物所有权不能转移,买受人要求出卖人承担违约责任或者要求解除合同并主张损害赔偿的,人民法院应予以支持。

《合同法》(部分)

第二百二十八条　因第三人主张权利,致使承租人不能对租赁物使用、收益的,承租人可以要求减少租金或者不支付租金。第三人主张权利的,承租人应当及时通知出租人。

《最高人民法院关于审理城镇房屋租赁合同纠纷案件具体应用法律若干问题的解释》(以下简称《城镇房屋租赁合同解释》)(部分)

第十六条　出租人知道或者应当知道承租人转租,但在6个月内未提出异议,并以承租人未经同意为由请求解除合同或者认定转租合同无效的,人民法院不予支持。因租赁合同产生的纠纷案件,人民法院可以通知次承租人作为第三人参加诉讼。

(1) 第一个例外:《买卖合同解释》第三条。

① 因无权处分订立买卖合同,无权处分不影响买卖合同的效力,若无其他效力瑕疵(如行为能力瑕疵,意思表示瑕疵,不违反法律的强制性规定和公共利益),该买卖合同有效(见例16和例17)。

②《买卖合同解释》第三条还可准用于互易、出资、债权转让、股权转让等

其他有偿合同(见《买卖合同解释》第四十五条)。

③ 出卖人因未取得所有权或者处分权致使标的物所有权不能转移,买受人可要求出卖人承担违约责任或者要求解除合同并主张损害赔偿(见例18和例19)。

例16 警官甲因缺钱用,将单位配备的手枪以自己的名义出卖给乙。

问:甲、乙之间买卖合同效力如何?

解析 买卖合同无效,原因如下:甲、乙之间买卖合同系因无权处分订立的合同,无权处分不影响买卖合同的效力。但该买卖合同违反法律禁止性规定,无效。

例17 甲将一部相机交给15岁的乙保管。乙未经甲允许,亦未经其父母同意,擅自以自己的名义将相机出卖给丙。

问:乙、丙间买卖合同效力如何?

解析 买卖合同效力待定,原因如下:① 乙、丙间买卖合同系因无权处分订立的买卖合同,无权处分不影响买卖合同的效力。② 乙、丙间买卖合同属于限制民事行为能力人乙依法不能独立订立的合同,故仍为效力待定,而非有效合同。

例18 甲将相机交给乙保管,乙擅自将该相机以自己的名义出卖给知情的丙,并交付相机。

问:乙、丙间买卖合同效力如何?

解析 ① 乙、丙间的买卖合同属于因无权处分订立的买卖合同,因无其他效力瑕疵,乙、丙的买卖合同有效。② 丙系恶意受让人,不受善意信赖保护,丙不能善意取得。③ 在合理期限内,若甲追认或者乙取得处分权,则发生物权变动,丙继受取得该相机所有权。④ 若在合理期限内,甲拒绝追认且乙未依任何方式取得处分权,则恶意的丙确定不能取得相机的所有权,所有权人甲可对无权占有人丙行使返还原物请求权。同时,因乙、丙间买卖合同有效,丙可解除合同并请求乙承担违约责任(当然,恶意的丙对乙的违约也有过错,根据《买卖合同解释》第三十条,构成混合过错,乙可主张扣减相应的损失赔偿额)。

例19 夫妻甲、乙婚后购买一套房屋,登记在甲名下。未经乙同意,甲以自己的名义将该房屋出卖给不知情的丙,并给丙办理了过户登记。

问:甲、丙间买卖合同效力如何?

解析 ① 根据《物权法》第九十七条,甲、丙间的买卖合同属于因无权处分订立的买卖合同,但处分权的欠缺不影响买卖合同的效力,又无其他效力瑕疵,甲、丙的买卖合同有效。② 丙系善意,受善意信赖保护,符合《物权法》

第一百零六条规定之善意取得房屋所有权(原始取得)。③ 如果不符合善意取得房屋所有权的构成要件,须经权利人乙追认或者甲取得处分权,则甲的无权处分得到补正,无权处分转化为有权处分,丙可取得房屋所有权(继受取得)。④ 如果不符合善意取得的构成要件,且乙拒绝追认或者甲不能取得处分权,则丙确定不能取得房屋所有权。善意的丙有权对甲主张违约责任;善意丙也可享有法定解除权(因为甲的违约行为致使丙订立买卖合同的目的不能实现),可解除合同并请求甲承担违约损害赔偿责任。⑤《买卖合同解释》第三条的立法目的就是为了保护像丙这样的善意受让人的交易安全。

练一练

1. 甲公司将1台挖掘机出租给乙公司,为保证乙公司依约支付租金,丙公司担任保证人,丁公司以机器设备设置抵押。乙公司欠付10万元租金时,经甲公司、丙公司和丁公司口头同意,将6万元租金债务转让给戊公司。之后,乙公司为现金周转将挖掘机分别以45万元和50万元的价格先后出卖给丙公司和丁公司,丙公司和丁公司均已付款,但乙公司没有依约交付挖掘机。下列表述错误的是(　　)。

A. 乙公司可以主张其与丙公司的买卖合同无效

B. 丙公司可以主张其与乙公司的买卖合同无效

C. 乙公司可以主张其与丁公司的买卖合同无效

D. 丁公司可以主张其与乙公司的买卖合同无效

2. 下列甲与乙签订的合同中有效的有(　　)。

A. 甲与乙签订商铺租赁合同,约定待办理公证后合同生效。双方未办理合同公证,甲支付商铺后,乙支付了第一个月的租金

B. 甲与乙签署股权转让协议,约定甲将其对丙公司享有的90%的股权转让给乙,乙支付一亿元股权受让款,但此前甲已将该股权转让给丁

C. 甲与乙签订相机买卖合同,相机尚未交付,也未付款。后甲又将该相机出卖给丙并签订买卖合同

D. 甲将商铺出租给丙后,又将该商铺出卖给乙,但未通知丙

(2) 第二个例外:《合同法》第二百二十八条。

根据《合同法》第二百二十八条和《城镇房屋租赁合同解释》第十六条的规定:① 擅自出租他人之物订立的租赁合同,系广义的因无权处分订立的合同(这是我国通说观点)。② 原则上,擅自出租他人之物订立的租赁合同有效(《合同法》第二百二十八条属于《合同法》第五十一条的例外)。③ 房屋租赁合同的非法转租合同虽属于擅自出租他人之物的租赁合同,但是,根据《城镇

房屋租赁合同解释》第十六条,房屋租赁合同的非法转租合同无效(《城镇房屋租赁合同解释》第十六条又构成《合同法》第二百二十八条的例外)。

例20 甲因出国,将房屋钥匙交给乙,委托乙偶尔照看房屋是否漏雨。甲出国后,乙随即以自己的名义将房屋出租给丙,租期1年。

问:乙、丙间租赁合同的有效性如何?

解析 ① 乙、丙间租赁合同属于擅自出租他人之物的租赁合同(与非法转租无关),乙、丙间租赁合同有效。② 若甲对丙行使返还原物请求权要回房屋,因乙、丙间租赁合同有效,丙可对乙主张违约责任。③《合同法》第二百二十八条属于《合同法》第五十一条的例外。

例21 甲将房屋出租给乙,乙未经甲同意,擅自转租给丙。

问:乙、丙间租赁合同的有效性如何?

解析 ① 乙、丙间租赁合同属于房屋租赁合同的非法转租,应适用《城镇房屋租赁合同解释》第十六条,乙、丙间的房屋租赁合同无效。② 若甲知道或者应当知道非法转租之日内6个月未表示异议,视为甲同意转租。乙、丙间的租赁合同自始转化为合法转租,自成立时有效。③《城镇房屋租赁合用解释》第十六条属于《合同法》第二百二十八条的例外。

例22 甲将一台汽车出租给乙,租期3年。期间,乙未经甲同意,擅自以自己的名义转租给丙,租期2年。

问:乙、丙间租赁合同的有效性如何?

解析 ① 乙、丙间汽车租赁合同属于非法转租合同,无其他效力瑕疵,合同有效。②《城镇房屋租赁合同解释》第十六条只调整房屋租赁合同的非法转租,不调整其他租赁合同的非法转租。③ 其他租赁合同中的非法转租仍应适用《合同法》第二百二十八条,若无其他效力瑕疵,非法转租合同有效。

练一练

甲公司将自己所有的10台机器出租给了乙公司,乙公司未经甲同意,将其低价出售给知情的丙公司,丙公司又将其出租给了丁公司。丁公司对上述交易过程完全不了解。下列哪些选项是正确的?(　　)

A. 丙、丁之间的租赁合同有效

B. 甲公司有权请求丁公司返还机器,并且无需赔偿其任何损失

C. 甲公司有权请求丁公司返还机器,但是应补偿其损失

D. 甲公司无权请求丁公司返还机器,但是丁公司应当补偿甲公司的损失

任务5　可撤销合同的判断与处理

任务情境

关于意思表示法律效力的判断,下列选项正确的有(　　)。

A. 甲在商场购买了一台液晶电视机,回家发现其妻乙已在另一商场以更低折扣订了一台液晶电视机。甲认为其构成重大误解,有权撤销买卖

B. 甲向乙承诺,以其外籍华人身份为乙办外国绿卡。婚后,乙发现甲是在逃通缉犯。乙有权以甲欺诈为由撤销婚姻

C. 甲向乙银行借款,乙银行要求甲提供担保。丙为帮助甲借款,以举报丁逃税漏税相要挟,迫使其为甲借款提供保证,乙银行对此不知情。丁有权以其受到胁迫为由撤销保证

D. 甲患癌症,其妻乙和医院均对甲隐瞒病情。经与乙协商,甲投保人身保险,制定身故受益人为乙。保险公司有权以乙欺诈为由撤销合同

任务分析

任务情境中,A 选项考查重大误解。重大误解的对象是有要求的,须为对合同要素(当事人、权利义务、标的)的误解。若表意人的错误与合同要素无关,仅对作出意思表示的内心起因发生错误,则属于“狭义的动机错误”,狭义的动机错误不属于重大误解。A 选项中,甲购买液晶电视机时,不知家中已不需要再购买电视机了,甲的错误与买卖合同的要素无关,属于狭义的动机错误,不构成重大误解,甲不享有撤销该买卖合同的权利,故 A 选项错误。

B 选项考查可撤销的婚姻。《中华人民共和国婚姻法》第十一条规定:“因胁迫结婚的,受胁迫一方可以向婚姻登记机关或人民法院请求撤销该婚姻。”这是封闭式规定,可撤销的婚姻仅限于因胁迫而结婚。B 选项中属于因欺诈而结婚,不属于可撤销的婚姻,故 B 选项错误。

C 选项考查第三人胁迫。如果合同当事人并未实施胁迫行为,而是合同

之外的第三人对当事人一方的行为符合胁迫的构成要件(即“第三人胁迫”),受胁迫人是否享有撤销权,对此我国法律并无规定。通说观点是:无论受胁迫者的合同相对人于合同成立时是否知道或者是否应当知道第三人的胁迫行为,受胁迫人均享有撤销权(原因是胁迫具有不能容忍的违法性)。C 选项中,保证合同的当事人系保证人丁和债权人乙,第三人丙对丁的恶意行为构成胁迫。虽然相对人乙在合同成立时不知道也不应当知道丙实施了胁迫行为,受胁迫的丁仍享有撤销权,故 C 选项正确。

D 选项考查第三人欺诈。如果合同当事人并未实施欺诈行为,而是合同之外的第三人对当事人一方的行为符合欺诈的构成要件(即“第三人欺诈”),受欺诈人是否享有撤销权,对此,我国法律也无规定。通说观点是:a. 若受欺诈方的相对人于合同成立时知道或者应当知道第三人欺诈,受欺诈人享有撤销权;若受欺诈方的相对人在合同成立时不知道也不应当知道第三人实施欺诈,受欺诈人不享有撤销权。b. 在“利益第三人合同”中,第三人的行为构成欺诈的,若利益第三人于合同成立时知道或者应当知道第三人欺诈的,受欺诈人享有撤销权。D 选项中,保险合同的当事人是甲和保险公司,第三人医院对保险公司实施了欺诈,虽然甲于合同成立时对第三人的欺诈并不知情,但受益人乙于合同成立时知道第三人的欺诈行为,受欺诈的保险公司仍享有撤销权,故 D 选项正确。

相关法理

一、定义

可撤销合同是指合同主体可通过行使撤销权,使得合同的效力溯及既往地归于消灭的合同。在可撤销合同中,撤销权归属于有撤销权的一方合同主体。

二、可撤销合同的性质

1. 可撤销合同的性质

(1) 可撤销合同在被撤销前,仍保持合同的有效状态。

(2) 可撤销合同被撤销前虽属有效,但该合同的约束力仅针对无撤销权的当事人而言,对有撤销权的当事人则效力未定。即撤销权人可以通过撤销合同免受合同约束。

（3）如果可撤销合同在法定期限内被撤销权人以适当形式撤销，则其自始是无效的。

2．可撤销合同与其他类型合同的区别

1）可撤销合同与无效合同的区别

无效合同的无效是自成立起即已注定无效，而可撤销合同的最终效力取决于撤销权人。

2）可撤销合同与效力未定合同的区别

① 效力未定合同存在追认权人追认或拒绝追认、合同相对人的催告及撤销的问题，而这些在可撤销合同之中并不存在。

② 可撤销合同的撤销应当向法院或仲裁机构提出，而效力未定合同的最终效力一般依靠民事主体自身即可决定。

三、合同可撤销的情形

1．欺诈

（1）定义。欺诈，是指订立合同时，合同一方故意陈述虚假事实或隐瞒真相以达到使相对人产生错误认识并基于该错误认识订立合同的行为。

（2）构成要件。

① 有欺诈行为。关于"欺诈行为"应注意两点：

第一，欺诈行为为事实行为，即限制行为能力人也可以欺诈。

第二，欺诈行为分为积极作为行为和消极不作为行为。积极作为表现为故意陈述与订立合同有关的虚假事实；消极不作为表现为故意隐瞒与订立合同有关的重要事实，即单纯的沉默也可以构成欺诈。

② 有欺诈故意。关于"欺诈故意"应注意两点：

第一，应有使相对人陷入错误的故意。

第二，应有使相对人因其错误而为意思表示的故意。

例如，张三仅为炫耀其富有，而将假钻戒冒充真钻戒展示给李四看。张三的行为导致李四对钻戒陷入了错误认识，但该行为并无诱导李四签订合同的故意，所以不构成《合同法》上的欺诈。

特别注意　如果当事人陈述虚假事实或没有告知真相只是出于过失，并不构成故意欺诈，则此时可依据重大误解主张撤销合同。

③ 因果关系。这里的"因果关系"有两层含义：

第一，相对人因欺诈而陷入错误认识。错误认识是指对合同内容及其他重要情况的认识缺陷。例如，误认 18K 金为 24K 金。

欺诈的构成还必须是相对人事实上已经陷入了错误认识。

特别注意 知假买假者不适用《消费者权益保护法》第五十五条的赔偿倍数，其理由在于，该条规定针对的是经营者提供商品或服务有欺诈行为的，而知假买假者购买商品时并未因经营者的行为陷入错误认识。

第二，相对人因错误认识而为意思表示。如果相对人的意思表示并非由于错误认识而引起或并未因错误认识而为意思表示，都不构成欺诈。

2. 胁迫

（1）定义。

胁迫，是指不法地向相对人施加压力，让其产生恐惧，并基于该恐惧而为一定的表示行为。

例如，以给自然人及其亲友的生命健康、荣誉、名誉、财产等造成损害或给法人的荣誉、名誉、财产等造成损害为要挟，迫使对方做出违背真实意思表示的行为。

对于第三人的胁迫行为，不论受胁迫人的合同相对人是否知道，都可构成胁迫行为。

（2）构成要件。

① 胁迫人具有故意。胁迫人的故意可分两个层次；

第一，具有使受胁迫人产生恐惧心理的意图；

第二，使被胁迫人基于恐惧心理而被迫作出意思表示。

② 因果关系。合同相对人因被迫而产生恐惧心理，并基于该心理作出意思表示。这里，如果受胁迫人没有因胁迫而产生恐惧，或者有恐惧但并未因恐惧而为意思表示，则不存在因果关系。

练一练

某校长甲欲将一套住房以50万元出售。某报记者乙找到甲，出价40万元，甲拒绝。乙对甲说："我有你贪污的材料，不答应我就举报你。"甲信以为真，以40万元将该房卖与乙。乙实际并无甲贪污的材料。关于该房买卖合同的效力，下列哪一项说法是正确的？（　　）

A. 存在欺诈行为，属可撤销合同

B. 存在胁迫行为，属可撤销合同

C. 存在乘人之危的行为，属可撤销合同

D. 存在重大误解，属可撤销合同

3. 乘人之危

（1）定义。乘人之危是指合同一方利用合同相对人的急迫需要或为难处境,迫使其违背真实意思接受含有不利条件的合同。

（2）构成要件。

① 受害的合同一方处于为难处境或急迫需要。

这里的“为难处境”是指当事人有意想不到的不利状况。例如,生病住院急需用钱。

② 行为人利用对方的为难处境或急迫需要而提出苛刻条件。

这里的“利用”是以明知为前提的,即行为人有乘人之危的故意。

③ 受害人被迫接受苛刻条件作出意思表示。

④ 受害人因接受苛刻条件而遭受损害。

这里的“损害”表现为财产损失,一般不包括非财产的人身损害、精神损害等,后者可由侵权法获得救济。

4. 重大误解

（1）定义。重大误解,是指合同当事人对合同的重要事项(如标的物的品种、质量、数量等)存在错误认识或未认识到自己的错误,从而使合同严重背离其真实意思。这里的“误解”既包括要约人无过失的表示与意思不符,也包括相对人对意思表示内容的了解错误。

（2）构成要件。

① 必须有表意人因误解而为的意思表示。

② 表意人的误解须为重大误解。

一般认为轻微误解不构成重大误解。现实中,重大误解主要有以下几种情况:第一,对合同性质的误解,如误将出租房屋当出卖房屋;第二,对相对人的误解,如把张三当作其哥哥张二签订合同;第三,对标的物品种的误解,如误将真皮外套当作仿真皮外套出售;第四,对标的物质量的误解,如误将二等品当一等品出售;第五,对标的物数量、包装方式等的误解。

练一练

甲将祖传的一幅画出让给乙。交付后,乙将该画送权威部门鉴定,结果为赝品。乙要求退货并返还价款。经查,在买卖合同达成之时,对于此画甲也不知道真假。请问此出让的法律行为性质应如何认定?（　　）

A. 欺诈行为　　B. 重大误解行为

C. 显失公平行为　　D. 有效法律行为

5. 显失公平

显失公平是指合同中双方当事人的权利、义务明显不对称,使一方遭受重大损失。

显失公平强调的是当事人订立合同时约定的给付与对待给付客观上的明显不对等。

特别注意 显失公平强调的是订立合同这一时间点,如果是订立合同后,出现合同履行会显失公平时,则属于情势变更问题。

四、合同的撤销权

1. 撤销权的性质

(1) 撤销权的行使将使被撤销的合同从开始就无效。

(2) 撤销权属于形成权的一种,具有从权力的性质,不得与合同主权利相分离而转让。

2. 撤销权的行使

(1) 作为形成权,撤销权的行使为撤销权人的单方行为,不需要相对人的同意表示,也不需要其配合,只需要采取向人民法院起诉或向仲裁机构申请仲裁的方式进行。

(2) 仅仅以权利人身份向相对人作出撤销意思表示的,不足以达到撤销合同的法律后果,但如果相对方表示同意,则发生的是协议解除的效力。

3. 撤销权的消灭

在保护撤销权人的合法利益的同时,为督促权利人尽早行使权利,以稳定交易秩序,合同法规定了法定的撤销权消灭事由。

1) 除斥期间经过

除斥期间的作用在于促使撤销权人尽快行使权利,并保护相对人的权益。除斥期间经过,撤销权就归于消灭,可撤销的合同因此成为完全有效的合同。可撤销合同的撤销权人自知道或应当知道撤销事由之日起 1 年内没有行使撤销权,撤销权消灭(《合同法》第五十五条)。

特别注意 这里的 1 年为不变更期间,不适用诉讼时效中止、中断或者延长的规定。

2) 放弃撤销权

撤销权属于民事权利,其行使与否自然取决于权利人的意思。具有撤销权的当事人知道撤销事由后明确表示或以自己行为表示放弃撤销权的,撤销权消灭。

例如，撤销权人主动履行合同债务或要求对方履行则可说明其放弃了撤销权。

练一练

甲公司为乙公司加工一批全棉衬衣，派采购员张某到丙公司采购全棉布。张某凭经验在丙公司选定了一款布料，并与丙公司签订了买卖合同。后甲公司裁剪师发现张某选购的布料不是全棉布。甲公司与丙公司之间的合同属于(　　)。

A. 可撤销合同　　B. 未成立合同

C. 效力待定合同　　D. 无效合同

任务6 附条件、附期限合同的判断与处理

任务情境

2013年12月,原告李某(男)经他人介绍与被告王某(女)相识。2014年1月1日,原、被告在李某家举行订婚仪式,被告向原告索要彩礼3 000元。原、被告在接触一段时间后,因双方性格不合,无共同语言,原告提出解除婚约。被告同意解除婚约,但拒绝退还彩礼,为此,原告起诉至某省某县人民法院,要求被告返还彩礼款3 000元。在庭审中,被告王某辩称,在订婚时,原告实付彩礼款1 000元,另外2 000元是原告的父母和亲戚赠与的,故不应返还。

问题:该案中的3 000元彩礼是否应该返还?为什么?

任务分析

《合同法》第四十五条规定:"当事人对合同的效力可以约定附条件。附生效条件的合同,自条件成就时生效。附解除条件的合同,自条件成就时失效。"因此,附条件或附期限合同的构成要件有:条件必须是将来发生的事实;条件是不确定的事实;条件是由当事人议定的而不是法定的;条件必须合法。

我国对婚约的立法态度是:婚约没有法律上的约束力,一方反悔时另一方不得强迫其与之结婚;婚约当事人有解除自由,且无须承担法律责任。在本案中,原告与被告订立了婚约,只是私人约定,不具有法律效力。原告提出解除婚约,法院应当支持。

关于返还彩礼问题,本案中,原告提出付给被告的3 000元都是彩礼,而被告承认其中1 000元是彩礼,另2 000元是普通的赠与。由于这3 000元的给付都发生在订婚仪式上,根据风俗习惯在订婚给付的财物一般认定为彩礼(即是一种附条件的赠与),除非被告提出充分的证据证明赠与人有无条件赠与的意思。而被告没能提供充分的证据,因此根据《合同法》的规定,赠与条件未成就,合同未生效,彩礼应予返还。

相关法理

一、附条件合同概述

附条件合同，是指当事人在合同中特别规定一定的条件，以条件是否成就来决定合同效力的发生或消灭的合同。《合同法》第四十五条规定："当事人对合同的效力可以约定附条件。附生效条件的合同，自条件成就时生效。附解除条件的合同，自条件成就时失效。当事人为自己的利益不正当地阻止条件成就的，视为条件已成就；不正当地促成条件成就的，视为条件不成就。"

所谓条件，是指当事人以将来客观不确定的事实，作为决定合同效力的附款。条件是合同的附款，是决定合同效力的附款，是以将来客观上不确定事实为内容的附款。

附条件合同并不同于附负担合同。负担是指法律行为的生效以履行一定的义务为前提，负担是当事人必须履行的义务。在附负担的合同中，对方不履行义务，通常构成违约行为，并且这种法律行为一经成立立即发生效力。而在附条件合同中，条件只是一种事实而不是义务，条件成就与否与违反法律行为的规定无关。因为条件是一种不确定的事实，不是法律上的义务，在以当事人一方的行为作为条件时，即便当事人的目的在于强制对方履行该行为时，也并不因此承担成就其条件的义务。例如，甲与乙约定，甲一分配到房屋，就请乙装修。甲、乙之间的房屋装修合同是以甲是否分配到房屋为条件的，但分配房屋不是甲的义务。再如，甲与乙约定，如果乙能戒烟就赠与其千元现金。甲、乙约定的目的在于强制乙戒烟，但即使乙不能戒烟，也非违法行为，甲没有强制乙戒烟的诉权。但是，负担则不同，在附负担的赠与协议中，履行负担是当事人的法律义务，如果不履行负担，就应当返还赠与物，法院也可以判决强制执行。

二、附条件合同的条件

在附条件合同中，条件是当事人所约定的用以限制合同效力产生或消灭的特定事实。条件属于法律事实的一种，既可以是事件，也可以是行为。

1. 条件必须是当事人约定的事实

由于合同所附条件是当事人意思表示的一部分，其本身并不是独立的意思表示，所以条件须是当事人双方约定的事实。法律直接规定或按合同性质当然具备的限制条件，都不属于“条件”。如果合同中附有此类条件，则视为未附任何条件。

2. 条件须是尚未发生的事实

条件必须是合同成立时尚未发生的事实。如果合同成立时作为条件的事实已经发生，这种行为事实就是确定事实，不再决定合同的效力。当事人将既成的事实作为条件时，如果该条件决定着合同的生效，则等于该合同未附任何条件。例如，甲已经中奖，还与他人达成协议：假如我获奖，当赠与你一半。此时等于没有条件，甲的真实意思是无条件赠与。如果该条件决定着合同效力的消灭，则说明当事人希望合同无效。

3. 条件须是发生与否不确定的事实

条件将来发生与否，应是当事人不能肯定的。即条件是否发生只具有可能性，而不具有必然性。因此，完全不可能发生或一定会发生的事实都不能作为条件。如果把将来肯定发生的事实作为合同的条件，则该事实实际上是期限而不是条件。如果当事人把根本不可能发生的事实作为合同的条件，若该条件决定合同的生效，则表明当事人根本不希望订立合同；若决定合同的失效，则视为根本未附任何条件。

4. 条件须是合法的事实

当事人约定作为条件的事实不能违反法律和社会公共利益，否则为不法条件。关于附有不法条件的合同的效力，有的学者认为合同应认定无效；有的学者认为条件无效，而合同有效。我们认为，对此应区分对待。对于条件分离后可独立存在且内容合法的合同应认为有效；反之，则认为合同无效。

以上 4 个要件缺一不可，须同时具备方可构成附条件合同。

三、附条件合同的种类

根据附条件合同中条件的性质和作用不同，可以将附条件合同分为 3 类。

1. 延缓条件合同与解除条件合同

以条件的作用是限制还是消灭合同效力的发生为标准，附条件合同可以分为延缓条件合同与解除条件合同。延缓条件，又称为停止条件，是指合同中所明确的权利与义务要在所附条件成就时才能发生法律效力。附延缓条件的合同，在条件成就之前已经成立，但不生效，其效力处于停止状态。例如，甲、乙约定，如果甲获得去香港工作的机会，甲将其住宅以低于市场价的价格卖给乙。甲获得去香港工作的机会是延缓条件，它起到延缓、限制甲与乙之间买卖合同效力发生的时间，使得甲与乙之间买卖房屋的合同成立后，其效力处于暂时停止状态,需待甲获得去香港工作的机会,买卖合同才生效。

解除条件,又称消灭条件,是指合同中所确定的权利与义务在所附条件成就时失去法律效力。附解除条件的合同,在所附条件成就之前,已经发生法律效力,当事人已经开始享有权利及承担义务,当条件成就之际,权利与义务则失去法律效力,合同效力终止。例如,甲、乙在租赁合同中约定,如果甲的儿子从国外回来,乙就把租赁的房子退还给甲。该租赁合同成立后便发生效力,当所附条件成就即甲的儿子从国外回来后,合同的效力就归于消灭,该租赁合同就是附解除条件合同。

2．肯定条件合同与否定条件合同

以条件的事实发生或不发生为合同生效的标准,附条件合同可分为肯定条件合同与否定条件合同。肯定条件,又称积极条件,是指以发生某种客观事实为条件的内容。例如,甲出国就是积极条件。肯定条件又分为肯定的延缓条件和肯定的解除条件。因此,附肯定条件合同有附肯定的延缓条件合同与附肯定的解除条件合同两种类型。

否定条件,又称消极条件,是指以不发生某种事实为条件的内容。否定条件与肯定条件相反,以一定的事实不发生为条件的成就,而一定的事实发生为条件的不成就。例如,甲、乙约定,甲向乙交付计算机一台,乙试用一星期后,如果不发生故障,买卖合同生效。否定条件可以分为否定的延缓条件与否定的解除条件。例如,甲、乙签订大米供应合同,由于种子未经有关部门鉴定,因此,双方约定如果种子没有通过鉴定,合同终止,这属于附否定的解除条件合同。

3．附随意条件合同、附偶成条件合同与附混合条件合同

以条件的成就是否取决于当事人意思为标准,附条件合同可分为附随意条件合同、附偶成条件合同与附混合条件合同。随意条件,是指当事人一方的意思决定合同所附的条件是否成就的条件,即合同的条件成就与否完全取决于一方当事人的意思。例如,甲如果去北京工作,乙则赠甲一套房子。甲去北京工作是条件,而甲是否去北京工作完全取决于甲的意思。

偶成条件,是指经偶然的事实来决定合同所附条件是否成就的条件,该条件是否成就与当事人的意思无关,而是取决于第三人的意思或者自然事实。例如,甲征得其子女同意将房屋卖给乙,属于第三人的意思;甲与乙约定,如果今年没有大旱、大涝,则甲向乙提供适量的粮食,则属于自然事实。

混合条件,是指合同所附的条件是否成就取决于当事人的意思及第三人的意思。例如,甲的父母与甲约定,如果甲与乙结婚,则赠甲一套别墅。甲是否能够与乙结婚取决于两个方面的因素:一是甲本人的意思,二是乙的意思,两者缺一不可。

四、附条件合同的效力

《合同法》第四十五条第一款规定:"当事人对合同的效力可以约定附条件。附生效条件的合同,在条件成就时生效。附解除条件的合同,在条件成就时失效。"

当事人可以对合同附加条件,是意思自治原则的表现。合同附有条件的,合同的一方或双方于条件成就与否时能获得一定利益。在附停止条件的合同中,一方或双方有希望在条件成就时取得权利,故有学者将这种权利称为"希望权"。而在附解除条件的合同中,若条件成就,则合同失效,权利将复归于原权利人,故有学者称其为"复归权"。这两种权利都是对将来的权利或利益的期待,故有学者又将此两种权利统称为"期待权"。由于这种期待权因条件的成就,将从不确定的权利转化为确定的权利,并给当事人带来利益,因此,这种期待权是受法律保护的。在合同成立之后,条件成就之前,当事人不得为自己利益,不正当地促成或阻止条件的成就。

不正当地促成或阻止条件的成就,是指行为人违反法律、道德和诚实信用原则,以作为或不作为的方式促成或阻止条件的成就。因此按法律要求,作为条件的事实必须是按其自然进程发生或不发生,如果一方以不正当行为对条件的成就与否施加影响,可能会产生对对方当事人不公平的结果。因此,《合同法》第四十五条第二款规定:"当事人为自己利益不正当阻止条件成就的,视为条件已成就;不正当促成条件成就的,视为条件不成就。"合同一方在条件成就之前,侵害对方和其他利害关系人的期待权,造成损害的,应负赔偿损害责任。

练一练

下列关于附条件合同效力的描述,正确的是(　　)。

A. 附生效条件的合同,自条件成就时生效

B. 附解除条件的合同,自条件成就时失效

C. 在附生效条件的合同中,当事人为自己的利益不正当地阻止条件成就时,该合同生效

D. 在附解除条件的合同中,当事人为自己的利益不正当地阻止条件成就时,该合同持续有效

五、附期限合同概述

附限期合同，是指当事人在合同中设定一定的期限，作为决定合同效力的附款。《合同法》第四十六条规定："当事人对合同的效力可以约定附期限。附生效期限的合同，自期限届至时生效；附终止期限的合同，自期限届满时失效。"

所谓期限，是指当事人以将来客观确定到来的事实，作为决定合同的附款，期限是合同的附款。这里的期限与合同的履行期限是有区别的，履行期限是基于以生效合同所负义务的履行所加的时间限制。

附期限合同中的期限可以是一个具体的日期，如某年某月某日；也可以是一个期限，如"合同成立之日起×个月"。

六、附期限合同中的期限特征

（1）合同中所附期限是当事人约定的，是合同内容的一部分。

（2）合同效力的发生或终止取决于当事人在合同中所附期限是否届至或届满。所附期限限制合同效力的发生或终止，而不是限制合同的内容，这与履行期限不同。

七、附期限合同的种类

附期限合同中的期限可分为生效期限和终止期限。《合同法》第四十六条规定："附生效期限的合同，自期限届至时生效。附终止期限的合同，自期限届满时失效。"

生效期限又可称为始期，是指以其到来使合同发生效力的期限。该期限的作用是延缓合同效力的发生，合同在该期限到来之前，其效力处于停止状态，期限到来时，合同的效力才发生。

终止期限是指以其到来使合同效力发生消灭的期限。附终止期限合同中的终止期限与附条件合同中的附解除条件的作用相当，故其又称为解除期限。

八、附条件合同与附期限合同的区别

附条件与附期限都属于合同的附款，但两者有明显的区别。

作为条件的附款必须是将来客观上不确定的事实，如果不属于将来或该事实是确定要发生的，则不能成为条件附款；而期限是以将来确定的事实的到来为前提的，如果不属于将来或不是确定的事实，则不能成为期限附款。

假设甲、乙之间约定，如果签证下来，甲的房子就卖给乙，这就属于附生效条件的行为，因为签证是将来的事情，能否签下来是不确定的，所以在条件成立的时候，行为才生效，该合同属于附条件的合同。

假设甲、乙之间约定，在12月1日甲出国时，甲就将房子卖给乙。这里确定了事实发生的时间，因此在期限届至时，这个买卖行为就生效了，该合同属于附期限的合同。

练一练

某公司老板与职员签订劳动合同时附加如下条款：若该职员在本公司工作满1年，则加薪5%。该行为属于(　　)的法律行为。

A. 附生效条件　　　　B. 附解除条件

C. 附生效期限　　　　D. 附解除期限

任务7　表见代理、表见代表订立合同的判断与处理

任务情境

2013年12月28日16:50左右，被告宁波某公司的驾驶员驾驶被告所有的车辆，行驶至某市建德路处，因其占道行驶与原告张某行使的二轮摩托车发生碰撞，致原告受伤。经公安局交通巡逻大队认定，被告公司司机负事故的全部责任。原告受伤后，住院治疗二十多天。2014年5月25日经公安局巡逻大队召集双方当事人调解事故赔偿事宜，被告公司办公室主任方某(现仍在被告公司任职)参加了调解，并签署了调解协议，双方约定被告一次性赔偿原告医疗费4 564.50元、护理费518元、住院伙食补助费360元、误工费8 531元、交通费407元，合计14 380.50元。2014年6月2日，方某再次以被告公司名义与原告签订书面协议一份，协议载明，经交警中队调解达成协议，宁波某公司赔偿张某18 500元，扣除已经支付的3 000元，尚欠张某15 500元，于2014年6月9日前付清。协议签订后，原告已经将有关事故损失的相关证据及票据交给方某，由其转交给被告。协议到期后，被告未按约支付赔偿款，原告张某向法院提起诉讼，要求被告及时支付赔偿款15 500元。在庭审中，被告提出双方所签订协议无效，理由是方某没有经过公司授权，代理行为无效。

问题:上述案例双方签订协议是否有效？为什么？

任务分析

本案是一起因代理权引起的民事纠纷。被告是一家具有法人资格的公司，根据《合同法》第五十条:“法人或者其他组织的法定代表人、负责人超越权限订立的合同，除相对人知道或者应当知道其超越权限的以外，该代表行为有效。”据此，可以认为公司的法定代表人对外签约所产生的法律后果由公司承担，也就是说法定代表人具有对外签约的效力。至于公司的其他高级管理人员是否具有这种代理权，法律并没有明文规定。通常认为，公司的其他高级管理人员以公司名义从事对外活动需经过公司授权。但是，在现实生活当中，经

常发生公司的高级管理人员，如经理、办公室主任等对外签订协议的情况。其结果是，当所签协议对公司有利或者无损公司利益时，高级管理人员所签订的协议往往能被公司认可；当所签协议对公司不利时，公司则以签约人未经过公司授权而拒绝承认协议的效力。本案就是诸多类似纠纷中的一个。

本案中，方某之行为应构成表见代理。首先，原告方有理由相信方某有代理权，即主观方面善意且无过失；其次，在授权过程中，公司方有过错，未履行相关应尽义务，本案讼争的协议应该认定为有效。

相关法理

一、表见代理概述

表见代理是指代理人虽无代理权，但相对人客观上有充分的理由相信行为人具有代理权而与其订立合同。“表见”有“表面上所显示”的含义。

表见代理实质上属于无权代理。表见代理是无权代理不发生效力的例外情况，在这个意义上，表见代理又可称为“表见代理权”。法律承认表见代理对被代理人发生效力，是为了保护善意相对人的利益和交易安全。

表见代理合同是指代理人之代理虽无代理权，但有可使相对人相信其有代理权的事由，因而法律强使本人对于无过失的相对人承担被代理人责任的一种特殊的无权代理的合同。

二、关于表见代理的法律规定

《合同法》第四十九条规定：“行为人没有代理权、超越代理权或者代理权终止后以被代理人名义订立合同，相对人有理由相信行为人有代理权的，该代理行为有效。”

《合同法》第五十条规定：“法人或者其他组织的法定代表人、负责人超越权限订立的合同，除相对人知道或者应当知道其超越权限的以外，该代表行为有效。”

三、构成表见代理的条件

在订立合同过程中，表见代理的成立需要具备如下条件：

(1) 相对人依据一定事实，相信无权代理人具有代理权，并在此基础上与之订立合同。

(2) 相对人必须是善意且无过失的。即相对人不知道代订合同人没有相应的代理权。如果相对人明知代理人为无权代理人仍与其订立合同,则不构成表见代理。

(3) 无权代理人代理被代理人与相对人签订的合同,应具备合同有效的一般条件。

四、表见代理法律后果

表见代理成立,则订立的合同有效,表见代理中的相对人不享有《合同法》第四十八条规定的撤销权。《合同法》第四十八条第一款规定:"行为人没有代理权、超越代理权或者代理权终止后以被代理人名义订立合同,未经被代理人追认,对被代理人不发生法律效力,由行为人承担责任。"《合同法》第四十八条第二款规定:"相对人可以催告代理人在一个月内予以追认。法定代理人未作表示的,视为拒绝追认。合同被追认之前,善意相对人有撤销的权利。撤销应以通知的方式作出。"本条所指的无权代理应当是狭义的无权代理,在此情况下,相对人有撤销权。而《合同法》第四十九条规定表见代理的情况虽然也是无权代理,但是这种情况下属于广义的无权代理,与第四十八条规定中狭义的无权代理不同,其根本区别在于:是否存在使相对人有理由相信本无代理权的行为人有代理权的客观事实。表见代理虽属无权代理,但是,只要存在相对人有理由相信行为人有代理权的事实,表见代理成立,行为人的代理行为就应当按有效的代理来看待,在此情况下,所签订的合同就应当是有效合同。所以,表见代理中相对人不享有《合同法》第四十八条规定的撤销权。

练一练

张某(甲)是乙企业的销售人员,随身携带盖有该企业公章的空白合同书,便于对外签约。后张某因收取回扣被企业除名,但空白合同书未被该企业收回。张某以此合同与他人签订购销协议,该购销协议的性质应该如何认定?(   )

A. 不成立　　B. 无效　　C. 可撤销　　D. 成立并生效

巩固提升

一、单项选择题

1. 下列合同中一定属于可变更、可撤销合同的是(　　)。
A. 合同履行中显失公平的合同　B. 因受胁迫而订立的合同
C. 因受欺诈而订立的合同　D. 因重大误解而订立的合同

2. 可撤销合同在未被撤销以前,其效力为(　　)。
A. 有效　B. 效力待定
C. 部分有效,部分无效　D. 无效

3. 因欺诈、胁迫而订立的合同是无效合同还是可撤销合同的区分标准是(　　)。
A. 是否违背当事人的意志　B. 是否违背法律
C. 是否有欺诈行为　D. 是否损害国家利益

4. 一方以欺诈手段订立损害国家利益的合同,属于(　　)。
A. 无效合同　B. 可撤销合同
C. 效力待定合同　D. 附条件合同

5. 以下属于无效合同的是(　　)。
A. 显失公平的合同　B. 重大误解的合同
C. 违反法律强制性规定的合同　D. 乘人之危的合同

6. 甲的儿子患重病住院,急需用钱又借贷无门,乙趁机表示愿意借给甲2 000元,但半年后须加倍偿还,否则以甲的房子代偿,甲表示同意。根据合同法规定,甲、乙之间的借款合同(　　)。
A. 因显失公平而无效　B. 因显失公平而可撤销
C. 因乘人之危而无效　D. 因乘人之危而可撤销

7. 下列关于无权处分合同的表述,正确的是(　　)。
A. 无权处分合同在未被追认之前,处于无效状态
B. 无权处分合同在权利人追认后,买受人可以请求权利人履行义务
C. 权利人事后向处分人作出书面授权,权利人对处分人不履行义务行为承担责任
D. 无权处分合同自权利人追认时生效

8. 合同被撤销或确认为无效后，当事人之间应承担(　　)的民事责任。

A. 返还财产　　B. 赔偿损失

C. 返还财产或赔偿损失　　D. 支付违约金

9. 对行为人没有代理权订立的合同，拥有撤销权利的是(　　)。

A. 行为人　　B. 代理人

C. 被代理人　　D. 善意相对人

10. 可撤销的合同中具有撤销权的当事人自知道或应当知道撤销事由之日起(　　)内不行使撤销权的，该撤销权消灭。

A. 6 个月　　B. 1 年

C. 2 年　　D. 5 年

11. 幸福手表公司为纪念公司成立20周年，特制作纪念手表1 000只，每只售价为2万元，其宣传广告称：本纪念手表为金表并镶有非洲进口天然钻石。王某根据其宣传材料，花2万元购买了一只。后经鉴定，该表为镀金表，所镶钻石为国产人造钻石，每粒价格不超过10元，手表成本约900元。为此，王某向法院起诉幸福手表公司。双方之间的合同(　　)。

A. 为无效合同，理由为欺诈

B. 为可撤销合同，理由为重大误解

C. 为有效合同

D. 为可撤销合同，理由为欺诈

12. 李刚原是某百货公司的采购员，长期以公司名义从某彩电厂家进货，只要凭李刚的签名就可提货，然后由公司付款。后来李刚辞职，但辞职后仍以公司名义提走一批彩电。因百货公司拒绝付款，彩电厂对百货公司提起诉讼。此案中李刚的代理行为是(　　)。

A. 有权代理　　B. 无权代理

C. 表见代理　　D. 以上选项都不对

13. 甲17岁，以个人积蓄1 000元在慈善拍卖会拍得明星乙表演用过的道具，市价约100元。事后，甲觉得道具价值与其价格很不相称，颇为后悔。关于这一买卖，下列说法正确的是(　　)。

A. 买卖显失公平，甲有权要求撤销

B. 买卖存在重大误解，甲有权要求撤销

C. 买卖无效，甲为限制行为能力人

D. 买卖有效

14. 甲将300册藏书送给乙，并约定乙不得转让给第三人，否则甲有权收回藏书。其后甲向乙交付了300册藏书。下列说法正确的是(　　)。

A. 甲与乙的赠与合同无效，乙不能取得藏书的所有权

B. 甲与乙的赠与合同无效，乙取得了藏书的所有权

C. 甲与乙的赠与合同为附条件的合同，乙不能取得藏书的所有权

D. 甲与乙的赠与合同有效，乙取得了藏书的所有权

二、多项选择题

1. 下列合同中属于无效合同的是(　　)。

A. 甲明知乙没有获得丙的授权，但仍与乙签订了合同，供应丙钢材20吨

B. 甲、乙二人签订的买卖军用枪支的合同

C. 一民营企业以欺诈手段与国有银行签订一份贷款合同

D. 甲、乙双方为了逃避税收，将汽车整车的进口签订为一份进口汽车配件的合同

2. 下列合同或者合同条款无效的是(　　)。

A. 约定因故意造成对方财产损失免责的

B. 以胁迫手段使对方在违反真实意思的情况下订立的合同，该合同条款未损害国家利益

C. 格式合同条款排除对方主要权利的

D. 无处分权的人处分他人财产的

3. 甲向首饰店购买钻石戒指一枚，标签标明该钻石为“天然钻石”，买回后被人告知实际上是人造钻石。此后，甲每隔几个月就与首饰店交涉一次，要求首饰店解决问题，历时一年零六个月，未果。甲提起诉讼。以下说法正确的是(　　)。

A. 甲要求撤销合同的请求能够得到法院支持，因为首饰店有欺诈行为

B. 甲要求撤销合同的请求不能够得到法院支持，因为超过行使撤销权的期限

C. 甲可以要求首饰店承担违约责任

D. 由于本案属于销售质量不合格的商品未声明的，因此诉讼时效为1年，甲因诉讼时效已过而丧失获得法律强制保护的权利

4. 可撤销的合同包括(　　)。

A. 以合法形式掩盖非法目的的合同

B. 因重大误解而订立的合同

C. 在订立合同时显失公平的

D. 一方以欺诈、胁迫或者乘人之危,使对方在违背真实意思的情况下订立的合同

5. 乙公司以国产牛肉为样品,伪称某国进口牛肉,与甲公司签订了买卖合同,后甲公司得知这一事实。此时恰逢某国流行疯牛病,某国进口牛肉滞销,国产牛肉价格上涨。下列说法正确的有(　　)。

A. 甲公司有权自知道样品为国产牛肉之日起1年内主张撤销该合同

B. 乙公司有权自合同订立之日起1年内主张撤销该合同

C. 甲公司有权决定是否履行该合同,乙公司无权拒绝履行

D. 在甲公司决定撤销该合同前,乙公司有权按约定向甲公司要求支付货款

三、案例分析

1. 甲公司与乙公司签订一份秘密从境外买卖免税香烟并运至国内销售的合同。甲公司依双方约定,按期将香烟运至境内,但乙公司提走货物后,以目前账上无钱为由,要求暂缓支付货款,甲公司同意。3个月后,乙公司仍未支付货款,甲公司多次索要无果,遂向当地人民法院起诉要求乙公司支付货款并支付违约金。

试分析:

(1) 该合同是否具有法律效力?为什么?

(2) 法院应如何处理?

2. 甲商场准备于2014年10月1日开张。为了尽可能多地吸引客源,甲商场印制了大量的广告彩页,派人在城市的各个街道发放。广告将商场出售的各种商品的名称、品牌、图案、价格详尽地列出,并作了下述说明:为了庆祝本商场开张,2014年10月1日至3日本店全场价格优惠,具体商品价格请见本广告内页。数量有限,售完为止,欢迎广大顾客惠顾。成年人乙发现广告将某品牌化妆品的价格标为128元,而这种化妆品在其他的几个商店都要卖到2 000多元。15岁中学生丙发现这个商场的电脑很便宜。

10月1日,乙到甲商场购买了10瓶某品牌化妆品,在付款时商场发现广告将该化妆品的价格印错,实际价格为1 280元,遂要求乙补足价款,遭到乙的拒绝。

10月2日,丙到甲商场购买了价格为12 000元的电脑一台,其父母知道后大怒,要求退货,遭到商场的拒绝。

请问：

(1) 甲商场广告的法律性质是什么？为什么？

(2) 甲、乙之间合同的性质是什么？如何处理？

(3) 甲、丙之间合同的性质是什么？为什么？如何处理？

3. 甲乃A公司职工，因屡次违反公司纪律被开除，一心想报复该公司。2013年10月2日，甲借工作机会偷来的盖有A公司合同专用章的空白合同书与B计算机公司签订了一份计算机买卖合同，约定以高于市场价10%的价格(即每台11 000元)向B计算机公司购买1 000台C类计算机，交货日为2013年12月1日。合同签订2天后，在B公司就计算机运输事宜与A公司交涉时，被A公司以书面告知甲并非A公司的业务员且空白合同书也是偷来的。B公司书面要求A公司必须履行合同，否则将起诉到法院。谁知风云突变，2013年11月3日因世界上最主要的计算机内存条生产地发生地震，C类计算机价格猛涨至每台15 000元，于是B公司又书面通知A公司请求撤销该合同，但为A公司拒绝。

问题：

(1) 此时该计算机买卖合同效力如何？

(2) B公司书面要求A公司必须履行合同的行为是否产生法律效力？

四、实训

情景设计

2014年11月12日，A市软轴机具厂(以下简称A厂)与B市建筑装修机具厂(以下简称B厂)签订了一份购销合同。合同规定：B厂在2015年度供应A厂托人式震动器电机(以下简称电机)600台，单价192元。之后，因原材料涨价，B厂先后两次与A厂协商提高电机价格，双方于2015年7月15日第二次在A市达成了协议：B厂自2011年8月至12月供给A厂电机400台，单价提高到219元；交货期限为同年8月15日前交40台，8月31日前交40台，9月至12月每月交80台，总价款87 600元；交货方式凭B厂的交货电报，A厂在接到交货电报之日起3日内办好信汇手续，B厂代办托运；如任何一方违约须承担10%的违约金。协议生效后，B厂于8月28日交货40台，A厂已付款；同年9月份B厂未交货，A厂遂派人去B厂催货，B厂答复要到10月15日才有货，并给A厂厂长写信，提出“下个月按省物价局所定价格办理”。同年10月14日，A厂再次派人到B厂催货时，B厂提出，因原材料价格上涨，每台电机价格涨到330元,不能再按原定价格供货。A厂因生产急需,只好同意按330元提货,但B厂又提出只能在同年10月26日交货,经A厂与B厂协商由A厂给付赶工费200元,A厂才得以在同年10月18日提走电机40台。提货后,A厂以B厂未按期交货为由,拒付货款,并于到货后次日向B厂发电,要求B厂继续履行合同,赔偿损失后再付款。后经A、B两厂多次协商,仍未达成一致意见。

A厂诉诸该市中级人民法院,要求B厂履行7月15日双方签订的协议,并给付违约金和赔偿金;B厂则辩称:我方交货40台以后,就预料到电机材料价格要上涨,所以暂时拒绝交货,可A厂于10月18日提货后不付款,应当承担违约责任,因为A厂在提这批货时同意按每台330元结算。

工作任务

任务1:A厂和B厂先后签订的3份协议效力如何?第三份协议能否认定为乘人之危?

任务2:B厂的行为构成了迟延履行,该迟延履行是否可免责?

任务3:A厂在接受交付后,是否有权拒绝付款?

训练方法

学生自由组合,4~8人为一组,先在组内开展讨论,再与其他小组进行交流,然后由小组派代表发言,最后由授课教师点评。

步骤1:各小组将本组意见写成书面材料;

步骤2:每一小组推选1~2名代表发言,并可与其他小组展开辩论。

考核标准

1. 能正确认定合同的效力。
2. 能正确辨析合同履行中的违约行为。

项目四

合同的履行

项目认知

合同的履行,指的是合同规定义务的执行。任何合同规定义务的执行,都是合同的履行行为;相应地,凡是不执行合同规定义务的行为,都是合同的不履行。因此,合同的履行表现为当事人执行合同义务的行为。当合同义务执行完毕时,合同也就履行完毕。合同履行以合同成立为前提,是合同法律效力的主要内容,也是整个合同法的核心。

内容结构图

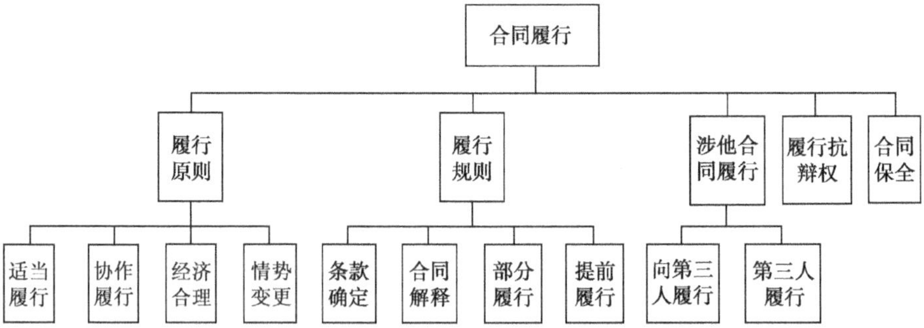

学习目标

1. 知识目标

(1) 了解合同履行的法律特征、合同履行的具体规则;

（2）掌握同时履行抗辩权、先履行抗辩权、不安抗辩权的适用条件；

（3）掌握代位权、撤销权的适用条件。

2. 能力目标

（1）能够辨别并填补合同漏洞；

（2）能够根据履行抗辩权、合同的代位权、撤销权提出保护债务人、债权人权利的措施，并能解决有关合同履行的实际案例。

相关法律条文

《中华人民共和国合同法》（第四章）

第六十条　当事人应当按照约定全面履行自己的义务。

当事人应当遵循诚实信用原则，根据合同的性质、目的和交易习惯履行通知、协助、保密等义务。

第六十一条　合同生效后，当事人就质量、价款或者报酬、履行地点等内容没有约定或者约定不明确的，可以协议补充；不能达成补充协议的，按照合同有关条款或者交易习惯确定。

第六十二条　当事人就有关合同内容约定不明确，依照本法第六十一条的规定仍不能确定的，适用下列规定：

（一）质量要求不明确的，按照国家标准、行业标准履行；没有国家标准、行业标准的，按照通常标准或者符合合同目的的特定标准履行。

（二）价款或者报酬不明确的，按照订立合同时履行地的市场价格履行；依法应当执行政府定价或者政府指导价的，按照规定履行。

（三）履行地点不明确，给付货币的，在接受货币一方所在地履行；交付不动产的，在不动产所在地履行；其他标的，在履行义务一方所在地履行。

（四）履行期限不明确的，债务人可以随时履行，债权人也可以随时要求履行，但应当给对方必要的准备时间。

（五）履行方式不明确的，按照有利于实现合同目的的方式履行。

（六）履行费用的负担不明确的，由履行义务一方负担。

第六十三条　执行政府定价或者政府指导价的，在合同约定的交付期限内政府价格调整时，按照交付时的价格计价。逾期交付标的物的，遇价格上涨时，按照原价格执行；价格下降时，按照新价格执行。逾期提取标的物或者逾期付款的，遇价格上涨时，按照新价格执行；价格下降时，按照原价格执行。

第六十四条　当事人约定由债务人向第三人履行债务的，债务人未向第三人履行债务或者履行债务不符合约定，应当向债权人承担违约责任。

第六十五条　当事人约定由第三人向债权人履行债务的，第三人不履行债务或者履行债务不符合约定，债务人应当向债权人承担违约责任。

第六十六条　当事人互负债务，没有先后履行顺序的，应当同时履行。一方在对方履行之前有权拒绝其履行要求。一方在对方履行债务不符合约定时，有权拒绝其相应的履行要求。

第六十七条　当事人互负债务，有先后履行顺序，先履行一方未履行的，后履行一方有权拒绝其履行要求。先履行一方履行债务不符合约定的，后履行一方有权拒绝其相应的履行要求。

第六十八条　应当先履行债务的当事人，有确切证据证明对方有下列情形之一的，可以中止履行：

（一）经营状况严重恶化；

（二）转移财产、抽逃资金，以逃避债务；

（三）丧失商业信誉；

（四）有丧失或者可能丧失履行债务能力的其他情形。

当事人没有确切证据中止履行的，应当承担违约责任。

第六十九条　当事人依照本法第六十八条的规定中止履行的，应当及时通知对方。对方提供适当担保时，应当恢复履行。中止履行后，对方在合理期限内未恢复履行能力并且未提供适当担保的，中止履行的一方可以解除合同。

第七十条　债权人分立、合并或者变更住所没有通知债务人，致使履行债务发生困难的，债务人可以中止履行或者将标的物提存。

第七十一条　债权人可以拒绝债务人提前履行债务，但提前履行不损害债权人利益的除外。债务人提前履行债务给债权人增加的费用，由债务人负担。

第七十二条　债权人可以拒绝债务人部分履行债务，但部分履行不损害债权人利益的除外。债务人部分履行债务给债权人增加的费用，由债务人负担。

第七十三条　因债务人怠于行使其到期债权，对债权人造成损害的，债权人可以向人民法院请求以自己的名义代位行使债务人的债权，但该债权专属于债务人自身的除外。

代位权的行使范围以债权人的债权为限。债权人行使代位权的必要费用，由债务人负担。

第七十四条　因债务人放弃其到期债权或者无偿转让财产，对债权人造成损害的，债权人可以请求人民法院撤销债务人的行为。债务人以明显不合理的低价转让财产，对债权人造成损害，并且受让人知道该情形的，债权人也可以请求人民法院撤销债务人的行为。

撤销权的行使范围以债权人的债权为限。债权人行使撤销权的必要费用，由债务人负担。

第七十五条　撤销权自债权人知道或者应当知道撤销事由之日起一年内行使。自债务人的行为发生之日起五年内没有行使撤销权的，该撤销权消灭。

第七十六条　合同生效后，当事人不得因姓名、名称的变更或者法定代表人、负责人、承办人的变动而不履行合同义务。

任务1 合同履行概述

任务情境

某食品公司与李某订立承包合同,约定由李某承包经营食品公司所属饮料厂(非法人机构),期限3年。李某独立经营、自负盈亏,每天需要生产产品500件以上,每件交承包费2元,不足500件按500件计算,税费由其自行缴纳。之后,李某开始生产罐装饮料,但在销售所产饮料时,因不能出具食品公司的发票而无法与销售商结算,被销售商退货;李某向工商局要求设摊销售,也因无营业执照、许可证等手续而未获准。因此,李某要求食品公司向其提供以上证件和发票,却遭到食品公司的拒绝。无奈之下,李某诉诸法院,要求解除合同。食品公司辩称提供证件和发票的义务在双方合同中未加约定,因此,不同意解除合同。

问题:

(1)食品公司应当承担哪些义务?

(2)本案应如何解决?

任务分析

在李某诉食品公司承包合同案中,主要涉及附随义务的认定和履行。由于饮料厂只是食品公司的下属单位,属于非法人单位,不具有独立经营的行为能力,原告承包后,要以被告食品公司的名义才能开展生产经营活动。原告要求使用被告名称、营业执照、公章、发票等,虽然双方在合同中没有约定,但被告不提供,原告就无法履行合同。因此,根据《合同法》第六十条的规定,原告的要求属于被告应当履行的附随义务。被告应当为原告履行合同提供必要的条件而不提供,违反协助义务。因为附随义务不可单独诉请,因此,法院不得强制被告履行协助义务。但由于被告违反附随义务的结果,使原告的产品不能进入市场,合同目的无法实现。因此,原告有权要求解除合同。

相关法理

一、合同履行的概念

合同的履行，是指合同义务人严格依照合同的约定或法律的规定，全面、适当地履行合同义务，使合同权利人的利益得以实现的行为。

二、合同履行的特征

（1）合同的履行是合同的基本法律效力。合同履行是合同效力的集中体现和主要内容，是“契约必须严守”原则的基本要求。

（2）合同的履行是合同当事人所为的特定行为。当事人的履约行为是合同债权得以实现的一般条件，这也是债权与物权在实现方式上的基本区别。

（3）合同的履行应当是给付行为与给付结果的统一。

（4）合同的履行是合同权利义务关系终止的一种原因。合同的履行是合同权利义务关系消灭的正常原因。

三、合同履行的原则

1．适当履行原则

适当履行原则，是指当事人按照合同规定的标的及其质量、数量，由适当的主体在适当的履行期限、履行地点，以适当的履行方式，全面完成合同义务的履行原则。

（1）合同须全面履行。当事人必须严格按照合同内容全面履行合同规定的义务，部分履行合同则可能导致产生违约责任。

（2）当事人须适当履行。当事人应适当履行合同规定的全部义务，包括依合同约定或法定的质量、数量、履行方法、履行地点、履行期限等适当履行，也包括依合同约定的主体履行，即合同债务人应向合同债权人履行义务。

2．协作履行原则

协作履行原则，是指合同当事人应当本着协作、互助的精神，履行合同义务，实现合同目的。

（1）债务人履行合同债务，债权人应当适当受领给付。

（2）债务人履行合同债务，需要债权人提供必要协助时，债权人应当按照债务人的要求创造必要的条件，提供方便。

（3）债务人因故不能履行或不能完全履行时，债权人应当积极采取措施，避免或减少损失。

3. 经济合理原则

经济合理原则，是指对当事人履行合同行为在效益方面的要求。依据经济合理原则的要求，当事人在履行合同义务过程中，各方当事人都应讲求经济效益，维护对方利益，以最小、最合理的成本实现最大的合同利益。

（1）就债务人履行债务方面而言，债务人履行债务时，应当讲求经济效益，充分维护自己及对方的利益。

（2）就债务人选择履行方式、履行时间方面而言，债务人应当选择最经济合理、最有利于实现合同目的的方式来履行合同。

（3）提存标的物制度。债务人提存标的物，应当符合经济合理原则，避免因提存不当造成更多社会资源的浪费。

（4）违约的补救方式。《合同法》规定承担违约责任的方式时，已经考虑到了经济合理性。

4. 情势变更原则

情势变更原则，是指合同有效成立后，非因当事人双方的过错，合同赖以成立的环境或基础发生异常变化，使合同不能履行或如果履行会显失公平，根据诚实信用原则，当事人可以请求变更或解除合同。

《合同法》中未明确规定情势变更原则，但司法实践已经承认并执行了这一原则。适用这一原则应符合以下条件：① 合同订立时作为合同基础的情况发生异常变化；② 发生的异常变化不可归责于合同当事人；③ 当事人不能预见到这种异常变化。

练一练

2013 年 4 月 12 日，张剑锋与房主谌水莲签订了一份二手房买卖合同，约定张剑锋购买谌水莲位于康年华附近的一套房屋，房屋成交总价为 58 万元人民币，并且向谌水莲支付了定金。在过户前，房屋价格上涨较快，谌水莲想解除合同，抬高价格后转卖他人，于是就以情势变更为理由，拒绝履行合同。但是张剑锋却认为房屋价格的上涨并不属于情势变更，并且张剑锋也为履行合同做了大量的准备工作，现在谌水莲的突然违约使张剑锋本人及家庭十分被动。万般无奈之下，张剑锋将谌水莲起诉至法院，要求其继续履行合同或赔偿由此而造成的损失。

问题：

(1)本案是否适用《合同法》中的情势变更原则？

(2) 法院该如何处理？

任务2 合同的补缺规则

任务情境

2014年5月，王某与张某洽谈柑橘买卖，双方到王某的柑橘园查看了果粒后，达成了柑橘买卖合同。双方约定，张某向王某订购出口质量柑橘4 800公斤，每公斤2.50元；张某提供纸箱、封口纸，王某负责选果、包装、装车并办理特产税、准运证；张某应支付定金1万元。双方还具体约定了果品的规格、质量、交货期限。合同签订后，张某向王某支付定金1万元，王某随后到外地与其他果农联系购买柑橘事宜。合同履行期间，张某要求王某按合同的约定进行选果、包装，但王某要求张某提供纸箱与封口纸，并和他一起到外地提货，双方产生争议。同年12月，张某雇请人员、车辆到王某家果园自行选果，运走柑橘3 900公斤，但未付款。后张某向法院起诉，要求对方承担不提供自产水果的违约责任。被告王某则辩称，原告不提供纸箱、封口纸，并拒绝与他一起到外地提货，自己并不违约。

问题：如何确定双方的权利与义务？

任务分析

本案中，双方当事人在订立合同时，对于标的物(柑橘)的数量、价格、规格、质量都作了明确规定，但是双方并未就柑橘的来源作明确约定。但由于在订立合同前，张某与王某共同到王某所有的柑橘园查看了柑橘果粒，并在查看果粒后双方才订立合同。我们认为在此情况下，应当认定双方签订合同的默认前提是王某提供的柑橘属于自产柑橘(这种情况应当属于交易习惯的一种)，故此，王某应当按照合同约定向张某提供自产柑橘，但是，张某自行到王某果园选取柑橘并拒付款项的行为也属于违约行为。

同时，由于双方在合同中未明确约定履行期限，根据《合同法》第六十二条的规定，履行地点不明确，给付货币的，在接受货币一方所在地履行；交付不动产的，在不动产所在地履行；其他标的，在履行义务一方所在地履行。因此，合同的履行地点应当是王某的所在地，王某无权要求张某赴外地履行合同。王某在合同履行过程中不能在自己所在地交付约定的货物，理应对此承担违约责任。

相关法理

合同履行的内容是通过合同条款反映出来的。当事人通过具体的合同条款来确立相互之间的债权债务关系，为保障合同的正确顺利履行，防止发生争议，使争议的解决有所依据，当事人设计的合同条款应当具体全面，这是对合同条款的基本要求。实践中总是存在大量不具体、不全面、不完备的合同条款，但是又不能一概否认合同的效力，所以常常用补缺的手段来进行救济。

一、合同补缺的含义

合同补缺是对合同空白点的补充，因此补缺又称为合同的补充性解释、合同漏洞的填补，还有人称为条款不明确时合同的履行规则。合同的补缺规则，在条款欠缺时使法院、仲裁机关有所遵循。

二、合同漏洞产生的原因

合同有缺陷或存在空白点，原因是多方面的。其一，追求效率。为追求效率，迅速地达成合同关系，当事人订立合同时，往往只规定他们认为必要的条款，并不追求合同条款的完备；其二，知识的欠缺。合同当事人未必都是法律专家和业务专家，在订立合同时可能会疏漏某些条款。这种疏漏给合同的履行和合同争议的解决留下了隐患。

三、合同补缺与合同的成立

过于含糊的合同，因不能反映当事人的意图，应认定为未成立的合同。因为，过于含糊的合同，没有形成合意。合同的补缺，是对合同一个或几个“空白点”的补充。过于含糊的合同，是难以用合同补缺的方法救济的。对过于含糊的合同进行补充，几乎等于代替当事人订立合同，因此，补缺是不适当的。比如，当事人对合同的标的条款没有规定，则应当毫不犹豫地以合同未成立否认合同的效力，而不能补缺。若当事人的基本权利义务已经确定，形成了合同法律关系，但欠缺某些条款，如欠缺价格条款、履行地点条款等，此时，可以给予救济，使当事人顺利地履行义务。

四、合同补缺与合同解释的联系和区别

合同补缺与合同解释都是对当事人意思表示的推定，但两者有明显区别。

第一，当合同欠缺某些条款，法院或仲裁机关对当事人表示意思的“空白点”进行补充，实际上是代当事人为意思表示，即把这种补充的意思表示视为当事人的意思表示。合同解释，只是对合同自相矛盾的条款或有歧义的条款，以及表示意思的行为、语言等进行解释，以判断当事人的真实意思或依照公平原则确定其应当具有的含义。

第二，合同补缺，是对当事人意思的推定，把这种推定的意思视为当事人的效果意思；而合同解释，则是对表示意思的解释，判断当事人应有的效果意思。

第三，合同补缺，有填补之意，它所针对的是合同的空白，而合同解释则有解释的客体或对象，两者的指向是不同的。

五、合同补缺与合同法原则

诚实信用原则要求合同补缺的结果是公平的，诚实信用是出发点，公平是结果。因为，将推定的意思视为当事人的意思，包含的一种思想是从诚实信用原则出发，双方当事人都意图追求着一种公平的结果，双方准备接受的也是一种公平的结果。

我国《合同法》第六十一条和第六十二条是关于合同补缺的规则。其中，第六十一条是关于依照有关合同条款（已有条款）和交易习惯确定（实际为推定）当事人意图的规定。这是以推定的意图对合同进行填补，是补缺的第一个步骤。

《合同法》第六十二条的规定，当事人就有关合同的内容约定不明确，依照第六十一条的规定仍不能确定的，适用该法第六十二条的规定，也就是直接依据法律的规定补缺。这是补缺的第二个步骤。

应当注意补缺步骤的顺序关系。推定的意图应当优先于直接依据法律规定补缺。因为推定的意图，可视为当事人的意图。换句话说，推定的意图视为当事人的效果意思，推定当事人的意图，着重点在于探究当事人应有的意图。推定的当事人的意思，更接近合同的实际，更接近当事人所追求的合同目标，与合同目的联系得更为密切。而法律补缺性规定从《合同法》的价值观念和一般情况出发，并未结合个案的情况，而推定的当事人的意图则是具

体的。

例1 甲、乙双方订立了买卖1 000万吨水泥的合同,合同规定甲方(卖方)在1年内分4次交货,但对交货的季度、月份和具体日期都没有规定。甲方发货1次以后,水泥的价格上扬,就停止了发货。乙方催告,甲方表示将在最后一个季度内分3次交货,并声称,如乙方拒绝接受,将追究其违约责任。双方发生争议。

解析 结合本案的情况,乙方提出,自己用料是一个连续、渐进的过程,且工地仓库的容量有限,这些情况甲方也都了解。根据诚实信用原则,交货的时间应当确定为在1年中均匀地交货,即应当按季度分4次发货。甲方引用《合同法》第六十二条第(四)项的规定:"履行期限不明确的,债务人可以随时履行,债权人也可以随时要求履行,但应当给对方必要的准备时间。"据此,甲方认为自己可以随时履行,即可以在一个季度内分4次交货。乙方的观点实际上是要按照《合同法》第六十一条的规定进行补缺,根据已有的条款(1年内分4次交货)确认合同应当按季度分4次交货。甲方的观点是依据《合同法》第六十二条,自己有权随时交货。

应当指出,按照《合同法》第六十一条,依据已有的条款,在诚实信用原则指导下是能够推定出当事人意图的。第一个步骤能够完成补缺的任务,即能够推定出当事人的意图。另外,本案适用《合同法》第六十二条第(四)项,有违诚实信用原则——这是检验规则适用是否正确的一个标准。依照推定的意图补缺,是指法院、仲裁机关根据合同的其他条款、交易习惯推定空缺条款应具有的内容。该内容视为合同的内容,即推定的意思为当事人的意思。

练一练

甲与乙订立一份苹果购销合同,双方在价格条款一栏中填写的内容为"随市价",合同履行时双方就价格条款发生争议,且未达成补充协议。依照《合同法》的规定,"随市价"应如何理解?(　　)

A. 合同订立时订立地的市场价格

B. 合同订立时履行地的市场价格

C. 合同履行时订立地的市场价格

D. 合同履行时履行地的市场价格

任务3 涉他合同的处理

任务情境

A公司向某化工厂订购化肥5 000吨,双方约定分批交货,并于2014年12月底前交清。至2014年11月,化工厂向A公司共供应化肥3 000吨。此后由于生产能力不够,化工厂无力再向A公司供应化肥,在得到B公司同意的基础上,化工厂与A公司协商,决定由B公司在2014年12月底之前向A公司提供化肥2 000吨,以此履行化工厂与A公司之间的合同。当合同到期时,B公司没有按时交货。因此,A公司要求化工厂继续履行合同并承担由于违约而造成的经济损失。但化工厂认为A公司已知道并同意由B公司继续履行供应2 000吨化肥的义务,现在合同未得到适当履行是由于B公司违约,与化工厂无关,因此化工厂不应承担任何责任。A公司无奈以化工厂和B公司为被告起诉至法院。

问题:本案中应该由谁来承担违约责任?

任务分析

在我国,企业之间或企业与金融机构之间存在"三角债"的现象十分普遍,常常导致债权人利益得不到保障,严重破坏了合同履行所要遵循的诚实信用原则。为解决这一问题,《合同法》第六十五条规定:"当事人约定由第三人向债权人履行债务的,第三人不履行债务或者履行债务不符合约定,债务人应当向债权人承担违约责任。"该条规定的目的是进一步保护债权人的利益。

由第三人履行债务的合同是指除法律、法规规定或合同约定必须由合同当事人履行债务的情况外,根据合同自治(自愿)和保护债权人利益的原则,在不损害债权人利益和不增加债权人合同履行成本的情况下,可以由第三人代替债务人向债权人履行债务。第三人可以是个人、法人或其他经济组织。

本例中合同的双方当事人为A公司和化工厂,B公司是作为合同的第三人出现的。根据我国《合同法》的规定，化工厂应向A公司承担违约责任，并赔偿因延期履行合同所造成的经济损失。至于第三人B公司违约所应承担的责任，则应按照化工厂与B公司之间的约定，根据法律的规定另案处理。

相关法理

涉及第三人合同，又称为涉他合同，是指当事人约定，向第三人履行债务或者由第三人向债权人履行债务的合同。我国《合同法》第六十四条、第六十五条分别对涉及第三人合同的履行作出了规定。

一、向第三人履行

我国《合同法》第六十四条规定："当事人约定由债务人向第三人履行债务的，债务人未向第三人履行债务或者履行债务不符合约定，应当向债权人承担违约责任。"

向第三人履行的合同，又称利他合同，或者为第三人合同，指双方当事人约定，由债务人向第三人履行债务，第三人直接取得请求权的合同。合同的第三人亦称受益人。向第三人履行的合同在生活中多见。例如，投保人与保险人订立保险合同，可以约定保险人向作为第三人的被保险人、受益人履行，被保险人、受益人享有保险金请求权。

向第三人履行的合同，除应具备债权人与债务人合意等合同成立的一般要件外，还需具备两项特别要件。一是债务由债务人向第三人履行，而不是向债权人履行。二是不但债权人享有请求债务人向第三人履行的权利，第三人亦直接取得请求债务人履行的权利。第三人未取得请求权，则不是真正的向第三人履行的合同，多是合同履行地点为第三人处。例如，汇款人通过邮局向第三人汇款，收款人即直接取得请求邮局交付汇款的权利。向第三人履行的合同并不以第三人表示接受利益为成立要件。

向第三人履行的合同，其结构是基本合同加第三人约款。例如，发货人用火车将货物发送第三人，发货人与铁路局订立的铁路运输合同为基本合同，铁路局将货物运至第三人为第三人约款。铁路局之所以将货物运至第三人，是由于发货人交付了运费，发货人与铁路局形成补偿关系。发货人使铁路局将货物运至第三人，多是因与第三人有对价关系。

债权人与债务人订立向第三人履行的合同，债权人可以事先征得第三人的同意，也可以不告知第三人。

债务人按照合同向第三人履行时，应当通知第三人。第三人受领的，应当作出接受的意思表示。第三人拒绝受领的，债务人应当将不受领的情况通知债权人，并协商解决办法，由此造成的损失由债权人承担。第三人受领迟延的，应当承担迟延受领责任。

债务人不向第三人履行合同的，债权人按照约定有权请求其向第三人履行或者向第三人赔偿损失；第三人也有权请求债务人履行或者赔偿损失。债务人瑕疵履行的，债权人有权请求其向第三人承担瑕疵履行责任，第三人也有权请求债务人承担瑕疵履行责任。

债务人基于对债权人的抗辩，可用以对抗第三人。例如，债务人因债权人原因而产生的同时履行抗辩权、不安抗辩权，可以对抗第三人，不向其履行。

债权人与债务人订立向第三人履行的合同后，在第三人未表示受领前，利益尚未确定，故债权人与债务人可以变更或者解除合同。第三人表示受领后，利益业已确定，不容剥夺，债权人与债务人不得变更第三人的约款或者解除合同。

在向第三人履行中，第三人对债务人虽取得债权人的地位，可以行使一般债权，但由于其不是合同当事人，合同本身的权利，如解除权、撤销权，第三人不得行使。

二、由第三人履行

1. 由第三人履行的概念和特征

由第三人履行的合同，又称第三人代为履行的合同，是指经当事人约定，由第三人代替债务人履行义务，第三人没有因为履行债务而成为当事人的合同。我国《合同法》第六十五条规定："当事人约定由第三人向债权人履行债务的，第三人不履行债务或者履行债务不符合约定，债务人应当向债权人承担违约责任。"此类合同具有以下法律特征：

(1) 由第三人履行的合同，该第三人并没有成为合同的当事人，第三人只是合同的履行主体，合同的当事人仍然是原债权人和债务人。如果第三人没有履行，债务人应向债权人承担责任。

(2) 合同当事人经过协商一致同意由第三人向债权人履行债务，至于第三人是否履行，应由债务人和第三人进行协商，特别是要征得债权人的同意。

(3) 第三人代为履行不能损害债权人的利益。

(4) 合同债务可以由第三人代为履行，但必须由债务人亲自履行的债务不能由第三人代为履行的除外。

2．由第三人履行合同的法律后果

（1）债权人应当接受第三人的履行，由于债务人已经与债权人约定由第三人履行债务，如果债权人不接受第三人的履行，视为债务人已经履行了债务而债权人违约。

（2）第三人违约时，债务人应当向债权人承担违约责任，因此，第三人代为履行中的第三人只是替代债务人履行债务，并不是合同的当事人。

特别注意　由第三人履行与《合同法》第八十四条、第八十五条、第八十六条所规定的债务承担，表面上看都是由第三人代替债务人履行债务，但两者有明显区别：在债务承担的情形下，第三人成为合同的当事人，债务人转移债务时必须经过债权人的同意；在第三人不履行债务或履行债务不符合约定时，债权人可以直接向第三人请求承担违约责任，而不能再向原债务人请求承担民事责任。这些都是债务承担与由第三人履行的主要区别，且不能混同。

练一练

甲、乙双方约定，由丙每月代乙向甲偿还债务500元，期限2年。丙履行5个月后，以自己并不对甲负有债务为由拒绝继续履行。甲遂向法院起诉，要求乙、丙承担违约责任。法院应（　　）。

A．判决乙承担违约责任

B．判决丙承担违约责任

C．判决乙、丙连带承担违约责任

D．判决乙、丙分担违约责任

任务4 提前履行、部分履行及清偿抵充

任务情境

2013年3月,某镇供销社与某市副食品公司签订了一份干辣椒买卖合同,合同约定供销社向副食品公司出售特定质量的干辣椒5 000公斤,每公斤2.4元,货款总计1.2万元。交货日期为2013年9月上旬交付3 000公斤,10月中旬再交付2 000公斤;交货地点为副食品公司仓库。供销社负责运货,副食品公司验收后付款。合同签订后,2013年9月,供销社按期交付干辣椒3 000公斤,副食品公司验收后付款。9月下旬,供销社电告副食品公司,由于集中收购的干辣椒数量较多,库房十分紧张,为保证干辣椒质量起见,恳请副食品公司能够提前接收第二批干辣椒。副食品公司接此电报后,由于主管人员均出差在外,未作答复。供销社未见到副食品公司的回音,考虑到由于自己库房紧张,可能因长期挤压严重影响辣椒和其他货物的质量,遂于9月26日向副食品公司发出了第二批货物即2 000公斤干辣椒。货抵副食品公司后,供销社要求验货付款,副食品公司则认为供销社擅自将货物运来,未经其同意,违反了合同约定的交货时间,同时自身的库房也紧张,于是拒绝接收货物。后经法院调解,副食品公司同意接收货物并支付货款,但其因另租仓库存放干辣椒而产生的费用由供销社承担。

问题:

(1) 副食品公司是否应接收该批货物?

(2) 如接收,因此增加的费用应由谁承担?

任务分析

本案中,供销社与副食品公司签订的干辣椒买卖合同合法有效,根据《合同法》第六十条的规定,双方均应遵照履行。但是,供销社由于库房紧张且考虑到干辣椒的质量,遂提前履行了第二批干辣椒的交货义务。副食品公司拒绝接收货物也是出于正当理由,因为在收货方库房也紧张的情况下,接收对

方的提前履行将使其必须另行寻找库房并导致保管费用的增加。在这种情况下,根据《合同法》第七十一条的规定,债权人可以拒绝债务人提前履行债务,但提前履行不损害债权人利益的除外。债务人提前履行债务给债权人增加的费用,由债务人负担。经过调解,副食品公司同意接受提前履行,而因此另租库房的费用,就应由供销社承担。本案中法院调解达成的协议,合理也合法,符合当事人双方的利益。

相关法理

一、合同的提前履行

《合同法》第七十一条规定:"债权人可以拒绝债务人提前履行债务,但提前履行不损害债权人利益的除外。债务人提前履行债务给债权人增加的费用,由债务人负担。"

按照全面履行原则,债务人应当在合同约定的期限内履行自己的债务,债权人有权对损害其利益的提前履行予以拒绝。但是基于诚实信用原则和公平原则,在债务人希望提前履行,而提前履行又不损害债权人利益的情况下,债权人则不能拒绝,如拒绝受领应承担迟延受领的责任,承受迟延受领期间标的物毁损、灭失的风险。当然,债务人提前履行债务给债权人增加的费用,应由债务人负担。

判断可否提前履行的关键在于提前履行是否会对债权人的利益造成损害。需要注意的是,这里所说的利益应为重大利益,如果提前履行仅仅使债权人增加了有关费用,则不能因此认为损害债权人的利益,因为它只涉及这些费用应由债务人负担的问题,在这种情况下,债权人不能拒绝债务人的提前履行。另外,对于合同中未约定履行期限,事后也未达成补充协议,又不能按照合同有关条款或者交易习惯确定履行期限的,债务人可以随时履行,债权人也可以随时要求履行,只要给对方必要的准备时间即可。在这种情况下,当然不涉及提前履行的问题。

二、合同的部分履行

《合同法》第七十二条规定:"债权人可以拒绝债务人部分履行债务,但部分履行不损害债权人利益的除外。债务人部分履行债务给债权人增加的费用,由债务人负担。"

按照全面履行原则,债务人应当按照合同约定的履行方式履行债务,如果合同中未约定可以部分履行的,债权人有权对损害其利益的部分履行予以拒绝。但是基于诚实信用原则和公平原则,在债务人希望部分履行,而部分履行又不损害债权人利益的情况下,债权人则不能拒绝,如拒绝受领则应承担迟延受领的责任,承受迟延受领期间标的物毁损、灭失的风险。当然,债务人部分履行债务给债权人增加的费用,应由债务人负担。

判断可否部分履行的关键在于部分履行是否会对债权人的利益造成损害。需要注意的是,这里所说的利益应为重大利益,如果部分履行仅仅使债权人增加了有关费用,则不能因此认为损害债权人的利益,因为它只涉及这些费用应由债务人负担的问题,在这种情况下,债权人不能拒绝债务人的部分履行。另外,对于合同中未约定履行方式,事后也未达成补充协议,又不能按照合同有关条款或者交易习惯确定履行方式的,应当按照有利于实现合同目的的方式履行,即如果部分履行不利于实现合同目的,应当一次全部履行。

三、关于合同履行中清偿抵充的问题

《〈合同法〉解释(二)》(部分)

第二十条　债务人的给付不足以清偿其对同一债权人所负的数笔相同种类的全部债务,应当优先抵充已到期的债务;几项债务均到期的,优先抵充对债权人缺乏担保或者担保数额最少的债务;担保数额相同的,优先抵充债务负担较重的债务;负担相同的,按照债务到期的先后顺序抵充;到期时间相同的,按比例抵充。但是,债权人与债务人对清偿的债务或者清偿抵充的顺序有约定的除外。

第二十一条　债务人除主债务之外还应当支付利息和费用,当其给付不足以清偿全部债务时,并且当事人没有约定的,人民法院应当按照下列顺序抵充:(一)实现债权的有关费用;(二)利息;(三)主债务。

(一)清偿抵充的含义及构成要件

清偿抵充是指债务人对同一个债权人负有数笔同种类标的之债务,当债务人所提供的履行不足以清偿全部债务时,由当事人约定、指定或者依照法律的规定,决定以债务人所提交的履行清偿数个债务中的哪些债务的制度。其构成条件如下:

(1) 必须是债务人对同一债权人负担数宗债务。此数宗债务,不论是自始发生在债务人与债权人之间,还是嗣后由他人之处承担而来,也不论此数宗债务是否已届清偿期。

(2)数宗债务的种类相同。

(3)必须是债务人的给付不足以清偿全部债务,但至少足以清偿一宗债务。

(二)清偿抵充的意义与价值

例2　甲欠乙3笔钱:① 第一笔50万元,无担保,现已经产生利息10万元;② 第二笔40万元,无担保,无利息;③ 第三笔30万元,有担保,无利息。现在甲对乙履行了30万元。

问题:甲对乙履行的30万元应抵充哪笔债务?

解析　此例中:① 如果甲清偿的30万元充抵第三笔债务,则对债权人乙不利。因为第一笔和第二笔都没有担保,如果债务人甲还有其他债权人,乙就第一笔和第二笔债就不享有优先受偿权。

② 如果甲清偿的30万元充抵第一笔债务中的本金20万元,利息10万元,则这种方式对债权人乙较为有利,因为第一笔债务中还有30万元的本金可以继续产生利息。

如果甲清偿的30万元充抵第一笔债务中的本金30万元,则对债权人乙较为不利,因为只剩下20万元本金可以继续产生利息,乙所得利息就会较少。

由以上例题可以看出,由于债务人提供的履行不能清偿对债权人的所有债务,而债务因利息及担保的有无、履行期限到来与否之不同,以所提交的履行充抵数个债务中的哪些债务,对于当事人的利害关系而言意义重大,所以《〈合同法〉解释(二)》第二十条、第二十一条规定了清偿抵充制度,以填补《合同法》之漏洞。

(三)清偿抵充的形式

抵充分为约定抵充、指定抵充与法定抵充。《〈合同法〉解释(二)》明确规定了法定抵充,未明确规定约定抵充和指定抵充。

1. 约定抵充

约定抵充,指由债务人与债权人约定,以债务人提供的履行抵充哪些债务,以及按照何种顺序抵充。需要注意的是,约定抵充完全按照当事人的约定发生抵充的效果,约定抵充不受任何限制。

例3　甲欠乙3笔钱:① 第一笔50万元,无担保,现已产生利息10万元;② 第二笔40万元,无担保,无利息;③ 第三笔30万元,有担保,无利息。现在甲对乙履行了30万元。

如果甲、乙就抵充达成了合意，则可以发生以下效果：

(1) 甲、乙可以约定抵充的顺序与数额，不受任何限制。

例如，甲、乙可以约定，这30万元分别抵充3笔债务中的本金10万元。如此抵充的结果是，第一笔剩本金40万元，利息10万元；第二笔剩本金30万元，无利息；第三笔剩本金20万元，无利息。

再如，甲、乙可以约定，这30万元充抵第三笔债务。如此充抵的结果是，第一笔剩本金50万元，利息10万元；第二笔剩本金40万元，无利息；第三笔债务消灭。

如此等等，不一而足。

(2)《〈合同法〉解释（二）》第二十一条对抵充的限制。

《〈合同法〉解释（二）》第二十一条规定："债务人除主债务之外还应当支付利息和费用，当其给付不足以清偿全部债务时，应当按照下列顺序抵充：（一）实现债权的有关费用；（二）利息；（三）主债务。"其含义是：数笔债务不论其是否到期，是否附有担保、负担如何，都应当首先抵充各笔债务的清偿费用，然后抵充各笔债务的利息，最后抵充主债务。

但是，前述顺序只能限制指定抵充与法定抵充，约定抵充不受该顺序的限制。因此，甲、乙可以约定这30万元抵充第一笔债务的本金29.9万元，抵充实现债权的费用0.1万元，利息不抵充。

2. 指定抵充

在没有约定抵充时，债务人享有指定抵充的权利，债务人可以向债权人（或清偿受领人）作出意思表示，指示其所要抵充的债务。

例4 甲欠乙3笔钱：① 第一笔50万元，无担保，现已产生利息10万元；② 第二笔40万元，无担保，已产生利息10万元；③ 第三笔30万元，有担保，无利息。现在甲对乙履行了30万元。

假设，清偿费用为0.5万元，甲、乙没有约定抵充，此时甲可以指定抵充：

① 甲指定抵充时要受到《〈合同法〉解释（二）》第二十一条规定的限制，即这30万元应当首先抵充清偿费用0.5万元，然后抵充第一笔的利息10万元和第二笔的利息10万元（甲的指定不能违反这一顺序）。

② 对于剩下的9.5万元，甲可以随意指定清偿3笔债务本金的顺序及数额。

3. 法定抵充

在没有约定抵充,也没有指定抵充时,适用《〈合同法〉解释(二)》第二十条、第二十一条规定的法定抵充:

(1) 首先抵充各笔债务的清偿费用,然后清偿各笔债务的利息。

(2) 抵充主债务,主债务按照下列顺序抵充:

① 优先抵充已到期的债务;

② 到期的有两笔以上,或者未到期的有两笔以上的,优先抵充缺乏担保或者担保数额最少的债务;

③ 担保数额相同的,优先抵充债务负担较重的债务(利息高的优先于利息低的;违约金数额高的优先于违约金数额低的);

④ 负担相同的,按照债务到期的先后顺序抵充;

⑤ 到期时间相同的,按比例抵充。

例 5 甲欠乙 3 笔债务:本金分别为 50 万元(2013 年 5 月 1 日到期,无担保,已产生利息 15 万元)、40 万元(2013 年 4 月 1 日到期,有担保,已产生利息 10 万元)、30 万元(2013 年 3 月 1 日到期,无担保,无利息),各笔债务的清偿费用均为 1 000 元。2013 年 6 月 1 日甲向乙清偿了 60 万元,但未约定系清偿何笔借款,甲亦未作说明。2013 年 9 月 1 日,甲、乙就已经履行的 60 万元应当如何清偿这 3 笔借款不能达成一致,诉至法院。

解析 此例中,当事人没有约定抵充,债务人也没有指定抵充,应适用法定抵充。

① 首先,抵充债权清偿费用 3 000 元(每笔 1 000 元)。

② 然后,抵充第一笔债务的利息 15 万元和第二笔债务的利息 10 万元。

③ 3 笔债务都已经到期,应当优先抵充缺乏担保的。本金 50 万元和本金 30 万元的债务无担保,应优先抵充。

④ 本金 50 万元和本金 30 万元的债务中,应当优先清偿债务负担较重的。本金 50 万元的附有利息,本金 30 万元的无利息,因此应当优先抵充本金 50 万元的这笔债务的本金。

特别注意 按《担保法》第六十八条规定及其解释,质押合同无另外约定的,质权人收取的质物之孳息,应先抵充收取孳息的费用,再抵充质权所担保的债权。

任务5 合同履行抗辩权的行使

任务情境1

2014年1月，甲、乙两公司签订了一项房屋买卖合同，合同约定甲公司于当年9月1日向乙公司交付房屋100套，并办理登记手续，乙公司则向甲公司分3期付款：第一期支付2 000万元，第二期支付3 000万元，第三期则在2014年9月1日甲公司向乙公司交付房屋时支付5 000万元。在签订合同后，乙公司按期支付了第一期、第二期款项共5 000万元。2014年9月1日，甲公司将房屋的钥匙移交给乙公司，但并未立即办理房产所有权移转登记手续。因此，乙公司表示剩余款项在登记手续办理完毕后再付。在合同约定付款日期（2014年9月1日）7日后，乙公司仍然没有付款，甲公司遂以乙公司违约为由诉至法院，请求乙公司承担违约责任。乙公司则以甲公司未按期办理房产所有权移转登记手续为由抗辩。

问题：乙公司是否应该承担违约责任？为什么？

任务分析

本案中，从表面上看，甲公司违背合同约定，未按期办理房地产所有权移转登记手续，已构成违约；而乙公司也违背了合同约定，在合同约定付款日期7日后，仍然没有付款，构成了履行迟延。但是，在考虑其是否应当承担违约责任时，尚应考虑其是否享有法定的抗辩权。

从本案情况看，乙公司按期向甲公司支付了第一期、第二期款项共5 000万元，并无违约情形，甲公司并无理由行使后履行抗辩权，因此，其未按期办理房产所有权移转登记手续属于违约行为，应当承担相应的违约责任。

但对乙公司而言，其第三期款项的支付与甲公司交付房屋并办理房产所有权移转登记手续是应当同时履行的义务。由于本案中合同标的物是房屋，房屋属于不动产。与动产买卖合同不同，不动产的买卖中出卖人除负有交付标的物的义务之外，还应当完成产权移转登记，才真正履行完给付义务。由于不动产所有权的变动以登记为要件,尽管当事人未办理登记手续并不影响合同本身的效力,但是因为没有办理登记,房屋的所有权不能发生移转,买受人不能因出卖人的交付而获得房产的所有权。因此,办理登记是房屋买卖合同的主给付义务。在本案中,由于甲公司的行为有可能导致乙公司的合同目的不能实现,根据《合同法》第六十六条的规定,其有权拒绝支付剩余款项。

相关法理

一、同时履行抗辩权

(一) 同时履行抗辩权的概念

同时履行抗辩权,是指在没有规定履行顺序的双务合同中,当事人一方在当事人另一方未为对待给付以前,有权拒绝先为给付的权利。

(二) 同时履行抗辩权的构成要件

1. 须有同一双务合同互负债务

同时履行抗辩权的根据在于双务合同功能上的牵连性,因而它适用于双务合同,不适用于单务合同和非真正的双务合同。可主张同时履行抗辩的,系基于同一双务合同而生的对待给付。如果双方当事人的债务不是基于同一双务合同而发生,即使在事实上有密切关系,也不得主张同时履行抗辩权。因此,成立同时履行抗辩权,必须有双方当事人基于同一双务合同互负债务这一要件。

2. 须双方互负的债务均已届清偿期

同时履行抗辩权制度,旨在使双方当事人所负的债务同时履行,所以,同时履行抗辩权只有在双方的债务同时届期时,才能行使。如果一方当事人负有先履行的义务,就不由同时履行抗辩权制度管辖,而让位于不安抗辩权或先履行抗辩权。

3. 须对方未履行债务或未提出履行债务

原告向被告请求履行债务时,须自己已为履行或提出履行,否则被告可行使同时履行抗辩权,拒绝履行自己的债务。不过,原告未履行的债务或未提出履行的债务,与被告所负的债务无对价关系时,被告仍不得主张同时履行抗辩权。原告的履行不适当时,被告可行使同时履行抗辩权,但在原告已为部分履行,依其情形,被告拒绝履行自己的债务违背诚实信用原则时,不得主张同时履行抗辩权。

4. 须对方的对待给付是可能履行的

同时履行抗辩权制度旨在促使双方当事人同时履行其债务。对方当事人的对待给付已不可能时,则同时履行的目的已不可能达到,不发生同时履行抗辩权问题,应由合同解除制度解决。

（三） 同时履行抗辩权的效力

同时履行抗辩权属过期的抗辩权,只是暂时阻止对方当事人请求权的行使,非永久的抗辩权。对方当事人完全履行了合同义务,同时履行抗辩权消灭,当事人应当履行自己的义务。当事人行使同时履行抗辩权致使合同迟延履行的,迟延履行责任由对方当事人承担。

二、先履行抗辩权

1. 先履行抗辩权的概念

先履行抗辩权是指在双务合同中,约定有先后履行顺序的,负有先履行义务的一方当事人未依照合同约定履行债务,后履行债务的一方当事人可以依据对方的不履行行为,拒绝对方当事人请求履行的抗辩权。《合同法》第六十七条规定:"当事人互负债务,有先后履行顺序,先履行一方未履行的,后履行一方有权拒绝其履行要求。先履行一方履行债务不符合约定的,后履行一方有权拒绝其相应的履行要求。"

2. 先履行抗辩权的构成要件

先履行抗辩权的构成要件如下:① 须双方当事人互负债务;② 两个债务须有先后履行顺序;③ 先履行一方不履行或不适当履行。

当事人届期未履行合同义务或履行义务不符合条件,实质已经构成实际违约,先履行抗辩权人就可以针对先履行一方的违约行为进行抗辩,主要包括:

1）对不履行抗辩

合同履行期届至时,一方不履行,可能是因为丧失履行能力。此时合同应予以解除,履行抗辩已经丧失了产生的基础。如果不履行只是违约人拒绝履行,违约人尚有履行能力,另一方可中止履行自己的合同义务,并要求违约人继续履行合同。当事人不履行合同构成根本违约,被违约人产生了单方解除权。如合同继续履行仍能使被违约人得到预期利益,解除合同双方都没有好处,最佳的选择是要求违约人继续履行合同。在违约人继续履行前,被违约人有权中止履行自己承担的义务。

2）对迟延履行抗辩

负有在先履行义务的一方当事人逾期未履行债务时,负有在后履行义务的一方当事人虽履行期已经届至,但有权暂不履行合同,而等待对方履行。依照现行法律的规定,一方逾期未履行合同的,另一方产生解约权。当合同履行对被违约人仍有必要,其仍然可要求对方继续履行。先履行抗辩权的行使,并不导致法定解除权的丧失。在要求对方继续履行无结果或随着时间的推移,合同目的已经丧失时,后履行方当事人的可通知对方解除合同。

负有在先履行义务的一方当事人虽然履行了义务,但超过规定期限时,在后一方履行的当事人的履行期限通常可以要求顺延。要求顺延的主张,是行使先履行抗辩权的表现。当合同履行有先后之别时,在后一方享有期限利益。

例如,甲、乙双方订立建筑安装合同,合同约定,甲方于 2014 年 10 月 1 日前清理好场地,以便乙方施工。甲方迟至 10 月 10 日才清理好场地,乙方要求施工期顺延,这是先履行抗辩权应有之义。甲方清理场地的义务并不是作为交换给付义务,并不妨碍乙方成立先履行抗辩权。

3）对部分履行抗辩

有些合同的债务是可以分割的,如甲方应交付 10 万块砖,其只交付了 9 万块砖,这种情况可称之为部分履行。当在先履行的一方当事人至合同履行期时,只是部分履行合同,在后履行的一方可以成立先履行抗辩权,其行使先履行抗辩权的方式一般并非表现为拒绝受领,而是将自己的相应给付保留。如甲方应交付 10 万块砖却只交付了 9 万块砖,乙方在履行期届至时,应当就 9 万块砖支付价款,依诚实信用原则,乙方不得拒付全部价款。当一方部分履行根本无助于另一方实现合同目的时,另一方可以拒绝受领,在履行期届至时,拒绝履行合同,而要求对方全部履行合同。这种主张也应视为行使先履行抗辩权。

4）对瑕疵履行抗辩

一方瑕疵履行,另一方有权拒绝受领,并拒绝自己的给付。例如,甲、乙双方签订买卖美国牛蛙(种蛙)的合同,甲方交付的牛蛙不是纯种牛蛙,乙方有权拒收,并要求调换。受领后发现有瑕疵的,可以退还,并要求其采取补救措施。在采取补救措施期间,有权拒绝支付价金。轻微的瑕疵并未影响到履行利益时,依照诚实信用原则,不宜拒绝受领、拒绝自己的给付,否则将无交易安全可言。瑕疵履行已经无法补救的,则不属于行使抗辩权的问题,被违约人可以解除合同。

3．先履行抗辩权的效力

先履行抗辩权的成立及行使可使后履行一方一时中止履行自己债务的效力,以对抗先履行一方的履行请求。但这只是暂时阻止对方当事人请求权的行使,并非永久的抗辩权。先履行抗辩权的行使不影响后履行一方主张违约责任。后履行一方行使先履行抗辩权致使合同迟延履行的,迟延履行责任应由对方当事人承担。后履行一方行使先履行抗辩权没有促使对方履行,或者没有促使对方对瑕疵履行采用救济措施的,可以根据《合同法》第九十四条的规定通知对方解除合同。

三、不安抗辩权

(一) 不安抗辩权的概念

不安抗辩权是指当事人互负债务,有先后履行顺序的,先履行的一方有确切证据表明另一方丧失履行债务能力时,在对方没有恢复履行能力或者没有提供担保之前,有权中止合同履行的权利。规定不安抗辩权是为了切实保护当事人的合法权益,防止借合同进行欺诈,促使对方履行义务。

(二) 不安抗辩权的构成条件

(1) 双方当事人因同一双务合同而互负债务。

不安抗辩权为双务合同的效力表现,其成立须双方当事人因同一双务合同而互负债务,并且该两项债务存在对价关系。

(2) 后给付义务人的履行能力明显降低,有不能为对待给付的现实危险。

所谓后给付义务人的履行能力明显降低,有不能为对待给付的现实危险,包括:经营状况严重恶化;转移财产、抽逃资金,以逃避债务;丧失商业信誉;有丧失或者可能丧失履行能力的其他情形。履行能力明显降低,有不能为对待给付的现实危险,须发生在合同成立以后。如果在订立合同时即已经存在,先给付义务人明知此情而仍然缔约,则法律无必要对其进行特别保护;若不知此情,则可以通过合同无效等制度解决。

(3) 有先后的履行顺序,享有不安抗辩权之人为先履行义务的当事人。

(4) 先履行义务人必须有充足的证据证明相对人无能力履行债务。

(5) 先履行一方的债务已经届满清偿期。

(6) 后履行义务人未提供相应担保。

(7)《合同法》第六十八条之规定。

(三) 不安抗辩权的行使

1. 通知义务

不安抗辩权为了兼顾后给付义务人的利益,也便于其能及时提供适当担保,先给付义务人行使不安抗辩权的,应及时通知后给付义务人,该通知的内容包括中止履行的意思表示和指出后给付义务人提供适当担保的合理期限。

先给付义务人及时通知后给付义务人,可使后给付义务人尽量减少损失,及时地恢复履行能力或提供适当的担保以消除不安抗辩权,使先给付义务人履行其义务。

2. 证明义务

行使不安抗辩权的先给付义务人负有证明后给付义务人的履行能力明显降低、有不能为对待给付的现实危险的义务。

规定先给付义务人负上述举证义务,可防止其滥用不安抗辩权,借口后给付义务人丧失或可能丧失履行能力而随意拒绝履行自己的债务。如果先给付义务人没有确切证据而中止履行,应当承担违约责任。

（四） 不安抗辩权的效力

1. 先给付义务人中止履行

依照《合同法》第六十八条的规定,先给付义务人有确切证据证明后给付义务人的履行能力明显降低,有不能为对待给付的现实危险的,有权中止履行。所谓中止履行,就是暂停履行或者延期履行,履行义务仍然存在。在后给付义务人提供适当担保时,应当恢复履行。此处所谓适当担保,既指设定担保的时间适当,又指设定的担保能保障先给付义务人的债权得以实现。至于担保的类型则不限,可以是保证,也可以是抵押、质押等。

2. 先给付义务人解除合同

按《合同法》规定,行使不安抗辩权,先给付义务人中止履行后,后给付义务人在合理期限内未恢复履行能力并且未提供适当担保的,先给付义务人可以解除合同。解除的方式,由先给付义务人通知后给付义务人,通知到达时发生合同解除效力;但后给付义务人有异议时,可以请求人民法院或与仲裁机构确认合同解除效力。

特别提醒

后给付义务人的行为若构成违约时,应负违约责任。

若根据后履行方在合理期限内是否提供担保或恢复履行能力,可将不安抗辩权的效力划分为两个层次。

1. 第一层次效力

(1) 先履行方可中止履行合同,但应通知对方,并给对方一个合理期限,使其恢复履行能力或提供适当的担保。此时,中止履行既是行使权利的行为,又是合法的行为,先履行方于履行期满不履行债务或迟延履行,并不构成违约。中止履行乃暂停履行或延期履行之含义，因此它不同于解除合同，其目的不在于使既有合同关系消灭，而是维持合同关系。如果先履行方解除合同，则其行为构成违约，后履行方可要求其承担违约责任。先履行方中止履行，应当通知后履行方，口头或书面通知形式均可。借鉴英美法系预期违约制度的有关规定，该合理期限的确定应根据个案具体情况而定，但以不超过30天为宜。

（2）在合理期限内，后履行方未提供担保且未恢复履行能力而要求对方履行的，先履行方可以拒绝。

（3）在合理期限内，后履行方提供担保或恢复履行，先履行方应当继续履行合同。后履行方提供担保或恢复履行能力后，先履行方不获对待给付的危险消失，因此应当恢复履行合同。此时，充分体现了不安抗辩权的一时抗辩权的性质。

2. 第二层次的效力

如果合理期限届满，后履行方未提供适当担保且未恢复履行能力，则发生第二层次效力，即先履行方可以解除合同并要求赔偿。《合同法》明确赋予先履行方以解约权，从而使得该制度能够为先履行方提供更加充分的法律保护依据。

练一练

2014年8月20日，甲公司和乙公司订立承揽合同一份。合同约定：甲公司按乙公司要求，为乙公司加工300套桌椅，交货时间为2014年10月1日。乙公司应在合同成立之日起10日内支付加工费10万元人民币。合同成立后，甲公司积极组织加工。但乙公司没有按约定期限支付加工费。同年9月2日，当地消防部门认为甲公司生产车间存在严重的安全隐患，要求其停工整顿。甲公司因此将无法按合同约定期限交货。乙公司在得知这一情形后，遂于同年9月10日向人民法院提起诉讼，要求甲公司承担违约责任。甲公司辩称，合同尚未到履行期限，其行为不构成违约。即使其在合同履行期限届满时不能交货，也不是甲公司的责任，而是因为消防部门要求其停工，并且乙公司至今未能按合同约定支付加工费，其行为已构成违约，因此提起反诉，要求乙公司承担违约责任。

问题：

（1）乙公司是否有权拒绝支付加工费？

（2）乙公司应如何正确行使抗辩权？

任务6　合同的保全

任务情境1

2014 年 7 月，乙公司向甲公司购买了一批电脑，采取的是先提货后付款的方式，总价款为 30 万元，合同约定的付款终止日期为 2014 年 10 月 30 日。乙公司在合同约定的付款日期到来之际向甲公司支付了货款 10 万元，但一直未支付余下的 20 万元货款。甲公司向乙公司追讨期间，发现乙公司已严重亏损，濒临破产。后来，甲公司发现乙公司对丙公司有一笔到期的 12 万元的债权，甲公司要求乙公司催讨债权向自己清偿，但乙公司对此采取漠不关心的态度，既不向丙公司收款，也不向甲公司还款。甲公司找乙公司收款不能，要求丙公司直接将其所欠乙公司的 12 万元交给自己，遭丙公司拒绝。甲公司无奈，于 2015 年 3 月诉诸法院，请求法院判令丙公司归还乙公司的货款，并执行给甲公司。丙公司辩称：我公司欠乙公司货款 12 万元属实，但原告无权过问。

问题：

（1）甲公司是否有权要求丙公司支付贷款？

（2）甲公司应如何维护自己的权利？

任务分析

本案中，甲、乙、丙 3 个公司之间形成了连环债务。乙公司已濒临破产，现有财产不足以清偿甲公司的债务，但乙公司却不行使其对丙公司的到期债权，从而使甲公司的 20 万元债权有不能实现的危险。根据《合同法》第七十三条的规定以及《〈合同法〉解释（一）》第十一条、第十二条、第十三条对《合同法》第七十三条的解释，甲公司有权向丙公司主张代位权，丙公司以甲公司无权过问为由拒绝偿还乙公司的货款没有理由。

根据《〈合同法〉解释（一）》第二十条的规定，丙公司应当将其对乙公司的债务 12 万元直接支付给甲公司，在支付之后，丙公司欠乙公司的 12 万元债务及乙公司欠甲公司的 12 万元债务均即消灭。根据《〈合同法〉解释（一）》第二十二条的规定,乙公司另欠甲公司的其余8万元债务应当另行解决。

相关法理

《〈合同法〉解释(一)》(部分)

第十一条　债权人依照《合同法》第七十三条的规定提起代位权诉讼,应当符合下列条件:

(一)债权人对债务人的债权合法;

(二)债务人怠于行使其到期债权,对债权人造成损害;

(三)债务人的债权已到期;

(四)债务人的债权不是专属于债务人自身的债权。

第十二条　《合同法》第七十三条第一款规定的专属于债务人自身的债权,是指基于扶养关系、抚养关系、赡养关系、继承关系产生的给付请求权和劳动报酬、退休金、养老金、抚恤金、安置费、人寿保险、人身伤害赔偿请求权等权利。

第十三条　《合同法》第七十三条规定的"债务人怠于行使其到期债权,对债权人造成损害的",是指债务人不履行其对债权人的到期债务,又不以诉讼方式或者仲裁方式向其债务人主张其享有的具有金钱给付内容的到期债权,致使债权人的到期债权未能实现。

次债务人(即债务人的债务人)不认为债务人有怠于行使其到期债权情况的,应当承担举证责任。

一、代位权制度

(一)代位权的概念

代位权,又称债权人代位权,是指因债务人怠于行使其对第三人享有的到期债权,对债权人造成损害的,债权人可以向人民法院请求以自己的名义行使债务人债权的权利。

代位权制度突破了债的相对性原理,属于对债的关系以外的第三人事务的干涉,因此,代位权的行使要件必须严格限定。

(二)代位权的构成要件

1. 债权人对债务人的债权合法有效,且已届清偿期

(1)债权人对债务人的债权必须合法有效。理解时应注意:①债权人的债权已过诉讼时效期间的,不能行使代位权。② 非法的债权(如赌债)不能行使代位权。③ 不合法债权可能转化为合法债权。例如,企业之间非法拆借资金的合同为无效合同,如果拆借资金已经交付,返还本金的不当得利之债仍属合法的债权,符合条件的,债权人可以行使代位权。④ 可撤销的合同在被撤销前,属于有效的合同,债权人可以行使代位权。

(2) 债权人对债务人的债权必须已届清偿期。

这是代位权与撤销权的重大区别。由于代位权针对的是债务人"怠于"行使其对次债务人债权的行为,在此情形下,债务人的责任财产并未积极减少,因此,只有债权人对债务人的债权已经到期,债务人怠于行使自己对第三人的债权的,才有可能损害债权人的债权。与此不同,撤销权针对的是债务人"放弃到期债权、赠与财产"等积极减少其责任财产的行为,因此无需债权人对债务人的债权已经到期,只要符合其他构成要件,债权人即可行使撤销权。

2. 债务人怠于行使其对次债务人的到期债权

其含义是:① 债务人对次债务人的债权合法有效,且已届清偿期。② 债务人"怠于"行使其对次债务人的到期债权。所谓"怠于行使其到期债权",指债务人有能力行使其到期债权,却在债权到期后的合理期限内,无正当理由,不以"提起诉讼"或者"申请仲裁"等方式向次债务人主张到期债权。因此,债务人以诉讼外方式向次债务人主张权利的,仍然属于"怠于行使其到期债权",债权人可以行使代位权。

3. 债务人怠于行使债权的行为已经对债权人造成损害

其含义是:① 债务人已经构成履行迟延。② 因债务人怠于行使其对次债务人的到期债权,使其不具有足够的资产清偿对债权人的债权。

4. 债务人怠于行使的债权不是"专属于"债务人自身的债权

根据《〈合同法〉解释(一)》第十二条规定,下列债务属于"专属于"债务人自身的债权:① 基于人身伤害产生的损害赔偿请求权。② 基于身份关系产生的债权,如基于扶养关系、抚养关系、赡养关系、继承关系产生的给付请求权。③ 基于劳动关系产生的债权,如劳动报酬、退休金、养老金、抚恤金、安置费等债权。④ 人寿保险合同的保险金请求权。

（三） 代位权的行使

《〈合同法〉解释(一)》(部分)

第十四条 债权人依照合同法第七十三条的规定提起代位权诉讼的,由被告住所地人民法院管辖。

第十六条 债权人以次债务人为被告向人民法院提起代位权诉讼,未将债务人列为第三人的,人民法院可以追加债务人为第三人。

两个或者两个以上债权人以同一次债务人为被告提起代位权诉讼的,人民法院可以合并审理。

第十八条 在代位权诉讼中,次债务人对债务人的抗辩,可以向债权人主张。

债务人在代位权诉讼中对债权人的债权提出异议,经审查异议成立的,人民法院应当裁定驳回债权人的起诉。

第二十一条 在代位权诉讼中,债权人行使代位权的请求数额超过债务人所负债务额或者超过次债务人对债务人所负债务额的,对超出部分人民法院不予支持。

1. 代位权的行使方式

代位权只能由债权人“以自己的名义”向人民法院提起代位诉讼的方式行使。① 管辖法院为被告住所地人民法院。② 诉讼当事人的结构为:a. 原告:债权人;b. 被告:次债务人;c. 无独立请求权的第三人:债务人(注意:法院“可以”追加而不是“应当”追加债务人为第三人)。

2. 代位权的行使范围

债权人行使代位权的债权数额应与其对债务人债权数额“大致相等”,也不得超过债务人对次债务人的债权数额。

3. 次债务人的抗辩权

次债务人享有3种抗辩权:① 代位权欠缺成立要件的抗辩;② 次债务人对债务人的抗辩;③ 债务人对债权人的抗辩。经审查抗辩成立的,人民法院应当驳回债权人的起诉。

（四）代位权行使的法律效果

> 《〈合同法〉解释（一）》（部分）
>
> 第十九条　在代位权诉讼中，债权人胜诉的，诉讼费由次债务人负担，从实现的债权中优先支付。
>
> 第二十条　债权人向次债务人提起的代位权诉讼经人民法院审理后认定代位权成立的，由次债务人向债权人履行清偿义务，债权人与债务人、债务人与次债务人之间相应的债权债务关系即予消灭。

1. 对债权人的效果

（1）行使代位权的债权人获得胜诉判决，没有其他债权人行使代位权或者获得执行根据的，由次债务人向行使代位权的债权人清偿。

（2）如果还有其他债权人行使代位权并获得胜诉判决，或者取得其他执行根据的，应当将次债务人清偿的数额按照债权比例在数个债权人之间分配。

2. 对债务人和次债务人的效果

（1）次债务人向债权人履行清偿义务的，债权人与债务人、债务人与次债务人之间相应的债权债务关系归于消灭。

（2）扣除债务人对债权人债权数额及费用以后的剩余部分，依然归属于债务人。

3. 诉讼费用的承担

债权人胜诉，如果债务人被追加为第三人的，应当直接确定由债务人承担诉讼费用；如果债务人未被追加为第三人的，诉讼费用由次债务人承担，次债务人承担后，有权向债务人追偿。可见，在“代位诉讼”中，债务人为诉讼费用的最终承担者。与此不同的是，在行使“撤销权”的诉讼中，债务人和次债务人都可能成为诉讼费用的最终承担者。

二、撤销权制度

（一）撤销权的概念

撤销权指债权人在债务人放弃对第三人的债权、无偿或以明显低价处分其财产而有害于债权人的债权时，可以申请法院撤销债务人行为的权利。

撤销权与代位权均为债的保全措施，其具有以下特点：

（1）撤销权为实体法上的权利，但撤销权与一般实体法上的权利不同，撤销权不能直接向债务人或第三人行使，而只能通过向法院提起诉讼的方式行使。

(2) 撤销权为形成权,其行使的目的在于撤销债务人作出的对债权人不利的行为,以恢复债务人的财产状况。

(3) 撤销权为附属于债权的从权利,其不得与债权相分离,债权让与时,撤销权与债权一起转移。

(二) 撤销权的行使应具备的条件

撤销权的行使应具备主观和客观两方面的条件。

从客观方面看,撤销权的行使应该具备以下条件:

(1) 债务人有使自己的财产减少或负担增加的行为,包括放弃到期债权、无偿转让财产、以明显不合理的低价转让财产等。

《〈合同法〉解释(二)》第十八条规定:"债务人放弃其未到期的债权或者放弃债权担保,或者恶意延长到期债权的履行期,对债权人造成损害,债权人依照《合同法》第七十四条的规定提起撤销权诉讼的,人民法院应当支持。"

① 放弃到期债权,指债务人的债权已经到期,却放弃该债权的行为。对于债务人对其债权未到期时的免除,债权人也可以行使撤销权。

② 无偿转让财产,主要是指债务人将其财产赠与他人的行为。此时,债权人行使撤销权时应当举证债务人的赠与行为具有主观恶意性。

③ 以明显不合理的低价转让财产。《〈合同法〉解释(二)》第十九条规定:"转让价格达不到交易时交易地的指导价或者市场交易价 70% 的,一般可以视为明显不合理的低价;对转让价格高于当地指导价或者市场交易价 30% 的,一般可以视为明显不合理的高价。"从财产转让的价格可以直接判断出债务人的转让行为是否存在恶意。

(2) 债务人的行为发生在债权成立之后,并已经发生法律效力。如果在债权成立之前发生上述行为,此时债权尚不存在,不能认为该行为对债权造成损害。若明知债务人为上述处分行为后债权人仍与债务人发生法律关系,则表明债权人愿意承担债权不能实现的风险,自不得请求撤销债务人发生在先的行为。同时,债务人的行为须已经发生法律效力,如果债务人的行为未发生法律效力,或者根本不会发生法律效力(如属于无效民事行为),债务人的财产所有权并未发生转移,则债权人无须通过行使撤销权保全自己的债权,而可以请求法院宣告债务人的行为为无效民事行为。所以,债权人只能撤销债务人与第三人间的有效行为。

(3) 债务人的行为危害债权。债务人的行为危害债权,是指债务人的行为会导致其作为债权担保的责任财产减少,使债权人的债权有不能实现的危险。

从当事人的主观因素来看,撤销权的行使应当具备下列条件:

(1) 如果债务人所实施的行为为无偿行为,即《合同法》第七十四条规定的放弃到期债权和无偿转让财产,不管债务人或受益人是否有恶意,债权人均可以申请撤销。

(2) 如果债务人的行为为有偿行为,则需要受让人具有恶意。受让人恶意,是指受让人从债务人处获得利益时,已明知债务人的行为损害债权人的债权,而不考虑受让人是否具有侵害债权人的主观恶意。《合同法》第七十四条规定:"债务人以明显不合理的低价转让财产,对债权人造成损害,并且受让人知道该情形的,债权人也可以请求人民法院撤销债务人的行为。"这里的"受让人知道该情形",既包括受让人知道债务人转让的财产价格明显低于一般的市场价格,同时还包括受让人知道债务人的行为会对债权人的债权造成损害。如果受让人仅知道该财产转让的价格明显低于市场价格,而不知该出让人(即债务人)的行为会对债权人造成损害,不能认定受让人有恶意,债权人不得行使撤销权。

练一练

甲欠乙20万元,到期无力偿还,其父病故后遗有价值15万元的住房1套,甲为唯一继承人。乙得知后与甲联系,希望以房抵债。甲便对好友丙说:"反正这房子我继承了也要拿去抵债,不如送给你算了。"二人遂订立赠与协议。下列哪些说法是错误的?( )

A. 乙对甲的行为可行使债权人撤销权

B. 乙可主张赠与协议无效

C. 乙可代位行使甲的继承权

D. 丙无权对因受赠房屋瑕疵造成的损失请求甲赔偿

(三) 撤销权的行使

《〈合同法〉解释(一)》(部分)

第二十三条 债权人依照《合同法》第七十四条的规定提起撤销权诉讼的,由被告住所地人民法院管辖。

第二十四条 债权人依照《合同法》第七十四条的规定提起撤销权诉讼时只以债务人为被告,未将受益人或者受让人列为第三人的,人民法院可以追加该受益人或者受让人为第三人。

1. 撤销权的行使方式

撤销权只能由债权人"以自己的名义"向人民法院提起撤销之诉的方式行使。

① 管辖法院为被告住所地人民法院。

② 诉讼当事人的结构为:a. 原告:债权人;b. 被告:债务人;c. 无独立请求权的第三人:受益人或受让人(注意:法院"可以"追加而不是"应当"追加受益人或者受让人为无独立请求权的第三人)。

2. 撤销权的行使范围

根据《合同法》第七十四条的规定:撤销权的行使范围以债权人的债权数额为限,在理解上与代位权的行使范围相同。

3. 撤销权行使的除斥期间

《合同法》第七十五条规定,撤销权的除斥期间为1年,自债权人知道或者应当知道撤销事由之日起开始计算。但是,自债务人的行为发生之日起满5年,债权人没有行使撤销权的,撤销权消灭。

特别注意 这个5年是除斥期间,不是诉讼时效,故不适用中止、中断或延长的情形。

(四) 撤销权行使的法律效果

《〈合同法〉解释(一)》(部分)

第二十五条 债权人依照《合同法》第七十四条的规定提起撤销权诉讼,请求人民法院撤销债务人放弃债权或转让财产的行为,人民法院应当就债权人主张的部分进行审理,依法撤销的,该行为自始无效。

两个或者两个以上债权人以同一债务人为被告,就同一标的提起撤销权诉讼的,人民法院可以合并审理。

第二十六条 债权人行使撤销权所支付的律师代理费、差旅费等必要费用,由债务人负担;第三人有过错的,应当适当分担。

(1) 自人民法院依法撤销债务人的处分行为之日起,债务人的行为自始无效。

(2) 第三人(受益人或者受让人)占有债务人处分的财产的,构成不当得利。如果债权人的债权已到期,债权人有权请求第三人向自己清偿。如果有两个以上的债权人取得执行根据,按照债权比例分配。债权人的债权尚未到期,可以由法院代为保管。

(3)诉讼费用的承担。

《合同法》第七十四条、《〈合同法〉解释(一)》第二十六条规定,债权人行使撤销权所支出的诉讼费用、律师代理费、差旅费等必要费用,由债务人负担;第三人有过错的,应当适当分担。在这里,第三人具有过错的,债务人和第三人均应承担相应的诉讼费用,都是最终的承担者,第三人不得向债务人追偿。这与代位权诉讼的诉讼费用最终由债务人承担并不相同。值得注意的是,一定要区分合同撤销权(即可撤销合同的撤销权)和债权人的撤销权。

练一练

1. 甲公司欠乙公司30万元债务,一直无力偿付,现丙公司欠甲公司20万元,已到期,但甲公司明示放弃对丙的债权。对甲公司的这一行为,乙公司可以采取以下哪些措施?(　　)

A. 行使代位权,要求丙偿还20万元

B. 请求人民法院撤销甲放弃债权的行为

C. 乙行使权利的必要费用可向甲方主张

D. 乙应在知道或应当知道甲放弃债权2年内行使权利

2. 杜某拖欠谢某100万元。谢某请求杜某以登记在其名下的房屋抵债时,杜某称其已把房屋作价90万元卖给赖某,房屋钥匙已交,但产权尚未过户。该房屋市值为120万元。

关于谢某权利的保护,下列哪些表述是错误的?(　　)

A. 谢某可请求法院撤销杜某、赖某的买卖合同

B. 因房屋尚未过户,杜某、赖某买卖合同无效

C. 如谢某能举证杜某、赖某构成恶意串通,则杜某、赖某买卖合同无效

D. 因房屋尚未过户,房屋仍属杜某所有,谢某有权直接取得房屋的所有权以实现其债权

巩固提升

一、单项选择题

1. 甲装修公司欠乙建材商场货款5万元，乙商场需付甲公司装修费2万元。现甲公司欠款已到期，乙商场欠费已过诉讼时效，甲公司欲以装修费充抵货款。下列说法正确的是(　　)。

A. 甲公司有权主张抵销

B. 甲公司主张抵销，须经乙商场同意

C. 双方债务性质不同，不得抵销

D. 乙商场债务已过诉讼时效，不得抵销

2. 甲、乙订立一份价款为10万元的图书买卖合同，约定甲先支付书款，乙2个月后交付图书。甲由于资金周转困难只交付5万元，答应余款尽快支付，但乙不同意。2个月后甲要求乙交付图书，遭乙拒绝。对此，下列表述正确的是(　　)。

A. 乙对甲享有同时履行抗辩权

B. 乙对甲享有不安抗辩权

C. 乙有权拒绝交付全部图书

D. 乙有权拒绝交付与5万元书款价值相当的部分图书

3. 甲在乙经营的酒店进餐时饮酒过度，离去时拒付餐费，乙不知甲的身份和去向。甲酒醒后回酒店欲取回遗忘的外衣，乙以甲未付餐费为由拒绝交还。乙的行为(　　)。

A. 是行使同时履行抗辩权　　B. 是行使不安抗辩权

C. 是自助行为　　D. 是侵权行为

二、多项选择题

1. A市甲厂与B市乙厂签订了一份买卖合同，约定由甲厂供应乙厂钢材10吨，乙厂支付货款3万元。但合同对付款地点和交货地点未约定，双方为此发生纠纷，付款地点和交货地点应为(　　)。

A. 付款地点为A市　　B. 交货地点为A市

C. 付款地点在B市　　D. 交货地点在B市

2. 合同规定甲公司应当在2014年8月30日向乙公司交付一批货物。

同年，8月中旬，甲公司把货物运送到乙公司。此时乙公司有权(　　)。

A. 拒绝接收货物

B. 不接收货物并要求对方承担违约责任

C. 接收货物并要求对方承担违约责任

D. 接收货物并要求对方支付增加的费用

3. 甲欠乙5 000元，乙多次催促，甲拖延不还。后乙告诉甲必须在半个月内还钱，否则起诉。甲立即将家中仅有的值钱物品九成新电冰箱和彩电各1台以150元价格卖给知情的丙，被乙发现。下列说法正确的有(　　)。

A. 乙可书面通知甲、丙，撤销该买卖合同

B. 如乙发现之日为2014年5月1日，则自2014年5月2日起，乙不再享有撤销权

C. 如乙向法院起诉，应以甲为被告，法院可以追加丙为第三人

D. 如乙的撤销权成立，则乙为此支付的律师代理费、差旅费应由甲、丙承担

4. 甲于2月3日向乙借用一台彩电，乙于2月6日向甲借用了一部手机。到期后，甲未向乙归还彩电，乙因此也拒绝向甲归还手机。关于乙的行为，下列说法错误的有(　　)。

A. 是行使同时履行抗辩权　　B. 是行使不安抗辩权

C. 是行使留置权　　D. 是行使抵销权

5. 2014年甲公司与乙公司签订服装加工合同，约定乙公司支付预付款1万元，甲公司加工服装1 000套，于同年3月10日交货，乙公司3月15日支付余款9万元。3月10日，甲公司仅加工服装900套，乙公司此时因濒临破产致函甲公司表示无力履行合同。下列说法正确的有(　　)。

A. 因乙公司已支付预付款，甲公司无权中止履行合同

B. 乙公司有权以甲公司仅交付900套服装为由，拒绝支付任何货款

C. 甲公司有权以乙公司已不可能履行合同为由，请求乙公司承担违约责任

D. 因乙公司丧失履行能力，甲公司可行使不安抗辩权

6. 李某(女)与林某(男)离婚后，双方所生的孩子判给了李某。李某将孩子由姓林改为姓李，林某一气之下停止支付原定每半年给的3 000元抚养费。李某代理孩子诉请法院打赢官司时才发现林某早有准备，已将名下的房屋过户送给了他弟弟，现既无职业又无收入，无财产可供执行。林某将房屋赠与其弟的行为是否有效？(　　)

A. 是有效的民事法律行为

B. 是无效的民事行为

C. 是可撤销的民事行为

D. 经李某代理孩子行使撤销权后,林某的赠与行为才无效

7. 某热电厂从某煤矿购煤200吨,约定交货期限为2014年9月30日,付款期限为2014年10月31日。2014年9月底,煤矿交付200吨煤,热电厂经检验发现煤的含硫量远远超过约定标准,根据政府规定不能在该厂区燃烧。基于上述情况,热电厂的哪些主张有法律依据?(　　)

A. 行使顺序履行抗辩权　　B. 要求煤矿承担违约责任

C. 行使不安抗辩权　　D. 解除合同

三、案例分析

1. 某村配电室(供电方,以下简称甲方)与该村粮食加工专业户杨某(用电方,以下简称乙方)签订了供用电合同。合同生效后,甲方按照国家规定的供电标准和合同的约定,保证了供电的安全性和连续性。但乙方没按时交纳电费,甲方诉至法院,要求乙方交纳电费。在诉讼期间,电费上涨,法院遂判决乙方按新的电费价格交纳电费,并承担逾期交付的违约责任。试分析:

(1) 法院上述判决的法律依据是什么?

(2) 请根据供用电合同的概念及性质论证法院判决的依据。

2. 甲公司与乙公司签订一份买卖木材合同,合同约定买方甲公司应在合同生效后15日内向卖方乙公司支付40%的预付款,乙公司收到预付款后3日内发货至甲公司,甲公司收到货物验收后即结清余款。随后,乙公司收到甲公司40%预付款后的2日即发货至甲公司。甲公司收到货物后经验收发现木材质量不符合合同约定,遂及时通知乙公司并拒绝支付余款。试分析:

(1) 甲公司拒绝支付余款是否合法?

(2) 甲公司的行为若合法,法律依据是什么?

(3) 甲公司行使的是什么权利?若行使该权利必须具备什么条件?

四、实训

情景设计

甲公司为开发新项目,急需资金。2014年3月12日,向乙公司借款15万元。双方谈妥,乙公司借给甲公司15万元,期限6个月,月息为银行贷款利息

的1.5倍，至同年9月12日本息一起付清，甲公司为乙公司出具了借据。甲公司因新项目开发不顺利，未盈利，到了9月12日无法偿还欠乙公司的借款。某日，乙公司向甲公司催促还款无果，但得到一个信息，某单位曾向甲公司借款20万元，现已到还款期，某单位正准备还款，但甲公司让某单位不用还款。于是，乙公司向法院起诉，请求甲公司以某单位的还款来偿还债务，甲公司辩称该债权已放弃，无法清偿债务。

任务1：甲公司的行为是否构成违约？为什么？

任务2：乙公司是否可针对甲公司的行为行使撤销权？为什么？

任务3：乙公司是否可以行使代位权？说明理由。

训练方法

学生自由组合，4~8人为一组，先在组内开展讨论，再与其他小组进行交流，然后由小组派代表发言，最后由授课教师点评。

步骤1：各小组将本组意见写成书面材料；

步骤2：每一小组推选1~2名代表发言，并可与其他小组展开辩论。

考核标准

1. 能正确辨析合同履行中的违约行为。
2. 能正确认定合同履行中的保全问题。

项目五

合同的变更、转让和终止

项目认知

合同关系是动态的法律关系,合同的变更、转让和终止,其实质是合同法律关系的一种动态变化。依法成立的合同受法律保护,对当事人具有法律约束力。当事人应当按照合同约定履行自己的义务,不得擅自变更或者解除合同。如果在合同订立之后,因为各种原因使得合同内容或者合同主体发生了变更,则为合同的变更与转让。如果当事人基于履行、提存、抵销等原因使得合同消灭,即为合同的终止。

内容结构图

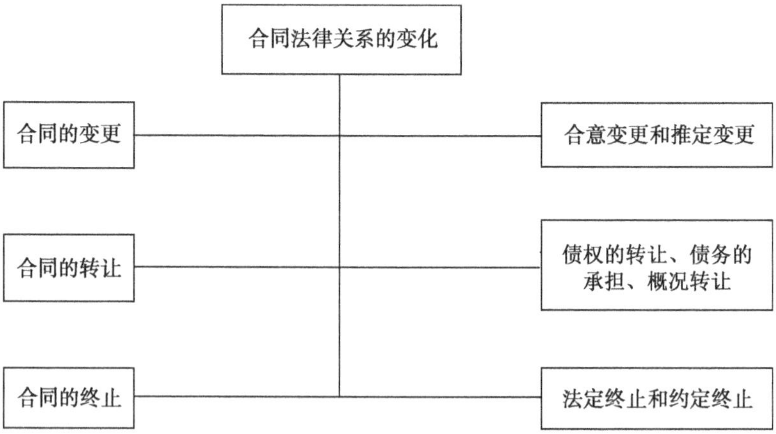

学习目标

1．知识目标

（1）了解合同变更和转让的概念和特征、原因和种类；

（2）掌握合同变更和转让的条件和法律效力；

（3）掌握合同权利与义务的终止条件和类型及合同权利与义务终止的法律效力。

2．能力目标

（1）能够辨别和判断合同是否发生了变更和转让；

（2）能够解决合同发生变更和转让后的法律问题；

（3）能够判断合同权利与义务的终止条件和类型。

相关法律条文

《中华人民共和国合同法》(第五章、第六章)

第七十七条　当事人协商一致,可以变更合同。

法律、行政法规规定变更合同应当办理批准、登记等手续的,依照其规定。

第七十八条　当事人对合同变更的内容约定不明确的,推定为未变更。

第七十九条　债权人可以将合同的权利全部或者部分转让给第三人,但有下列情形之一的除外:

(一) 根据合同性质不得转让;

(二) 按照当事人约定不得转让;

(三) 依照法律规定不得转让。

第八十条　债权人转让权利的,应当通知债务人。未经通知,该转让对债务人不发生效力。

债权人转让权利的通知不得撤销,但经受让人同意的除外。

第八十一条　债权人转让权利的,受让人取得与债权有关的从权利,但该从权利专属于债权人自身的除外。

第八十二条　债务人接到债权转让通知后,债务人对让与人的抗辩,可以向受让人主张。

第八十三条　债务人接到债权转让通知时,债务人对让与人享有债权,并且债务人的债权先于转让的债权到期或者同时到期的,债务人可以向受让人主张抵销。

第八十四条 债务人将合同的义务全部或者部分转移给第三人的,应当经债权人同意。

第八十五条 债务人转移义务的,新债务人可以主张原债务人对债权人的抗辩。

第八十六条 债务人转移义务的,新债务人应当承担与主债务有关的从债务,但该从债务专属于原债务人自身的除外。

第八十七条 法律、行政法规规定转让权利或者转移义务应当办理批准、登记等手续的,依照其规定。

第八十八条 当事人一方经对方同意,可以将自己在合同中的权利和义务一并转让给第三人。

第八十九条 权利和义务一并转让的,适用本法第七十九条、第八十一条至第八十三条、第八十五条至第八十七条的规定。

第九十条 当事人订立合同后合并的,由合并后的法人或者其他组织行使合同权利,履行合同义务。当事人订立合同后分立的,除债权人和债务人另有约定的以外,由分立的法人或者其他组织对合同的权利和义务享有连带债权,承担连带债务。

第九十一条 有下列情形之一的,合同的权利义务终止:

(一)债务已经按照约定履行;

(二)合同解除;

(三)债务相互抵销;

(四)债务人依法将标的物提存;

(五)债权人免除债务;

(六)债权债务同归于一人;

(七)法律规定或者当事人约定终止的其他情形。

第九十二条 合同的权利义务终止后,当事人应当遵循诚实信用原则,根据交易习惯履行通知、协助、保密等义务。

第九十三条 当事人协商一致,可以解除合同。

当事人可以约定一方解除合同的条件。解除合同的条件成就时,解除权人可以解除合同。

第九十四条 有下列情形之一的,当事人可以解除合同:

(一)因不可抗力致使不能实现合同目的;

（二）在履行期限届满之前，当事人一方明确表示或者以自己的行为表明不履行主要债务；

（三）当事人一方迟延履行主要债务，经催告后在合理期限内仍未履行；

（四）当事人一方迟延履行债务或者有其他违约行为致使不能实现合同目的；

（五）法律规定的其他情形。

第九十五条　法律规定或者当事人约定解除权行使期限，期限届满当事人不行使的，该权利消灭。

法律没有规定或者当事人没有约定解除权行使期限，经对方催告后在合理期限内不行使的，该权利消灭。

第九十六条　当事人一方依照本法第九十三条第二款、第九十四条的规定主张解除合同的，应当通知对方。合同自通知到达对方时解除。对方有异议的，可以请求人民法院或者仲裁机构确认解除合同的效力。

法律、行政法规规定解除合同应当办理批准、登记等手续的，依照其规定。

第九十七条　合同解除后，尚未履行的，终止履行；已经履行的，根据履行情况和合同性质，当事人可以要求恢复原状、采取其他补救措施，并有权要求赔偿损失。

第九十八条　合同的权利义务终止，不影响合同中结算和清理条款的效力。

第九十九条　当事人互负到期债务，该债务的标的物种类、品质相同的，任何一方可以将自己的债务与对方的债务抵销，但依照法律规定或者按照合同性质不得抵销的除外。

当事人主张抵销的，应当通知对方。通知自到达对方时生效。抵销不得附条件或者附期限。

第一百条　当事人互负债务，标的物种类、品质不相同的，经双方协商一致，也可以抵销。

第一百零一条　有下列情形之一，难以履行债务的，债务人可以将标的物提存：

（一）债权人无正当理由拒绝受领；

（二）债权人下落不明；

（三）债权人死亡未确定继承人或者丧失民事行为能力未确定监护人；

（四）法律规定的其他情形。

标的物不适于提存或者提存费用过高的，债务人依法可以拍卖或者变卖标的物，提存所得的价款。

第一百零二条　标的物提存后，除债权人下落不明的以外，债务人应当及时通知债权人或者债权人的继承人、监护人。

第一百零三条　标的物提存后，毁损、灭失的风险由债权人承担。提存期间，标的物的孳息归债权人所有。提存费用由债权人负担。

第一百零四条　债权人可以随时领取提存物，但债权人对债务人负有到期债务的，在债权人未履行债务或者提供担保之前，提存部门根据债务人的要求应当拒绝其领取提存物。

债权人领取提存物的权利，自提存之日起五年内不行使而消灭，提存物扣除提存费用后归国家所有。

第一百零五条　债权人免除债务人部分或者全部债务的，合同的权利义务部分或者全部终止。

第一百零六条　债权和债务同归于一人的，合同的权利义务终止，但涉及第三人利益的除外。

任务1　合同的变更

任务情境

2014 年 10 月,某服装进出口公司与某市第一服装厂签订了服装购销合同。合同约定:由第一服装厂供给服装进出口公司男式西服 500 套,每套单价 600 元,女式西服 500 套,每套单价 800 元,合同总价款计 70 万元。合同对产品的规格、型号和质量也做了规定,交货日期约定为同年 12 月 20 日。合同规定:一方不履行合同时,应向对方支付违约金,违约金数额为不履行部分的 10%。由于交货时间短,第一服装厂为确保按时交货,将厂内生产计划做了调整,并要求工人加班加点完成任务。在此期间,服装进出口公司经过调查得知,所订购的服装在国外销售的情况不太理想,因此向第一服装厂函告将所订购的服装数量减半。第一服装厂以书面形式回复服装进出口公司,表示愿意接受该公司的请求。12 月 20 日,第一服装厂依约向对方交付货物,其中男服 300 套,女服 200 套。而服装进出口公司以货物数量减半是指男女服装各减半同为 250 套为由拒付货款。第一服装厂认为,服装进出口公司提出服装订购数量减半,并未说是男、女各减半,当然可以理解为总订购数量减半共 500 套服装。于是向法院提起诉讼,要求服装进出口公司支付货款并承担违约责任。

问题:

(1) 本案中服装厂与服装进出口公司之间是否约定了对合同内容进行变更?

(2) 该合同变更是否发生效力?

任务分析

我们知道,一个合同要趋于成立,首先要求的是合同双方当事人对合同必要条款的意见趋于一致。必要条款是合同的核心部分,是判断合同成立的标志,它对合同内容变更是否成立同样具有重要意义,数量条款也是合同的必备条款之一。本案中服装厂与服装进出口公司虽已对变更合同数量条款达成合意,但在具体履行上出现了分歧。根据案情,双方并未对合同数量条款变更的内容有更为明确的约定,因而产生了纠纷。出现这种情况的主要原因是当事人对合同变更的内容约定不明确。当事人对合同变更的内容约定不明确,是指当事人对合同变更的内容约定含糊,致使双方对变更的合同内容有不同的理解。根据《合同法》第七十八条规定,服装厂与服装进出口公司签订的合同未发生变更,因此服装进出口公司不应承担违约责任。

相关法理

一、合同变更的含义和特点

合同变更是指合同成立以后完全履行以前,当事人依法经过协议就合同的内容进行修改和补充。《合同法》第七十七条规定:"当事人协商一致,可以变更合同。"

合同变更的主要特点是:

(1) 合同变更仅指合同部分内容的变更,而非合同性质的变更。

(2) 合同变更前后,其当事人应保持同一性,如果当事人变更,则属于合同转让。

(3) 合同变更在合同成立后发生,即合同成立后因某些新情况而进行部分内容的补充或修改。

(4) 合同变更不溯及既往,即已履行的合同不能变更。

二、合同变更的构成条件

合同的变更必须符合以下条件:

(1) 当事人双方协商同意。如果某些合同订立后,由于客观情况发生了变化,合同当事人协商同意,可以变更合同,但不得因变更合同而损害国家利益和社会公共利益。

(2) 当事人事先约定,一方在约定事由发生时享有合同变更权的,当这种约定事由发生时,当事人一方有权变更合同。

(3) 法律规定当事人一方在法定事由发生时有合同变更权的,当这种法定事由发生时,当事人一方有权变更合同。

实践中,对合同变更内容约定不明确出现的纠纷应如何处理呢?《合同法》第七十八条规定:“当事人对合同变更的内容约定不明确的,推定为未变更。”该条规定了如果当事人对合同变更的内容约定不明确,则不发生合同变更的效力,即合同被视为未变更。

练一练

王某于2012年8月向兴旺家具店定做结婚家具一套,双方商定兴旺家具店应于同年9月10日交货,王某付定金1 000元。9月8日,兴旺家具店通知王某,因工作失误家具店发生火灾,烧毁了部分已做家具,要求迟延履行合同。其时,王某因与其未婚妻闹意见,婚礼推迟,但未对兴旺家具店要求作出答复。9月15日,王某与其未婚妻正式分手,婚礼取消。王某于9月16日通知兴旺家具店,取消家具定做合同。此时,兴旺家具店已按王某要求做好全套家具,因此不同意取消合同,双方发生争议。下列说法正确的是(　　)。

A. 王某和家具店的合同已经变更,故家具店应承担违约责任

B. 王某和家具店的合同没有变更,故家具店不应承担违约责任

C. 王某无权解除合同,应接受家具店的履行

D. 王某有权解除合同,但应赔偿家具店所受损失

任务2 合同的转让

任务情境

甲于2014年1月1日借给乙100万元，依双方约定，乙应于2014年12月31日返还借款，月息1.5%。

情景一：如果甲于达成借款协议后反悔，不愿借款给乙，乙可否要求甲承担违约责任？为什么？

情境二：乙未经甲同意，与丙约定由丙承受其对甲的债务。

(1) 乙与丙约定由丙承受其对甲的债务，此约定的效力如何？

(2) 依照乙、丙之间的债务承担协议，丙于2014年12月31日向甲清偿本息，甲起初以丙不是债务人为由拒绝受偿，但又于2015年1月31日表示受领，试分析当事人间的法律关系的变动情况。

情境三：甲虽然承诺不将债权转让给他人，但却瞒着乙于2014年6月30日将债权让售给丁，以借款应急。

(1) 甲将债权转让给丁的行为效力如何？

(2) 丁于2014年12月31日向乙出示了甲转让债权给自己的证明，请求乙付款时，才知道乙已经于12月初陷于支付不能，丁可否请求甲赔偿损害？

任务分析

情景一：乙不可以要求甲承担违约责任。因为自然人之间的借款合同为实践合同，甲未向乙提供借款，则借款合同不生效，不存在违约责任的问题。

情景二：(1) 债务承担系由新债务人代替旧债务人，新债务人的责任财产和信用等因素会影响到债权人债权的实现。债务承担关系债权人利益甚切，实际上是对债权的处分，故必须有债权人的参与。《合同法》第八十四条规定："债务人将合同的义务全部或部分转移给第三人的，应当经债权人同意。"未经债权人同意，债务人与第三人之间订立的债务承担合同尚不能发生效力，可将其视为效力待定的一个类型。该情景中，乙、丙之间的约定未经甲同意,属于效力待定。

(2) 债权人对于债务人与第三人所订立的债务承担合同有同意权,该权利在性质上为形成权。丙于 2014 年 12 月 31 日向甲清偿本息,甲拒绝受偿的行为,使乙、丙之间的债务承担协议归于无效。所以债权债务关系的当事人仍为甲和乙,甲可以要求乙偿还借款。债权人的同意权性质上为形成权,拒绝同意的意思表示作出后不得撤销。所以,甲于 2015 年 1 月 31 日向丙表示受领,不能视为对拒绝受偿意思表示的撤销,此时债务承担协议已经无效,丙没有义务偿还借款。

情景三:(1) 原则上,债权可以自由让与。但是,在一些情况下,债权让与也受到限制,依当事人的约定不得让与即为其中很重要的一类。债权人与债务人约定不得让与某项债权的,基于意思自治的原则,债权人不得让与。但是,债权人与债务人之间关于债权不得让与的约定并不对外公示,第三人(债权受让人)可能并不知情。因此,如果债权人违反该约定而将债权让与,一般认为,当受让人为善意时,该让与行为有效,以维护交易安全。该情景中,甲、乙约定债权不得让与,甲违反约定让与,从题意看丁为善意,该转让行为有效。但是,未经通知债务人,对债务人不发生效力。

(2) 在债权让与中,让与人对让与的债权有担保义务。让与人须确保其所让与的债权确实存在,这一点是由债权让与属于处分行为的性质决定的(让与人须具有债权的处分权)。但是,即便在有偿转让的场合,原则上让与人的担保义务也仅限于被让与债权的真实性,而不包括保证债权能够实现。易言之,除非让与合同另有约定,否则让与人对于债务人的支付能力不负有担保义务,债权不能实现的风险由受让人承担。所以,丁不可因为乙陷于支付不能而要求甲赔偿损害。

相关法理

一、债权转让的概念

债权转让,是指合同债权人通过协议将其债权全部或部分转让给第三人的行为。债权转让虽不改变权利内容,但改变了权利主体。债权转让可以是全部转让,也可以是部分转让。在债权全部转让时,受让人将完全取代转让人的地位而成为合同当事人。在债权部分转让情况下,受让人作为第三人将加入到原合同关系之中,与原债权人共同享有债权。不管采取何种方式转让,债权都不应增加债务人的负担。

二、债权转让的条件

(1) 须有有效的债权存在。如果债权不存在,则转让行为无效。作为转让人只担保债权的存在与否,但不担保债务人是否具有清偿能力。因此诉讼时效已过的权利同样可以作为转让的对象。

(2) 转让双方之间须达成转让协议。

(3) 转让的合同权利须具有可让与性。

根据《合同法》第七十九条的规定,下列权利不得转让:

(1) 根据合同性质不得转让的权利。这种类型主要有:基于个人信任关系而发生的债权,如雇佣人对受雇人的债权;以选定债权人为基础发生的合同权利,如某个特定演员的演出活动;属于从权利的债权,如保证合同等。

(2) 按照当事人的特别约定不得转让的债权。

(3) 法律规定禁止转让的债权。

特别注意 债权转让,不以征得债务人的同意为要件。债权人转让权利,只要与受让人达成一致,合同即生效。但是债权转让的行为要对债务人发生效力,则以通知债务人为必要。未经通知,该转让对债务人不发生效力,债务人仍然可以向原债权人履行义务。而且通知一旦到达债务人,除非受让人同意,不得撤销。

三、债权转让的效力

1. 债权转让的对内效力

对内效力是指债权转让在转让双方即转让人和受让人之间发生的法律效力,具体表现为:

(1) 债权由让与人转让给受让人。如果是全部转让,则受让人将作为新债权人成为权利的主体;转让人则将脱离原合同关系,由受让人取代其地位。如果是部分权利转让,则受让人将加入合同关系,成为债权人。

(2) 在转让合同权利时从属于主债权的从权利,如抵押权、利息债权、定金债权、违约金债权及损害赔偿请求权等也将随主权利的移转而发生移转,但该从权利专属于债权人自身的除外。

(3) 转让人应保证其转让的权利有效存在且不存在权利瑕疵。

2. 债权转让的对外效力

债权转让的对外效力是指合同权利转让对债务人所具有的法律效力，具体表现为：

（1）债务人不得再向转让人即原债权人履行债务。债务人仍然向原债权人履行债务，不构成合同的履行，造成受让人损害的，债务人负损害赔偿责任。原债权人接受履行的事实则构成不当得利，受让人和债务人均可请求其返还。

（2）债务人负有向受让人即新债权人作出履行的义务。

（3）债务人接到债权转让通知后，债务人对让与人的抗辩，可以向受让人主张。

（4）债务人接到债权转让通知时，债务人对让与人享有债权，并且债务人的债权先于转让的债权到期或者同时到期的，债务人可以向受让人主张抵销。

例 1　甲与乙签订授课合同，约定甲每周为乙讲授 GRE 课程 10 小时。后乙未经甲同意，将其对甲的合同债权转让给丙出租汽车公司（丙需要培训为奥运会服务的司机），并通知甲。

问题：甲与丙之间的转让合同是否有效？为什么？

解析　甲转让合同债权给丙的行为无效。专为特定债权人利益设立的债权，如专向特定人群讲授外语的合同、专为特定人绘制肖像的合同，如果让与债权，将导致合同给付内容发生变化，使合同丧失了同一性，属于依照性质不能转让的债权。

例 2　甲与乙签订劳务合同，乙为甲提供家庭保姆服务，月工资 2 800 元。不久，甲为讨好顶头上司丙，对丙说："明天就让我家的保姆乙到您家干活，她每月的工资由我继续按月支付。"丙欣然同意。

问题：甲转让债权的行为是否有效？为什么？

解析　甲转让债权的行为无效，乙有权拒绝向丙提供劳务。

基于人身信任关系而生的债权，如雇佣合同、委托合同、租赁合同，均以特定当事人间的信赖为基础，债务人仅愿对该债权人承担给付义务，如果债权人变更，则债权的行使方法势必发生变更，亦属依照性质不能转让的债权。

例 3　甲对乙有 50 万元债权。甲于 4 月 1 日与丙达成协议，将对乙的 50 万元债权转让给丙。甲向乙发出的通知 4 月 15 日到达乙。

问题：甲的债权转让行为是否有效？如有效，何时对乙产生效力？

解析　①4 月 1 日，丙取得甲的债权。②4 月 15 日，债权转让对乙生效，乙对甲履行债务的，不产生清偿的效力。

四、债务承担的概念及特征

《合同法》第八十四条规定:“债务人将合同的义务全部或者部分转移给第三人的,应当经债权人同意。”

合同债务的承担,是指基于当事人协议或法律规定,债务人移转债务给第三人,由第三人取代债务人地位成为新债务人而向债权人履行债务的现象。

五、债务承担的要件

(1) 须存在有效的债务;

(2) 被移转的债务应具有可移转性;

(3) 第三人须与债权人或者债务人就债务的移转达成合意;

(4) 债务承担须经债权人同意。

六、债务承担的效力

(1) 债务人法律地位的取代。免责的债务承担有效成立后,第三人取代原债务人,成为新债务人,原债务人对第三人的偿还能力并不负担保责任。并存的债务承担有效成立后,第三人加入到债的关系中,同原债务人一起对债权人连带承担债务。但当事人约定按份承担债务时,依其约定。

(2) 抗辩权随之移转。债务移转之后,新债务人可以主张原债务人对债权人的抗辩。

(3) 从债务一并随之移转。债务转移之后,新债务人应当承担与主债务有关的从债务,但从债务专属于原债务人自身的除外。除保证人同意外,保证债务不随之转移。

特别注意 (1) 债务人转移义务有别于第三人替债务人履行债务。

(2) 债务人转移债务,新债务人可以主张原债务人对债权人的抗辩。

(3) 债务人转移债务,新债务人应承担与主债务有关的从债务,但是从债务专属于原债务自身的除外。

(4) 在保证期间,债权人许可债务人转让债务的,应取得保证人的书面同意,未经保证人同意转让债务的,保证人不承担责任。

练一练

甲公司对乙公司享有10万元债权,乙公司对丙公司享有20万元债权。甲公司将其债权转让给丁公司并通知了乙公司,丙公司未经乙公司同意,将其债务转移给戊公司。如丁公司对戊公司提起代位权诉讼,戊公司下列哪一抗辩理由能够成立?(　　)

A. 甲公司转让债权未获乙公司同意

B. 丙公司转移债务未经乙公司同意

C. 乙公司已经要求戊公司偿还债务

D. 乙公司、丙公司之间的债务纠纷由仲裁条款约束

任务3 合同的终止

任务情境

甲(父)、乙(子)二人合伙做生意,经常去北京出差。2012年2月14日,二人在北京逛超市,正值超市开展情人节降价促销活动,乙欲为其妻子购买一枚戒指,但却发现忘带钱包。甲对乙说:“我帮你付钱。”并对售货小姐说:“这2 000元由我替他付账。”售货小姐收了2 000元后,将戒指交付于乙。

2014年3月9日,甲、乙之间因故解散合伙。经亲属调解分割合伙财产时,对于甲以前所欠乙的借款1 000元,乙当场表示免除甲所欠的这笔债务,后乙又反悔,并多次向甲索要这笔欠款。甲一怒之下将乙打伤。乙为治伤花去医药费2 000元。甲、乙发生纠纷,请村委会调节。

甲提出:“2012年2月14日乙在北京买戒指,我为他付账2 000元,现在他受伤支付医药费2 000元,两笔费用抵销,我俩互不相欠。合伙做生意时,我欠他1 000元,他已表示免除。”乙说:“2012年2月14日他替我在北京付账,纯属赠与,因合伙终止结算,他欠我1 000元,我虽表示免除,但后来我又反悔不同意免除。”

问题:

(1)乙与商场购买戒指的债务因何种原因而终止?为什么?

(2)甲欠乙的1 000元借款的债务因何种原因而终止?为什么?

(3)甲主张乙的医药费与债务抵销能否成立?为什么?

任务分析

(1)乙与商场之间的买卖合同之债因清偿而终止,乙应支付的购买戒指的价金由第三人代为清偿。甲、乙虽为父子,但对于乙与商场的买卖合同而言,甲并无法律上的利害关系。甲的付款行为构成无利害关系的第三人的代为清债行为。商场的清债目的已经实现,乙与商场之间的买卖合同因清偿而消灭。

(2) 甲欠乙的1 000元因乙的免除而终止。甲、乙解散合伙时，对于甲所欠乙的借款1 000元，乙当场表示免除，该免除符合免除的条件，发生免除的法律效力，因此，甲、乙之间的该1 000元债务因免除而消灭。乙的反悔行为不具有效力。

(3) 甲、乙之间互负债务，且两项债务的性质、种类相同，都是给付货币的债务，但甲对乙受伤害应负赔偿责任的债务为因侵权行为而发生的债务，是不可抵销的债务，因此，甲无权主张与其对乙所负的侵权赔偿债务与乙对自己的借贷债务相互抵销。

相关法理

一、合同终止的概述

合同终止即合同权利义务的终止，是指由于一定的法律事实的发生，使合同设定的权利义务归于消灭的法律现象。

《合同法》第九十一条规定，有下列情形之一的，合同的权利义务终止：

(1) 债务已经按照约定履行；

(2) 合同解除；

(3) 债务相互抵销；

(4) 债务人依法将标的物提存；

(5) 债权人免除债务；

(6) 债权债务同归于一人；

(7) 法律规定或者当事人约定终止的其他情形。

合同是一个运动的过程，因订立而产生，因履行、解除、抵销、免除、混同等事由而消灭。

从整个《合同法》制度上概括合同终止的原因，大致可分为3类：

第一类是根据当事人的意思所致，如债权人单方免除债务人的债务、当事人协商一致解除合同。

第二类是基于合同的目的已经达到，如清偿、混同。

第三类是由于法律的直接规定，如合同无效、被撤销。

二、合同终止的原因

《合同法》第九十一条将合同终止的原因分为以下几类：

（一）债务已经按照约定履行

这是合同终止的最主要、最正常的原因，在当事人双方均严格按照合同约定和法律规定履行了债务的情况下，债权债务得到清偿，合同绝对消灭，不会由此产生新的债权债务。

（二）合同解除

大陆法系将合同解除作为对违约的一种补救方法，视为一种特殊的合同责任。所以，合同解除制度仅限于一方行使解除权的解除，在性质上有别于引起合同消灭的正常原因，故此合同解除不属于合同消灭制度的范畴。但在我国以往的合同法理论及立法实践中，从来都以解除权解除和协议解除为合同解除制度的必要组成部分，并且认为合同解除是一项独立的法律制度，原3个合同法对合同解除都加以专门规定即是明证。《合同法》在解除制度的设计上，一方面遵循了中国《合同法》的习惯做法，坚持将协议解除纳入解除的规定中，另一方面对两大法系已臻成熟的有关解除权制度予以了吸取，使解除权的法条规定得以完善，进一步将解除制度作为合同终止的原因予以定位，使协议解除和解除权解除统一于引起合同消灭的结果之上，两者在性质上的差异由此得到调和。这种立法体例安排可谓最佳选择。

（三）债务相互抵销

在《合同法》上，抵销分为两种：法定抵销和意定抵销。

关于法定抵销，根据《合同法》第九十九条的规定，应当符合下列条件：

（1）必须是双方当事人互负债务、互享债权。

（2）双方互负债务的给付种类必须相同。按照《合同法》第九十九条的规定，双方互负的债务，必须标的物种类、品质相同。如果给付种类不同，不问其客观的价格是否同一都不允许抵销，因此抵销通常在金钱债务或代替物债务上适用。

（3）必须是双方债务已届清偿期。如果其中一个债务未届清偿期，但该债务的期限利益为债务人设定时，原则上债务人可提前清偿，此时债务人可以主张以自己的未届清偿期的债务与对方当事人已届清偿期的债务抵销。

（4）必须双方债务均不属于不能抵销的债务。不能抵销的债务主要包括：

第一，法律规定不得抵销的债务。法律为维护特定当事人的利益，往往规定了不得抵销的债务。例如，禁止强制执行的债务、因故意侵权行为所生之债、约定应向第三人为给付的债务、违约金债务、损害赔偿金债务等，债务人均不得主张抵销。

第二,根据债务性质不能抵销的债务。债务依其性质属于非经清偿不能达到合同目的的,当事人必须清偿,不得抵销,否则有违合同目的。例如,提供劳务的债务、不作为的债务等,都不得抵销。

第三,当事人约定不得抵销的债务。合同当事人双方约定不得抵销的债务,也不得抵销。

(四)债务人依法将标的物提存

(1)提存的概念。提存是指由于债权人的原因,债务人无法向其支付合同标的物时,债务人将该标的物交给提存部门而消灭合同的制度。

(2)提存的条件。《合同法》第一百零一条规定,有下列情形之一,难以履行债务的,债务人可以将标的物提存:

① 债权人无正当理由拒绝受领;

② 债权人下落不明;

③ 债权人死亡未确定继承人或者丧失民事行为能力未确定监护人;

④ 法律规定的其他情形。

标的物不适于提存或者提存费用过高的,债务人依法可以拍卖或者变卖标的物,提存所得的价款。

(3)提存的机关。目前我国的提存机关是公证机关。

(4)提存的地点和方法。提存应当在合同履行地的提存机关进行。标的物提存后,除债权人下落不明的以外,债务人应当及时通知债权人或者债权人的继承人、监护人。

(5)提存的程序。提存应按下列程序进行:

① 债务人应向清偿地提存机关提交提存申请。

该申请应载明:提存的原因,标的物及其种类、数量,标的物受领人的姓名、地址或者不知谁为受领人的理由等基本内容。此外,债务人应提交有关债务证据,以证明提存申请载明的提存物确系其所负债务的标的物,还应提交有关债权人迟延或者无法向债权人清偿的相关证据。对于债务人提交的提存申请及有关证据,提存机关应进行审查,以决定是否应予提存。

② 债务人提交提存物。

债务人的提存申请经审查符合提存条件的,债务人应向提存机关或指定的保管人提交提存标的物,提存机关应予接受并进行妥善保管。

③ 提存机关授予债务人提存证书。

提存机关在收取提存申请及提存物后,应向债务人授予提存证书。提存证书与清偿受领证书具有同等的法律效力。

④ 通知债权人受领提存物。

提存发生后，提存机关负有将提存通知送达债权人的义务，如《提存公证规则》第十八条规定，以清偿为目的的提存，公证处有通知提存受领人的义务。

(6) 提存的效力。

提存涉及债务人、提存机关和债权人三方之间的关系，也就必然会在债务人与债权人之间、债务人与提存机关之间及提存机关与债权人之间产生法律效力。

① 债务人与债权人之间的效力。

关于提存在债权人与债务人之间的效力，我国《民法理论》通常认为，提存须有合法原因，亦即提存应合法有效，否则不发生提存效力，故应认为债的关系自提存时消灭。

② 债务人与提存机关之间的效力。

债务人在符合提存条件时，有权向提存机关提出申请，并将给付的标的物提交提存机关，而提存机关则必须接受，并负有妥善保管的义务，所以，债务人与提存机关的关系并非基于意思自治而产生的私法关系。有关提存物的保管费用，债务人不负责支付，而由债权人承担，这与一般的寄托契约关系不同。值得探讨的是，债务人提存后，可否将标的物取回，各国立法对此均作了限制性的规定，只是限制的程度有别。有的国家民法以债务人可以随时取回为原则，以某些情况下禁止取回为例外。

③ 提存机关与债权人之间的效力。

在提存后，债权人与提存机关之间会形成一定的权利义务关系。由于提存具有使债务人摆脱债务约束的效力，因此自提存之日起，债权人即独立地享有提存所设定的权利并承担相应的义务。债权人在规定期间内，对提存机关享有交付提存物的请求权，同时须承担提存费用。

（五）债权人免除债务

1. 债权人免除债务的概念

债权人免除债务，是指债权人放弃自己的债权，从而消灭合同关系及其他债的关系。

关于免除的性质有不同的学说。一种学说认为，免除是契约；另一种学说认为，免除是债权人抛弃债权的单方行为。

2. 免除的法律效果

1）免除使债务消灭

债权人免除部分债务的，债务部分消灭，免除全部债务的，债务全部消灭。

债权人免除部分债务，如债务人乙欠债权人甲 100 万元贷款，甲通知乙只要偿还 80 万元，免除 20 万元债务。债权人免除部分债务的，免除的部分不必再履行，但尚未免除的部分仍要履行。

债权人免除全部债务，如服装加工部向服装定做人表明不收取服装加工费。债权人免除全部债务的，全部债务不必再履行，合同的权利义务因此终止。在债务被全部免除的情况下，有债权证书的，债务人可以请求返还。

2）免除消灭债权和债权的从权利

免除了对方债务，也等于放弃了自己的债权，债权消灭，从属于债权的担保权利、利息权利、违约金请求等也随之消灭。

例如，甲免除了乙的债务，为乙提供履行担保的丙的保证责任没有了存在基础，必然一同消灭。但是，免除担保债务的，不影响被担保的债务的存在。例如甲免除了丙的担保义务，不等于免除了乙的债务，乙仍然要履行债务。

债务的免除不得损害第三人利益。例如，债权人甲将其对于债务人乙的债权质押给了丙，如果甲免除乙的债务，丙对甲享有的质权也将不复存在，这有损丙的利益。因此，对于已就债权设定担保权益的债权人，不得免除债务人的债务，而以此对抗担保权人。

（六）债权债务同归于一人

债权债务同归于一人在《合同法》上叫作“混同”。

混同是一种事实，即因某些客观事实发生而产生的债权债务同归一人，不必由当事人为意思表示。

合同关系的存在，必须有债权人和债务人，当事人双方混同，合同失去存在的基础，自然应当终止。合同终止，债权消灭，债权的从权利，如利息债权、违约金债权、担保债权同时消灭。但当债权是他人权利的标的时，为保护第三人的利益，债权不能因混同而消灭。例如，甲公司与乙公司签订了房屋预售合同，甲交纳了一定比例的预付款后，取得了对预售的房屋的权利。随后甲将取得的预售房屋抵押给了丙公司。半年后，甲、乙两公司合并，如果此时合同终止，甲不必取得对于预售房屋的所有权，就会损害抵押权人丙的利益，此种情况下，甲、乙二人的合同不能终止。

（七）法律规定或者当事人约定的其他情形

第一,合同无效或被撤销。在合同被确定为无效或被撤销的情况下,原合同关系即告消灭,在当事人之间产生法律上的新的损害赔偿之债关系。

第二,合同主体消亡。主体消亡并非合同消灭的必然原因,但在法律规定、当事人约定或债务性质本身决定,与当事人有不可分离关系的合同中,主体消亡,则合同关系必然消灭。此外,法律规定或当事人约定的合同有效存在期间届满,合同消灭。

巩固提升

一、不定项选择题

1. 甲公司通知乙公司将其对乙公司的10万元债权出让给了丙银行，担保其9万元贷款。出让前，乙公司对甲公司享有2万元到期债权。如乙公司提出抗辩，关于丙银行可向乙公司行使质权的最大数额，下列选项正确的是(　　)。

A. 10万元　　B. 9万元　　C. 8万元　　D. 7万元

2. 乙公司欠甲公司30万元，同时甲公司须在2014年9月20日清偿对乙公司的20万元货款。甲公司在同年9月18日与丙公司签订书面协议，转让其对乙公司的30万元债权。同年9月24日，乙公司接到甲公司关于转让债权的通知后，便主张20万元的抵销权。下列说法正确的是(　　)。

A. 甲公司与丙公司之间的债权转让合同于9月24日生效

B. 乙公司接到债权转让通知后，即负有向丙公司清偿30万元的义务

C. 乙公司于9月24日取得20万元的抵销权

D. 丙公司可以就30万元债务的清偿，要求甲公司和乙公司承担连带责任

3. 下列哪些合同的转让是不合法的？(　　)

A. 甲公司与韩国乙公司举办中外合资企业，合资合同经过审批机关批准后，甲公司未经乙方同意将合同权利义务转让给丙公司

B. 甲教授曾答应为乙校讲课，但因讲课当天临时有急事，便让自己的博士生代为授课

C. 债权人李某因急需用钱便将债务人杨某欠自己的两万元债权以1.5万元的价格转让给了柳某，李某将此事打电话通知了杨某

D. 丁对丙的房屋享有抵押权，为替好友从银行借款提供担保，将该抵押权转让给了银行

4. 乙向甲借款8万元，丙又欠乙款项8万元，经过协商由丙直接向甲偿还，下列表述甲、乙、丙相互关系及性质的选项哪些是正确的？(　　)

A. 如果甲、乙之间协商一致，再通知丙，为债权转移

B. 如果乙、丙之间协商一致，再得到甲的同意，为债务承担

C. 如果甲、丙之间协商一致，再得到乙的同意，为债务承担

D. 如果甲、乙、丙订立一个协议，对甲与乙为债权转移，对甲与丙及乙与丙为债务承担

5. 某区政府工业主管部门作出决定，把所属的A公司的两个业务部分立为B公司和C公司，并在决定中明确该公司以前所负的债务由新设的B公司承担。A公司原欠李某货款5万元，现李某要求偿还，你认为该债务应当如何处理？（　　）

A. 由B公司承担债务

B. 由A、B、C 3个公司分别承担债务

C. 由A公司承担债务

D. 由A、B、C 3个公司连带承担债务

6. 甲与乙签订销售空调100台的合同，但当甲向乙交付时，乙以空调市场疲软为由，拒绝受领，要求甲返还货款。下列说法哪些是正确的？（　　）

A. 甲可以向有关部门提存这批空调

B. 空调在向当地公证机关提存后，因遇火灾，烧毁5台，其损失应由甲承担

C. 提存费用应由乙支付

D. 若自提存之日起5年内乙不领取空调，则归甲所有

二、案例分析

1. 2013年10月15日，甲公司与乙公司签订合同，合同约定由乙公司于2014年1月15日向甲公司提供一批价款为50万元的电脑配件。2013年12月1日，甲公司因销售原因，需要乙公司提前提供电脑配件，甲公司要求提前履行的请求被乙公司拒绝。甲公司为了不影响销售，只好从外地进货，随后将对乙公司的债权转让给了丙公司，但未通知乙公司。丙公司于2014年1月15日去乙公司提货时遭拒绝。试分析：

(1) 乙公司拒绝丙公司提货有无法律依据？为什么？

(2) 甲公司与丙公司的转让合同是否有效？如何处理？

2. 甲商场3月份欲从乙冰箱厂购进冰箱50台，每台2 800元，共计14万元。双方约定4月份货到后先付4万元，待销售后付清余下的10万元货款。后乙冰箱厂想在甲商场开设销售专柜，打开销路。双方遂签订租赁场地合同，约定租赁期为1年，自同年4月起至次年4月止，月租金2万元，共计24万元。由乙冰箱厂每3个月付1次，分4次付清。7月份乙冰箱厂通知甲商场，称用应收甲商场的10万元冰箱货款中的6万元抵销其4月至7月的租金。

试用所学的合同法理论和有关法律规定分析乙冰箱厂的做法是否合法？为什么？

三、实训

情景设计

2014年10月25日，甲公司向乙公司订购一批烟花，双方在合同中约定：为保证甲公司赶上春节前后的旺季及农历十二月初一开始的展销会，乙公司应当在农历十一月二十日前交货。合同订立后，甲公司依照约定向乙公司交纳预付款10万元。但交货期限届满时，乙公司因赶制其他订单尚未制作该批烟花。甲公司十分不满，多次催促其务必在展销会开始前交货，但至农历十一月二十五日，乙公司方开始制作，十二月初一展销会开始乙公司仍未交货，甲公司无法参展，遂通知乙公司解除合同并退还预付款。乙公司表示3日内就可以交货，但甲公司表示了拒绝。农历十二月三日，乙公司将货物送到，甲公司拒绝受领，乙公司则拒不退还预付款。甲公司遂诉至法院，请求解除合同、收回预付款并赔偿其全部利润损失。乙公司则表示该批烟花系按照甲公司的要求定做，无法向其他单位出售，而且甲公司仍然能赶上春节前后的烟花销售旺季及刚刚开始的展销会，因此甲公司不能解除合同。

任务1：乙公司的行为是否构成违约？为什么？

任务2：乙公司的行为是否构成根本违约？为什么？

任务3：甲公司是否可以行使合同解除权？说明理由。

任务4：乙公司是否应承担法律责任？为什么？

训练方法

学生自由组合，4～8人为一组，先在组内开展讨论，再与其他小组进行交流，然后由小组代表发言，最后由授课教师点评。

步骤1：各小组将本组意见写成书面材料；

步骤2：每一小组推选1～2名代表发言，并可与其他小组展开辩论。

考核标准

1. 能正确分析合同的违约类型。

2. 能正确认定合同的解除问题。

项目六
合同违约责任的认定与处理

项目认知

合同在履行过程中，合同当事人不履行合同或不适当履行合同，依法应当承担一定的民事法律后果，即合同的违约责任。明确合同的违约责任，不仅体现了合同的法律效力，同时也维护了正常的交易秩序、保障了当事人的合法权益。如此通过违约责任对非违约方所受的损失进行补偿，从而达到当事人之间利益的平衡，实现合同制度的功能和作用，从而促进整个社会经济秩序的正常和谐运转。

内容结构图

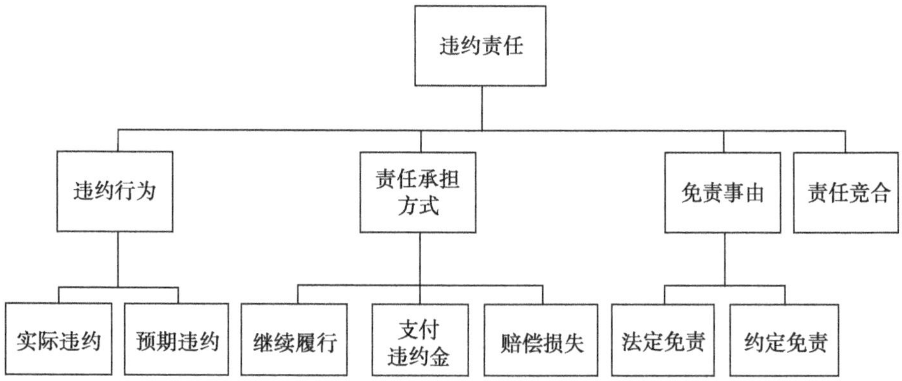

学习目标

1. 知识目标

（1）了解违约责任的概念和法律特征；

（2）掌握违约责任的构成要件；

（3）掌握违约责任与侵权责任的区别；

（4）掌握违约责任的救济形式。

2. 能力目标

（1）能够判断、辨别缔约责任并能进行相应的法律处理；

（2）能够判断、辨别违约责任并能进行相应的法律处理；

（3）通过理论学习和实践训练，锻炼和培养学生法律人的思维。

相关法律条文

《中华人民共和国合同法》（第七章）

第一百零七条　当事人一方不履行合同义务或者履行合同义务不符合约定的，应当承担继续履行、采取补救措施或者赔偿损失等违约责任。

第一百零八条　当事人一方明确表示或者以自己的行为表明不履行合同义务的，对方可以在履行期限届满之前要求其承担违约责任。

第一百零九条　当事人一方未支付价款或者报酬的，对方可以要求其支付价款或者报酬。

第一百一十条　当事人一方不履行非金钱债务或者履行非金钱债务不符合约定的，对方可以要求履行，但有下列情形之一的除外：

（一）法律上或者事实上不能履行；

（二）债务的标的不适于强制履行或者履行费用过高；

（三）债权人在合理期限内未要求履行。

第一百一十一条　质量不符合约定的，应当按照当事人的约定承担违约责任。对违约责任没有约定或者约定不明确，依照本法第六十一条的规定仍不能确定的，受损害方根据标的的性质以及损失的大小，可以合理选择要求对方承担修理、更换、重作、退货、减少价款或者报酬等违约责任。

第一百一十二条　当事人一方不履行合同义务或者履行合同义务不符

合约定的，在履行义务或者采取补救措施后，对方还有其他损失的，应当赔偿损失。

第一百一十三条　当事人一方不履行合同义务或者履行合同义务不符合约定，给对方造成损失的，损失赔偿额应当相当于因违约所造成的损失，包括合同履行后可以获得的利益，但不得超过违反合同一方订立合同时预见到或者应当预见到的因违反合同可能造成的损失。

经营者对消费者提供商品或者服务有欺诈行为的，依照《中华人民共和国消费者权益保护法》的规定承担损害赔偿责任。

第一百一十四条　当事人可以约定一方违约时应当根据违约情况向对方支付一定数额的违约金，也可以约定因违约产生的损失赔偿额的计算方法。

约定的违约金低于造成的损失的，当事人可以请求人民法院或者仲裁机构予以增加；约定的违约金过分高于造成的损失的，当事人可以请求人民法院或者仲裁机构予以适当减少。

当事人就迟延履行约定违约金的，违约方支付违约金后，还应当履行债务。

第一百一十五条　当事人可以依照《中华人民共和国担保法》约定一方向对方给付定金作为债权的担保。债务人履行债务后，定金应当抵作价款或者收回。给付定金的一方不履行约定的债务的，无权要求返还定金；收受定金的一方不履行约定的债务的，应当双倍返还定金。

第一百一十六条　当事人既约定违约金，又约定定金的，一方违约时，对方可以选择适用违约金或者定金条款。

第一百一十七条　因不可抗力不能履行合同的，根据不可抗力的影响，部分或者全部免除责任，但法律另有规定的除外。当事人迟延履行后发生不可抗力的，不能免除责任。

本法所称不可抗力，是指不能预见、不能避免并不能克服的客观情况。

第一百一十八条　当事人一方因不可抗力不能履行合同的，应当及时通知对方，以减轻可能给对方造成的损失，并应当在合理期限内提供证明。

第一百一十九条　当事人一方违约后，对方应当采取适当措施防止损失的扩大；没有采取适当措施致使损失扩大的，不得就扩大的损失要求赔偿。

当事人因防止损失扩大而支出的合理费用，由违约方承担。

第一百二十条　当事人双方都违反合同的，应当各自承担相应的责任。

第一百二十一条　当事人一方因第三人的原因造成违约的，应当向对方承担违约责任。当事人一方和第三人之间的纠纷,依照法律规定或者按照约定解决。

第一百二十二条　因当事人一方的违约行为,侵害对方人身、财产权益的,受损害方有权选择依照本法要求其承担违约责任或者依照其他法律要求其承担侵权责任。

任务1 合同违约责任的认知

任务情境

原告张某为庆祝第三人李某的生日，向被告刘某定做一件玉器，该玉器为独山玉，造型为两匹奔马。在订货单上，被告应原告的要求特别注明，于2014年11月5日前将该玉器交付给第三人李某。在订货当时，原告向被告支付了定金1 000元，预付款1 000元，在玉器制作完成后，被告委托赵某将该玉器送交给第三人李某，赵某在乘车途中不慎将玉器碰坏，第三人李某拒绝收货，并要求刘某重做。原告得知该情况以后，与被告协商赔偿和双倍返还定金事宜，因不能达成协议，原告遂向法院起诉。刘某则辩称，由于赵某的行为导致玉器损坏，应由赵某承担责任。

问题：

（1）原告张某的诉讼请求能否得到法院的支持？为什么？

（2）刘某抗辩理由是否成立？为什么？

（3）李某能否直接向刘某主张责任？为什么？

任务分析

本案中，原告张某为庆祝第三人李某的生日，向被告刘某定做一件玉器。在订货单上，被告应原告的要求特别注明，于2014年11月5日前将该玉器交付给第三人李某。因此，本案属于为第三人利益而订立的合同。在本案中，被告委托赵某将该玉器交付给李某，导致玉器损坏，明显已构成违约行为。至于被告刘某提出其委托赵某将该玉器送交给第三人李某，赵某在乘车途中不慎将玉器碰坏，应当由赵某承担责任，这一抗辩理由显然不能成立。因为被告与赵某之间是一种委托合同关系，相对原告而言，属于内部的合同关系。根据违约责任的相对性，违约责任只能在合同关系的当事人之间发生，合同关系以外的第三人不负违约责任。根据《合同法》第一百二十一条的规定，当事人一方因第三人的原因造成违约的，应当向对方承担违约责任。因此，在因第三人的行为造成债务不能履行的情况下,债务人仍应向债权人承担违约责任,债务人在承担违约责任以后,有权向第三人追偿。在本案中,赵某只是被告刘某的债务履行辅助人,因其过错造成的损害理所应当由刘某承担。

至于原告张某与第三人李某同时向被告提出请求,应当如何处理的问题,根据《合同法》第六十四条的规定可以看出,在为第三人利益订立合同的场合,合同当事人仍然是债权人与债务人,虽然第三人根据合同享有一定的期待利益,但这并不意味着第三人对债务人享有债权。因此,债权人有权向被告提出请求,第三人对被告提出的请求不应得到支持,这也是合同相对性的要求。

对于原告既提出定金赔偿又提出损害赔偿的要求,即定金赔偿和损害赔偿是否能够共存的问题,2012 年 7 月 1 日施行的《买卖合同解释》第二十八条规定:买卖合同约定的定金不足以弥补一方违约造成的损失,对方请求赔偿超过定金部分的损失的,人民法院可以并处,但定金和损失赔偿的数额总和不应高于因违约造成的损失。

相关法理

一、违约责任的概念

违约责任是违反合同的民事责任的简称,是指合同当事人一方不履行合同义务或履行合同义务不符合合同约定所应承担的民事责任。

《民法通则》第一百一十一条、《合同法》第一百零九条对违约责任均作了概括性规定。

二、违约责任的特征

(1) 违约责任是违反有效合同构成的责任。合同有效是承担违约责任的前提。这一特征使违约责任与《合同法》上的其他民事责任(如缔约过失责任、无效合同的责任)区别开来。

(2) 违约责任以当事人不履行或不完全履行合同为条件。能够产生违约责任的违约行为有两种情形:一是一方不履行合同义务,即未按合同约定提供给付;二是履行合同义务不符合约定条件,即其履行存在瑕疵。

(3) 违约责任是财产责任,不是人身责任。

(4) 违约责任具有相对性。合同关系的相对性决定了违约责任的相对性,即违约责任是合同当事人之间的民事责任,合同当事人以外的第三人对当事人之间的合同不承担违约责任。具体而言：

① 违约责任是合同当事人的责任，不是合同当事人的辅助人（如代理人）的责任；

② 合同当事人对于因第三人的原因导致的违约要承担责任。

(5) 违约责任具有补偿性和一定的任意性。其一，违约责任以补偿守约方因违约行为所受损失为主要目的，以损害赔偿为主要责任形式，故具有补偿性质。

其二，违约责任可以由当事人在法律规定的范围内约定，具有一定的任意性。

(6) 违约责任具有选择性。违约责任可以约定（如约定违约金、约定定金），也可以直接适用法律的规定（如支付赔偿金、强制实际履行等）。

违约相对人可以选择违约人承担违约责任的方式，比如违约人违反约定没有完成合同义务，相对人可以在损害赔偿和违约金中选择一项要求违约人承担责任。不过这种选择是一种形成权，因此违约相对人一旦选择就不能改变，不然将会对违约人造成很多负担，不利于合同法律关系的稳定。

练一练

1. 甲、乙签订货物买卖合同，约定由甲代办托运。甲遂与丙签订运输合同，合同中载明乙为收货人。运输途中，因丙的驾驶员丁的重大过失发生交通事故，致货物受损，无法向乙按约交货。下列哪种说法是正确的？（　　）

A. 乙有权请求甲承担违约责任

B. 乙应当向丙要求赔偿损失

C. 乙尚未取得货物所有权

D. 丁应对甲承担责任

2. 2014 年 11 月 20 日，某汽车运输公司（以下简称运输公司）承运某化工股份有限公司（以下简称化工公司）价值 16 万元的机器设备，合同中约定运费的付款方式为“货到付运费”。途中，运送的驾驶员廖某却突然要求化工公司随行人员付运费，遭到化工公司随行人员拒绝而引起打架，廖某遂停车不走。化工公司派人与廖某协商，同意先付运费，但要求廖某按原协议将设备运达目的地。廖某收取 2 800 元运费后，却将所运设备交给与化工股份有限公司有利害关系的第三人杨某、甄某扣押长达 64 天，造成各种经济损失 12 500 元。化工公司遂诉请运输公司赔偿损失。

问题：本案应如何处理？

任务2　违约责任的构成要件

任务情境

2014年3月，山东省济南市某房地产开发商对正在开发的某花园小区进行预售，该小区于3月份动工，预计同年9月份完工交付使用。该公司在与购房者签订的合同中约定，开发商应不迟于2014年9月30日前交房，逾期按日千分之一支付违约金，如逾期30日以上，购房者有权单方面解除合同，不可抗力因素除外。结果到9月底时，开发商未能如期交房。当购房者找到开发商要求索赔时，却遭到了开发商的拒绝，开发商声称，之所以迟延交房是由于不可抗力造成的，本来按规划是可以如期完工的，但是今年雨水大，七八月份连续下了几场大雨，好多天都没办法施工。再有，由于该公司是山东省建筑行业的龙头企业，在施工期间各级领导多次前来视察工作，导致该公司再三停工，一度修改施工进度。所以，迟延交房是不可抗力造成的，开发商不承担违约责任。购房者对开发商的说法不同意，故诉至法院。

问题：

（1）开发商的抗辩理由是否成立？

（2）购房者能否要求开发商承担违约责任？

任务分析

《最高人民法院关于市政商品房买卖合同纠纷案件适用法律若干问题的解释》第八条规定："遭遇不可抗力，且出卖人在规定之日内告知买受人的，出卖人可以据实予以延期。"《合同法》第一百一十七条规定："因不可抗力不能履行合同的，根据不可抗力的影响，部分或者全部免除责任，但法律另有规定的除外。当事人迟延履行后发生不可抗力的，不能免除责任。本法所称不可抗力，是指不能预见、不能避免并不能克服的客观情况。"《合同法》第一百一十八条规定："当事人一方因不可抗力不能履行合同的，应当及时通知对方，以减轻可能给对方造成的损失，并应当在合理期限内提供证明。"

对于由不可抗力所构成的免责，由于理解不同，购房者和开发商往往会产生一些争议。事实上，依法律规定，开发商若要免除责任，必须具备如下条件：① 免责事实必须是不可抗力。② 免责事实必须是双方签约后发生的。③ 开发商必须将发生不可抗力的事实及时通知业主并出具证明。根据以上依据对开发商提出的理由逐一分析如下：

（1）天气因素对施工进度确实有严重的影响，但是风雨天气均为正常的天气现象，作为开发商在进行房屋开发前，就应当根据天气纪录，结合气象部门对未来天气状况的预测，合理预计工期，确保在承诺日期前顺利完工，因此，阴雨天气不构成不可抗力事由。

（2）检查和参观并不构成不可抗力的社会原因范畴，但是，该情况确属房屋建设开发过程中的不可控因素，确实是开发商无法克服的客观事实，因此，若该情况属实，应当结合房地产公司对自己所负通知义务的履行程度，适当予以免责。

应注意的是，在现行的房产交易中，开发商还经常以以下两个理由作为不可抗力的免责条款：一是施工过程中遇到了重大的困难不能解决；二是市政配套的批准与安装的延误。其实，这两种情况都不能构成不可抗力的免责条款，因为这些内容都属于开发商在开发伊始就应当考虑到的事项，是开发商在房地产开发过程中应当承担的风险，即便开发商通过合同试图把上述风险转嫁给购房者，该条款也会因为违反了法律的规定而无效。

显然，开发商因其违约应承担违约责任。最后，本案由法院建议双方和解，双方反复协商，后终以日万分之五的违约金达成了和解协议。

相关法理

违约责任的构成要件可以概括为有违约行为，无免责事由。

一、有违约行为

1. 违约行为的定义

违约行为指当事人一方不履行合同义务或者履行合同义务不符合约定条件的行为。这一定义表明：

（1）违约行为的主体是合同当事人。合同具有相对性，违反合同的行为只能是合同当事人的行为。如果由于第三人的行为导致当事人一方违反合同，对于合同对方来说只能是违反合同的当事人实施了违约行为，第三人的行为不构成违约。

（2）违约行为是一种客观的违反合同的行为。违约行为的认定以当事人的行为是否在客观上与约定的行为或者合同义务相符合为标准,而不管行为人的主观状态如何。

（3）违约行为侵害的客体是合同对方的债权。即因违约行为的发生,使债权人的债权无法实现,从而侵害了债权。

2. 违约行为的分类

根据不同标准,可将违约行为做以下分类:

（1）单方违约与双方违约。双方违约,是指双方当事人分别违反了自己的合同义务。《合同法》第一百二十条规定:“当事人双方都违反合同的,应当各自承担相应的责任。”可见,在双方违约情况下,双方的违约责任不能相互抵销。

（2）根本违约与非根本违约。以违约行为是否导致另一方订约目的不能实现为标准,违约行为可做此分类。其主要区别在于,根本违约可构成合同法定解除的理由。同样一个违约行为,可能是根本违约,也可能是非根本违约。例如,顾客买 2.5 米布料,商店仅裁了 2.3 米,短 0.2 米的布。如果消费者买布的目的是做一套西装,2.3 米布料不够置装用,商店构成根本违约;如果消费者买布的目的是做一条床单,虽短 0.2 米,但不影响使用,商店则构成非根本违约。

（3）迟延履行和受领迟延。按照迟延履行的主体,可分为债务人迟延和债权人受领迟延。债务人超逾履行期履行的,为债务人履行迟延。债权人超逾履行期受领的,为债权人受领迟延。

（4）不履行和不适当履行。按照合同是否履行与履行状况,违约行为可分为合同的不履行和不适当履行。合同的不履行,指当事人不履行合同义务。合同的不履行包括拒不履行和履行不能:拒不履行指当事人能够履行合同却无正当理由而故意不履行;履行不能指因不可归责于债务人的事由致使合同的履行在事实上已经不可能。合同的不适当履行,又称不完全给付,指当事人履行合同义务不符合约定的条件。不适当履行又分为一般瑕疵履行和加害履行,一般瑕疵履行含迟延履行。

（5）一般瑕疵履行和加害履行。按照违约行为是否造成侵权损害,可分为一般瑕疵履行和加害履行。当事人履行合同有一般瑕疵的,为一般瑕疵履行。一般瑕疵履行有数量不足、质量不符、履行方法不当、履行地点不当、履行迟延等多种表现形式。当事人履行合同除有一般瑕疵外,还造成对方当事人的其他财产、人身损害的，为加害履行。加害履行的特征是违约与侵权行为竞合，如债务人给付的机电产品存在漏电缺陷，导致债权人触电身亡，即为加害履行。加害履行也是一种瑕疵履行，故将与其对应的其他瑕疵履行称为一般瑕疵履行。

（6）预期违约与实际违约。预期违约也称先期违约，是指在合同履行期限到来之前，一方无正当理由但明确表示其在履行期到来后将不履行合同，或者其行为表明其在履行期到来后将不可能履行合同。

预期违约具有如下特点：① 当事人在合同履行期到来之前的违约；② 侵害的是对方当事人期待的债权而不是现实的债权；③ 与实际违约后果不同（主要造成对方信赖利益的损害）。预期违约包括两种形态，即明示预期违约（明示毁约）和默示预期违约（默示毁约）。

明示毁约，是指一方当事人无正当理由，明确地向对方表示将在履行期届至时不履行合同。其要件为：① 一方当事人明确肯定地向对方作出毁约的表示；② 须表明将不履行合同的主要义务；③ 无正当理由。

默示毁约，是指在履行期到来之前，一方以自己的行为表明其将在履行期届至后不履行合同。其特点为：债务人虽然没有表示不履行合同，但其行为表明将不履行合同或不能履行合同。例如，特定物买卖合同的出卖人在合同履行期届至前将标的物转卖给第三人，或买受人在付款期到来之前转移财产和存款以逃避债务。

二、无免责事由

合同法上的免责事由可分为两大类，即法定免责事由和约定免责事由。法定免责事由是指由法律直接规定、不需要当事人约定即可援用的免责事由，主要指不可抗力；约定免责事由是指当事人约定的免责条款。有人认为，抗辩权也可成为免责事由。其实，行使抗辩权并不构成违约，因而无责可免。

（一）不可抗力

1. 不可抗力的概念

根据中国法律的规定，所谓不可抗力，是指不能预见、不能避免并不能克服的客观情况。不可抗力的要件为：① 不能预见，即当事人无法知道事件是否发生、何时何地发生、发生的情况如何（对此应以一般人的预见能力为标准加以判断）；② 不能避免，即无论当事人采取什么措施或即使尽了最大努力，也不能防止或避免事件的发生；③ 不能克服，即以当事人自身的能力和条件无法战胜这种客观力量；④ 客观情况，即外在于当事人行为的客观现象（包括第三人的行为)。

2. 不可抗力的范围

不可抗力主要包括以下几种情形:① 自然灾害,如台风、洪水、冰雹;② 政府行为,如征收、征用;③ 社会异常事件,如罢工、骚乱。

违约责任在不可抗力的适用上有以下问题值得注意:① 合同中是否约定不可抗力条款,不影响直接援用法律规定。② 不可抗力条款是法定免责条款,约定不可抗力条款如小于法定范围,当事人仍可援用法律规定主张免责;如大于法定范围,超出部分应视为另外成立了免责条款,依其约定。③ 不可抗力作为免责条款具有强制性。当事人不得约定将不可抗力排除在免责事由之外。

3. 不可抗力的免责效力

因不可抗力不能履行合同的,根据不可抗力的影响,违约方可部分或全部免除责任。但有以下例外:① 金钱债务的迟延责任不得因不可抗力而免除。② 迟延履行期间发生的不可抗力不具有免责效力。

(二)免责条款

免责条款是指当事人在合同中约定免除将来可能发生的违约责任的条款,其所规定的免责事由即约定免责事由。对此,《合同法》未作一般性规定(仅规定格式合同的免责条款)。值得注意的是,免责条款必须在合同中明示作出,并且其构成合同的组成部分,是合同有效的前提之一。免责条款不能排除当事人的基本义务,也不能排除故意或重大过失的责任,免责条款必须不得违背法律规定和社会公益,也就是不能违背公序良俗,以免造成对相对人的不利。免责条款无效的一般情形包括:① 一方以欺诈、胁迫手段将免责条款订入合同,损害国家利益的;② 双方当事人恶意串通,免责条款损害国家、集体、第三人利益的;③ 免责条款损害社会公共利益的;④ 免责条款违反法律、法规强制性规定的;⑤ 免除故意或者重大过失所生责任的;⑥ 免除根本性违约所生责任的。

练一练

1. 违约责任的一般构成要件包括(　　)。

A. 合同的当事人有违约行为

B. 合同的当事人主观有过错

C. 无免责事由

D. 违约行为与损失之间有因果关系

2. 根据《合同法》的规定,有关缔约过失责任的构成要件不包括(　　)。

A. 缔约人一方主观上有过错行为

B. 缔约人另一方受到实际损失

C. 当事人在履行合同过程中有过错

D. 当事人的过错行为与造成的损失有因果关系

3. 甲向乙出售房屋,约定甲应于2014年10月20日前向乙交付房屋并办理产权登记,乙应于2014年10月21日前付款。2014年10月18日,甲又将该房屋出售与丙,甲、丙双方办理了产权登记,但未交付房屋,则下列说法正确的是(　　)。

A. 10月20日前,乙不得向甲主张违约责任,因为履行期限没有届满,不构成违约

B. 10月20日前,乙不得向甲主张违约责任,因为房屋所有权尚未转移,甲仍需履行

C. 10月20日前,乙可向甲主张缔约过失责任,因为合同因标的不能而无效

D. 10月20日前,乙可向甲主张默示预期违约的责任

任务3　违约责任与侵权责任的竞合

任务情境

2014 年 9 月 29 日，河南省平顶山市棉纺厂职工严艳与平顶山市雪绒花美容店签订美容协议一份。双方约定，严艳在雪绒花美容店做祛粉刺、祛斑美容治疗，费用 3 000 元，于 2014 年 12 月 1 日治疗结束。订约之后，严艳按约向美容店支付美容费用 3 000 元。2014 年 10 月 1 日下午，美容店在为严艳做美容时，因使用的电子导入器温度过高，使严艳面部两颊烧伤，经法院鉴定为 10 级伤残。后双方就事故出现的后果多次进行协商未果。2015 年 3 月 5 日，严艳遂向法院起诉，要求美容店承担侵权责任，赔偿治疗费 5 000 元，精神损失费 1 万元，退还美容费 3 000 元。

问题：严艳可以通过什么样的方式维护自己的权利？理由分别是什么？

任务分析

在本案中，严艳既可以根据与美容院的合同提起违约之诉，也可以根据美容院的侵权行为提起侵权之诉，即存在债权责任与违约责任的竞合问题。最后，严艳选择了侵权之诉。从该案的情况看，要求美容店承担侵权责任，比要求其承担违约责任更有利于保护受害人的利益。因为与违约责任相比，侵权责任更有利于保护受害人的人身利益。《合同法》第一百二十二条规定："因当事人一方的违约行为，侵害对方人身、财产权益的，受损害方有权选择依照本法要求其承担违约责任或者依照其他法律要求其承担侵权责任。"《民法通则》第一百一十九条规定："侵害公民身体造成伤害的，应当赔偿医疗费、因误工减少的收入、残疾者生活补助费等费用。"因此，如果选择行使侵权损害赔偿请求权，严艳有权要求对方赔偿医疗费用、误工减少的收入等。另外，严艳还可因美容店的侵权行为提出精神损害赔偿的请求。

相比之下，一般认为违约责任不产生精神损害赔偿的问题，而偏重于对财产利益的保护，在此案中，如果严艳以被告违约提起诉讼，则只能要求对方退还治疗费，并赔偿损失，但不能要求精神损害赔偿。

最终，法院经过审理认为：美容店在为严艳做美容时，将严艳面部烧伤，侵害了严艳的身体健康权，应承担侵权责任，因此判决美容店退还美容费3 000元，赔偿严艳医疗费5 000元，伤残赔偿金1万元。

相关法理

一、违约责任与侵权责任竞合的概念和特征

所谓违约责任与侵权责任竞合，是指合同当事人一方的违约行为同时又符合侵权要件，导致违约责任与侵权责任一并产生，违约责任的请求权与侵权责任的索赔请求权发生重叠，形成请求权的竞合。

例如，甲委托乙修理一台电视机，乙却把电视机擅自卖给了善意第三人丙，此时，甲既可以追究乙侵犯财产的侵权责任，也可以要求乙承担不履行合同的违约责任。如果允许受损害方当事人不受限制地行使两种请求权，就会导致违约方当事人承担双重责任，这显然是不公平的。因此我国《合同法》第一百二十二条规定："因当事人一方的违约行为，侵害对方人身、财产权益的，受损害方有权选择依照本法要求其承担违约责任或者依照其他法律要求其承担侵权责任。"这就是说，在违约责任与侵权责任竞合的情况下，受损害方只能任择其一：或者提起违约之诉，追究对方的违约责任，或者提起侵权之诉，追究对方的侵权责任，而不能同时行使两个请求权。

从上述概念可以看出，违约责任与侵权责任竞合具有以下主要特征：

（1）竞合责任必须是同一不法行为造成的。一个不法行为产生数个法律责任是责任竞合构成的前提条件。如果行为人实施两个以上的不法行为引起侵权责任与违约责任同时发生的，应适用不同的法律规定，承担不同的责任。

（2）竞合责任必须是同一不法行为既符合侵权责任的构成要件，又符合违约责任的构成要件，使两个民事责任在同一不法行为上并存。

（3）竞合责任必须是同一民事主体，即引起违约责任与侵权责任同时发生的同一不法行为，是由同一个民事主体实施的，且这一不法行为同时符合侵权责任与违约责任的构成要件。因而，其可能承担双重责任的主体是同一人，其可能享有双重请求权的主体也是同一人。

（4）受害人只能在违约责任与侵权责任中选择一种责任提出请求，而不

能同时基于两种责任提出两种请求。侵权责任与违约责任同时并存，相互冲突，但当事人只能获得一次给付满足，如同时并存获多次满足，对责任人是不公平的。

二、违约责任与侵权责任竞合的形态

只要存在合同关系，就有可能产生违约责任与侵权责任竞合的现象，但在买卖、租赁、医疗、保管、运输等合同关系中此竞合现象较为常见。

(1) 买卖合同。在买卖合同中，出卖人因故意或过失出卖存有瑕疵的标的物于买受人并致其受到损害的，出卖人依《合同法》规定应负违约责任，依《中华人民共和国侵权法》(以下简称《侵权法》)应负致买受人的人身、其他财产损害的侵权赔偿责任，从而发生责任竞合现象。

(2) 租赁合同。在租赁合同中，因出租人提供的租赁物瑕疵侵害承租人的身体健康或造成财产损失或者因承租人的过失行为致租赁物毁损、灭失时，均可产生违约责任与侵权责任的竞合。

(3) 医疗合同。对于医疗事故，依医疗合同规定，医院或医务人员应负违约责任，因提供医疗服务的一方有义务注意不因其过错发生医疗事故，否则即违反合同义务；而依《侵权法》规定，应负医疗事故的侵权责任，因过错发生的医疗事故侵犯了他人的人身权。

(4) 保管合同。保管人因过错行为致保管物损害，依保管合同应负违约责任，因为保管人违反了妥善保管的义务；依《侵权法》规定，保管人因过错毁损他人财产，应负侵权损害赔偿责任。

(5) 运输合同。无论客运合同或货运合同，经常出现违约责任与侵权责任竞合问题。我国《合同法》第三百零二条规定："承运人应当对运输过程中旅客的伤亡承担损害赔偿责任，……"第三百一十一条规定："承运人对运输过程中货物的毁损、灭失承担损害赔偿责任，……"对于上述承运人违反运输合同义务的行为，如因其过失而发生，也同时构成侵权行为。

三、违约责任与侵权责任竞合的例外情形

根据我国立法和司法实践，法律上对违约责任与侵权责任竞合作出例外的规定，对正确处理竞合案件，正确适用民事法律和保护当事人的合法权益十分必要。这些例外情形如下：

(1) 因不法行为造成他人人身伤亡和精神损害的，当事人之间即使存在着合同关系，也应按侵权责任不能按违约责任处理。因为合同责任并不能对

受害人所造成的人身伤亡、精神损害提供补救，而只能通过侵权损害赔偿对受害人提供补救。

(2) 如果双方当事人事先存在着某一合同关系，但一方当事人与第三人恶意通谋，侵害合同另一方当事人的利益，则由于恶意串通的一方当事人与第三人的行为构成共同侵权，第三人与受害人间又无合同关系存在，应按侵权责任处理，使恶意串通的行为人向受害人负侵权责任。

(3) 在责任竞合的情况下，如果当事人事先通过合同特别约定，双方仅承担合同责任而不承担侵权责任，则原则上应依照当事人的约定处理，一方不得行使侵权之诉的请求权。但若合同关系成立后，一方基于故意和重大过失，使另一方遭受人身伤害或死亡，则仍应承担侵权责任。

(4) 如果法律特别规定在特殊情况下应减轻当事人的注意义务和责任时，则应依法律规定合理地确定责任。如在无偿保管合同中，如因保管物丢失的，则不宜让保管人承担侵权责任。

(5) 如果合同中存在免责条款且这些免责条款依法有效，则不能因当事人免除了违约责任而要求其承担侵权责任。

练一练

1. 甲公司从乙农场购入 10 头种牛，乙农场违约，将部分带有传染病的种牛交付给了甲公司，致使甲公司所饲养的其他奶牛大量患病造成财产损失。对此，甲公司要求乙农场承担责任的方式是(　　)。

A. 只能要求乙农场承担违约责任

B. 只能要求乙农场承担侵权责任

C. 要求乙农场既承担违约责任又承担侵权责任

D. 在违约责任或侵权责任中选择其一要求乙农场承担

2. 甲从某商场购回一个玻璃钢燃气灶，使用几天后，燃气灶突然炸裂，甲被碎片刺瞎左眼。下列哪些说法是正确的？(　　)

A. 甲对商场主张违约责任是基于甲与商场之间存在绝对权

B. 甲对商场主张违约责任是基于甲与商场之间存在相对权

C. 甲对商场主张侵权责任是基于商场侵害了甲的相对权

D. 甲对商场主张侵权责任是基于商场侵害了甲的绝对权

任务4 违约责任的形式

任务情境

2014年2月17日，原告某农工商总公司与被告某经贸公司就购销建筑用钢材一事签订书面购销合同。合同约定，原告购买被告的建筑用螺纹钢200吨，每吨价格2 100元，总价款为42万元，交货时间为2014年3月30日，交货方式为被告雇车将钢材送达原告指定的教委科教大楼一号工地，原告于合同订立后3日内，向被告预付钢材款5万元，如果发生违约，违约方应向对方支付1万元的违约金。合同订立后，原告于同年2月18日向被告支付了5万元预付款。2014年3月10日，被告通过电话与原告协商：要求原告将钢材价格每吨上调为2 500元，否则无法保证按期供货。原告不同意调整钢材价格，坚持要求按原合同约定的价格交货付款。2014年3月30日，被告未如期送货，原告派人到被告处询问交货事宜，被告法定代表人称：现在钢材价格普遍上涨，如果你公司不按每吨钢材2 500元的价格付款，这批钢材我们只能卖给别人。经多次协商无果，原告向法院起诉，请求法院判令被告继续履行原合同，支付违约金。

被告辩称：这批钢材系我公司从钢铁厂购买的，与原告签订合同时，我们并不了解螺纹钢的市场行情，实际上，我公司从钢铁厂购买的这批钢材，如果连运费计算在内，每吨价格为2 130元，已超出了与原告约定的价格，现原告要求我公司按合同约定的每吨2 100元的价格成交，等于要我公司赔钱从事这笔交易，这是显失公平的。另外，自3月中旬以来，钢材市场零售价呈上涨趋势，我公司已就这批钢材同某建设工程公司以每吨2 500元的价格签订了购销合同，因钢材数量有限，我公司无法履行同原告订立的购销合同，愿意解除合同，退还原告预付的钢材款，并承担违约责任，按合同约定向原告支付违约金1万元。

问题：法院应如何判决？

任务分析

本案特殊之处在于被告主动要求解除合同并支付违约金，而原告则要求其继续履行，并要求其支付违约金。关于本案，人民法院经审理认为：原告、被告签订的购销钢材合同合法有效，至于被告所称转购钢材一事，被告在法定期限内未能提供有效证据，法院不予采信。关于被告与某建设工程公司订立购销合同一事，经查，被告与某建设工程公司于2014年3月28日订立了购销螺纹钢200吨的合同，每吨价格为2 500元，交货日期为同年4月20日，建设工程公司已预付了钢材款10万元。但被告与建设工程公司订立的购销钢材合同履行期限尚未届满，又与本案无关，系另一法律关系，故法院不予审理。被告在完全有履约能力的情况下为卖得高价而拒不履行交货义务，已构成违约，根据《合同法》第一百零七条的规定，应承担违约责任，因被告具有继续履行合同的能力，故被告只退还预付款和支付违约金并解除合同的请求不予支持。依据《合同法》第一百一十条和一百一十四条第三款的规定，被告应当继续履行合同，并向原告支付违约金1万元。

相关法理

违约责任的形式，即承担违约责任的具体方式。

对此，《民法通则》第一百一十一条和《合同法》第一百零七条作了明文规定。《合同法》第一百零七条规定："当事人一方不履行合同义务或者履行合同义务不符合约定的，应当承担继续履行、采取补救措施或者赔偿损失等违约责任。"据此，违约责任有3种基本形式，即继续履行、采取补救措施和赔偿损失。当然，除此之外，违约责任还有其他形式，如违约金和定金责任。

一、继续履行

1. 继续履行的概念

继续履行也称强制实际履行，是指违约方根据对方当事人的请求继续履行合同规定的义务的违约责任形式。其特征为：① 继续履行是一种独立的违约责任形式，不同于一般意义上的合同履行。具体表现为：继续履行以违约为前提；继续履行体现了法的强制；继续履行不依附于其他责任形式。② 继续履行的内容表现为按合同约定的标的履行义务，这一点与一般履行并无不同。③ 继续履行以对方当事人(守约方)请求为条件,法院不得自行判决。

2. 继续履行的适用

继续履行的适用,因债务性质的不同而不同。

金钱债务:无条件适用继续履行。金钱债务只存在迟延履行,不存在履行不能。因此,应无条件适用继续履行的责任形式。

非金钱债务:有条件适用继续履行。对非金钱债务,原则上可以请求继续履行,但下列情形除外:① 法律上或者事实上不能履行(履行不能);② 债务的标的不适合强制履行或者强制履行费用过高;③ 债权人在合理期限内未请求履行(如季节性物品的供应)。

二、采取补救措施

1. 采取补救措施的含义

采取补救措施作为一种独立的违约责任形式,是指矫正合同不适当履行(质量不合格)、使履行缺陷得以消除的具体措施。这种责任形式与继续履行(解决不履行问题)和赔偿损失具有互补性。

2. 采取补救措施的类型

关于采取补救措施的具体方式,我国相关法律作了如下规定:①《合同法》第一百一十一条规定为修理、更换、重作、退货、减少价款或者报酬等;②《消费者权益保护法》第五十二条规定为修理、重作、更换、退货、补足商品数量、退还货款和服务费用、赔偿损失;③《中华人民共和国产品质量法》第四十条规定为修理、更换、退货。

《消费者权益保护法》(2013 年修正)

第五十二条　经营者提供商品或者服务,造成消费者财产损害的,应当依照法律规定或者当事人约定承担修理、重作、更换、退货、补足商品数量、退还货款和服务费用或者赔偿损失等民事责任。

3. 采取补救措施的适用

在采取补救措施的适用上,应注意以下几点:

(1) 采取补救措施的适用以合同对质量不合格的违约责任没有约定或者约定不明确,而依《合同法》第六十一条仍不能确定违约责任为前提。换言之,对于不适当履行的违约责任形式,当事人有约定者应依其约定;没有约定或约定不明者,首先应按照《合同法》第六十一条规定确定违约责任;没有约定或约定不明又不能按照《合同法》第六十一条规定确定违约责任的,才适用这些补救措施。

(2) 应以标的物的性质和损失大小为依据,确定与之相适应的补救方式。

(3) 受害方对补救措施享有选择权,但选定的方式应当合理。

三、赔偿损失

1. 赔偿损失的概念和特征

赔偿损失是指合同当事人由于不履行合同义务或者履行合同义务不符合约定,给对方造成财产上的损失时,由违约方以其财产赔偿对方所蒙受的财产损失的一种违约责任形式。赔偿损失是世界各国所一致认可的也是最重要的一种违约救济方法。它不仅适用于违约责任,也适用于侵权行为及其他一些民事违法行为所造成的损失;不仅适用于有效合同的违约行为,也适用于无效合同所造成的损害赔偿。

(1) 违约的赔偿损失是合同违约方违反合同义务所产生的责任形式。

违约赔偿损失的前提是当事人之间存在有效的合同关系,并且违约方违反了合同中约定的义务。如果当事人一方违反的不是合同约定的义务,或者合同没有成立、合同无效、合同被撤销等,其所要承担的不是违约的赔偿损失责任,而是缔约过失等其他责任。

(2) 违约的赔偿损失具有补偿性。

违约的赔偿损失是强制违约方给非违约方所受损失的一种补偿。违约的赔偿损失一般以违约所造成的损失为标准。这与定金责任、违约金责任等违约责任有所区别。

(3) 违约的赔偿损失具有一定的随意性。

《合同法》允许合同当事人事先对违约的赔偿损失的计算方法予以约定,或者直接约定违约方付给非违约方一定数额的金钱,体现了合同自由的原则。

(4) 违约的赔偿损失以赔偿非违约方受到的实际全部损失为原则。

但合同当事人一方违约,对方会遭到财产损失和可得利益的损失,这些损失都应当得到补偿。

2. 赔偿损失的范围

赔偿损失的范围可由法律直接规定或由双方约定。在法律没有特别规定和当事人没有另行约定的情况下,应按完全赔偿原则赔偿全部损失。《合同法》第一百一十三条规定:“损失赔偿额应当相当于因违约所造成的损失,包括合同履行后可以获得的利益,但不得超过违反合同一方订立合同时预见到或者应当预见到的因违反合同可能造成的损失。”损失包括直接损失和间接损失。直接损失指财产上的直接减少。间接损失又称所失利益，指失去的可以预期取得的利益。可以获得的预期利益，简称可得利益。可得利益指利润，而不是营业额。例如，某汽车修理厂与出租车司机约定10日修理好损坏的夏利车，汽车修理厂迟延3日交付，司机开出租车每日可获利润200元。3日的可得利益为600元，汽车修理厂违约，应赔偿600元的间接损失。

可得利益的求偿须坚持客观确定性，即预期取得的利益不仅主观上是可能的，客观上还需是确定的。因违约行为的发生，使此利益丧失，若无违约行为，这种利益按通常情形是必得的。

例如，某建筑公司承建某商厦迟延10日交付，某商厦10日的营业利润额即为可得利益。

3．赔偿损失额的计算

金钱赔偿、折抵赔偿都涉及损失赔偿额的计算。损失赔偿额的计算，关键是确定标的物价格的计算标准，计算标准涉及标的物种类和计算的时间及地点。合同标的物的价格，可分为市场价格和特别价格。一般标的物按市场价格确定其价格；特别标的物按特别价格确定。确定特别价格往往考虑精神因素，带有感情色彩。例如，著名医学教授、原南京军区总医院普外科中心副主任邹忠寿于1996年病逝。其妻将10张具有特殊意义的照片的底片（如邹忠寿获国家特别津贴后的全家照），送交南京某冲印社放大，冲印社将底片全部遗失。冲印社虽承认过错，却坚持按每张底片2元进行赔偿。南京市玄武区人民法院受理此案后，进行了公开审理，认为：被告系摄影冲印单位，理应妥善保管好顾客交付的底片，由于被告管理不善，遗失原告10张无法再现的具有历史纪念意义的底片，给原告造成一定的经济损失和精神创伤，理应赔偿。判决被告一次性赔偿原告人民币5 000元。

计算标的物的价格，还要确定计算的时间及地点。不同的时间，不同的地点，标的物的价格往往不同。通常以违约行为发生的时间作为确定标的物价格的计算时间，以违约行为发生的地点作为确定标的物价格的计算地点。

如果法律规定或者当事人约定了赔偿损失的计算方法，则按该方法计算损失赔偿额。例如，《海商法》规定了赔偿责任限额的计算单位，可按此理赔。

四、违约金

（一）违约金的概念和特征

违约金是指按照当事人的约定或者法律直接规定，一方当事人违约的，应向另一方支付的金钱。违约金的标的是金钱,但当事人也可以约定违约金的标的物为金钱以外的其他财产。违约金具有担保债务履行的功效,又具有惩罚违约人和补偿无过错一方当事人所受损失的效果,因此有的国家将其作为合同担保的措施之一,有的国家将其作为违反合同的责任承担方式。

违约金的法律特征如下:

第一,违约金一般在订立合同时已确定。这样使得违约后损失的补偿非常简便迅速,免去了受害人一方就实际损失所负的举证责任,同时也省去了法院和仲裁机构在计算实际损失方面的麻烦。

第二,违约金在订立时并不能立即生效,而是一方发生违约以后才能产生效力。

第三,只要当事人没有特别约定,支付违约金的行为不能代替履行合同,当事人在支付违约金后仍需要履行合同。

(二)违约金的种类

违约金的设立,是为了保证债的履行,即使对方没有遭受任何财产损失,也要按法律或合同的规定给付违约金。违约金的标准依法定或双方在合同中书面约定。违约金主要有3种:

1. 不履行合同的违约金

不履行合同的违约金,是指当事人没有履行主债务时应当支付的违约金,这种违约金一般按合同标的额的一定比例计算。当合同部分未履行时,按未履行的部分计算。

2. 逾期履行的违约金

逾期履行,是当事人迟延给付主债务。逾期履行的违约金一般按迟延的日期(天数等)计算。逾期履行有逾期付款和逾期交付标的物、逾期交付工作成果等。逾期交付标的物应当支付的违约金,按逾期付款的违约金执行。逾期履行也是履行,因此,逾期履行违约金与不履行违约金不能并用。

3. 瑕疵履行的违约金

瑕疵履行的违约金,是指当事人履行的质量不符合要求而约定支付的违约金。瑕疵履行的违约金不能与实际履行并用,因为被违约人接受了履行,并从违约金中得到了损失的补偿。

(三)违约金的调整

关于合同违约金的调整,我国《合同法》第一百一十四条,《〈合同法〉解释(二)》第二十七条、第二十八条、第二十九条,《买卖合同解释》(法释〔2012〕8号)第二十七条作出了相关规定。

《合同法》（部分）

第一百一十四条　当事人可以约定一方违约时应当根据违约情况向对方支付一定数额的违约金，也可以约定因违约产生的损失赔偿额的计算方法。

约定的违约金低于造成的损失的，当事人可以请求人民法院或者仲裁机构予以增加；约定的违约金过分高于造成的损失的，当事人可以请求人民法院或者仲裁机构予以适当减少。

当事人就迟延履行约定违约金的，违约方支付违约金后，还应当履行债务。

《〈合同法〉解释（二）》（部分）

第二十七条　当事人通过反诉或者抗辩的方式，请求人民法院依照《合同法》第一百一十四条第二款的规定调整违约金的，人民法院应予支持。

第二十八条　当事人依照《合同法》第一百一十四条第二款的规定，请求人民法院增加违约金的，增加后的违约金数额以不超过实际损失额为限。增加违约金以后，当事人又请求对方赔偿损失的，人民法院不予支持。

第二十九条　当事人主张约定的违约金过高请求予以适当减少的，人民法院应当以实际损失为基础，兼顾合同的履行情况、当事人的过错程度以及预期利益等综合因素，根据公平原则和诚实信用原则予以衡量，并作出裁决。

当事人约定的违约金超过造成损失的百分之三十的，一般可以认定为《合同法》第一百一十四条第二款规定的“过分高于造成的损失”。

《买卖合同解释》（部分）

第二十七条　买卖合同当事人一方以对方违约为由主张支付违约金，对方以合同不成立、合同未生效、合同无效或者不构成违约等为由进行免责抗辩而未主张调整过高的违约金，人民法院应当就法院若不支持免责抗辩，当事人是否需要主张调整违约金进行释明。

一审法院认为免责抗辩成立且未予释明，二审法院认为应当判决支付违约金的，可以直接释明并改判。

值得注意的是，虽然法律作了这样的规定，但是法院在违约金调整释明的问题上要慎用释明权，只要告知当事人有调整违约金的机会及调整的规则即可，而不是替当事人作出结论，以减少当事人诉累，节约司法成本。总之，能在一个诉里面解决的问题，就没有必要人为地将它拆分给其他的诉。

五、定金

（一）定金的概念与特征

定金是在合同订立或履行之前，为担保合同的履行依法定或约定，由一方当事人预先给付对方当事人一定数额的金钱。

给付定金的一方称为定金给付方，接受定金的一方称为定金接受方。

根据民法的有关理论，定金具有下列法律特征：

（1）定金具有从属性。定金随着合同的存在而存在，随着合同的消灭而消灭。

（2）定金的成立具有实践性。定金是由合同当事人约定的，但只有当事人关于定金的约定，而无定金的实际交付，定金担保并不能成立。只有合同当事人将定金实际交付给对方，定金才能成立。

（3）定金具有预先支付性。定金只有在合同成立后，未履行前交付，才能起到担保的作用。因此，定金具有预先支付性。

（4）定金具有双重担保性。即定金同时担保合同双方当事人的债权。也就是说，交付定金的一方不履行债务的，丧失定金；而收受定金的一方不履行债务的，则应双倍返还定金。

（二）定金适用的条件

定金的适用需要符合以下几个条件：

1. 定金合同是实践合同，需要定金的实际交付

定金如未实际交付的，在当事人一方不履行合同债务或者不订立主合同时，不能适用定金罚则。《最高人民法院关于适用〈中华人民共和国担保法〉若干问题的解释》（以下简称《担保法解释》）第一百二十一条规定："当事人约定的定金数额超过主合同标的额百分之二十的，超过的部分，人民法院不予支持。"

2. 主合同必须有效

这是由定金合同的从属性决定的。如果主合同无效或者被撤销，即便当事人已有交付和收受定金的事实，也不能适用定金罚则。但是，当事人可以约定定金合同的效力独立于主合同，即主合同无效则定金合同却不一定无效。

3. 当事人不履行债务且无法定免责情形

因当事人一方迟延履行或者有其他违约行为，致使合同目的不能实现，可以适用定金罚则，但法律另有规定或当事人另有约定的除外。当事人一方不完全履行合同的，应当按照未履行部分所占合同约定内容的比例，适用定金罚则。若因不可抗力、意外事件致使主合同不能履行的，则不适用定金罚则。《担保法解释》第一百二十二条规定："因不可抗力、意外事件致使主合同不能履行的，不适用定金罚则。因合同关系以外第三人的过错，致使主合同不能履行的，适用定金罚则。受定金处罚的一方当事人，可以依法向第三人追偿。"

（三）定金与违约金条款的适用问题

我国《合同法》第一百一十六条规定："当事人既主张约定违约金，又约定定金的，一方违约时，对方可以选择适用违约金或定金条款。"被违约人可以选择有利于自己的责任方式。

从法理上进行分析，定金罚则具有惩罚性，违约金也具有惩罚性，如果同时并用，则有违公平原则的基本精神，对于违约方过于苛刻，另一方则获得不应该获得的收入。

（四）适用定金罚则可否请求损害赔偿的问题

定金责任的承担不能替代损害赔偿责任，两者应该区分开来。如果一方违约造成实际损失，另一方适用定金罚则的同时，可请求损害赔偿，但是适用定金罚则和损害赔偿的总值不能大于标的物的价金总和。《买卖合同解释》第二十八条规定："买卖合同约定的定金不足以弥补一方违约造成的损失，对方请求赔偿超过定金部分的损失的，人民法院可以并处，但定金和损失赔偿的数额总和不应高于因违约造成的损失。"

练一练

1. 下列责任形式中，当事人承担违约责任的形式有(　　)。

A. 赔礼道歉　　B. 支付违约金

C. 赔偿损失　　D. 采取补救措施

E. 罚金

2. 下列关于承担违约责任的各种形式之间相互适用情况的表述中，正确的是(　　)。

A. 继续履行与采取补救措施可以同时采用

B. 采取补救措施与赔偿损失可以同时采用

C. 赔偿损失与违约金可以同时采用

D. 违约金与定金可以同时采用

3. 出现违约责任后，要求违约方继续履行合同，对于(　　)而非金钱债务不符合约定的，对方可以要求履行。

A. 法律上或者事实上不能履行的

B. 质量不符合合同约定要求的

C. 债权人在合理的期限内未要求履行的

D. 债务标的不适于强制履行的

4. 当事人在合同中既约定违约金,又约定定金时,如一方违约,另一方当事人可以(　　)保护其合法权益。

A. 依据违约金条款要求对方承担责任

B. 依据定金条款要求对方承担责任

C. 选择使用违约金或者定金条款要求对方承担责任

D. 采用违约金条款加定金条款之和要求对方承担违约责任

巩固提升

一、单项选择题

1. 王某因多年未育前往某医院就医,经医院介绍A和B两种人工辅助生育技术后,王某选定了A技术并交纳了相应的费用,但医院实际按照B技术进行治疗。后治疗失败,王某要求医院返还全部医疗费用。下列选项正确的是(　　)。

A. 医院应当返还所收取的全部医疗费

B. 医院应当返还所收取的医疗费,但可以扣除B技术的收费额

C. 王某无权请求医院返还医疗费或赔偿损失

D. 王某无权请求医院返还医疗费,但是有权请求医院赔偿损失

2. 乙买甲一套房屋,已经支付1/3价款,双方约定余款待过户手续办理完毕后付清。后甲反悔,要求解除合同,乙不同意,起诉要求甲继续履行合同,转移房屋所有权。下列选项正确的是(　　)。

A. 合同尚未生效,甲应返还所受领的价款并承担缔约过失责任

B. 合同无效,甲应返还所受领的价款

C. 合同有效,甲应继续履行合同

D. 合同有效,法院应当判决解除合同、甲赔偿乙的损失

3. 甲公司要运送一批货物给收货人乙公司,甲公司法定代表人丙电话联系并委托某汽车运输公司运输。汽车运输公司安排本公司司机刘某驾驶。运输过程中,因刘某的过失发生交通事故,致货物受损。乙公司因未能及时收到货物而发生损失。现问,乙公司应向(　　)要求承担损失。

A. 甲公司　　B. 丙

C. 刘某　　D. 汽车运输公司

4. 甲将摄录自己婚礼庆典活动的仅有的一盘录像带交给个体户乙制作成VCD保存,乙的店铺因丙抽烟不慎失火烧毁,导致录像带灭失。下列说法正确的是(　　)。

A. 甲可对乙提起违约之诉,并请求精神损害赔偿

B. 甲可对乙提起侵权之诉,并请求精神损害赔偿

C. 甲只能对丙提起侵权之诉,并请求精神损害赔偿

D. 甲可对乙提起违约之诉或侵权之诉,不能请求精神损害赔偿

5. 姚某把吉普车一辆租给岳某使用,该车设备已严重老化,刹车不灵,汽缸易抱死。岳某(岳某为一老司机)订立合同前即了解这些情况,但图便宜签订了合同。以下说法正确的是(　　)。

A. 岳某不享有合同解除权,因为岳某事先知道该车的情况

B. 岳某享有合同解除权,因为合同标的物存在严重缺陷

C. 岳某享有合同撤销权,因为姚某未尽告知义务,构成民事欺诈

D. 岳某享有合同撤销权,因为本案存在重大误解

6. 甲与乙订立了一份苹果购销合同,约定:甲向乙交付20万公斤苹果,货款为40万元,乙向甲支付定金4万元;如任何一方不履行合同应支付违约金6万元。甲因将苹果卖与丙而无法向乙交付苹果,乙提出的如下诉讼请求中,既能最大限度保护自己的利益,又能获得法院支持的是(　　)。

A. 请求甲双倍返还定金8万元

B. 请求甲双倍返还定金8万元,同时请求甲支付违约金6万元

C. 请求甲支付违约金6万元,同时请求返还支付的定金4万元

D. 请求甲支付违约金6万元

二、多项选择题

1. 合同当事人一方违约后,守约方要求其承担继续履行的违约责任,在下列哪些情况下人民法院对守约方的请求不予支持?(　　)

A. 违约方所负债务为非金钱债务

B. 债务的标的不适于强制履行

C. 继续履行费用过高

D. 违约方已支付违约金或赔偿损失

2. 孙女士于2012年5月1日从某商场购买一套化妆品,使用后皮肤红肿出疹,就医不愈花费巨大。2013年4月,孙女士多次交涉无果将商场诉至法院。下列哪些说法是正确的?(　　)

A. 孙女士可以要求商场承担违约责任

B. 孙女士可以要求商场承担侵权责任

C. 孙女士可以要求商场承担缔约过失责任

D. 孙女士可以要求撤销合同

3. 甲与乙订立了一份买卖合同。双方在合同中约定甲须于2013年6月30日向乙预付定金20万元。2013年6月30日甲未支付定金,经乙催告甲仍未支付。对此,乙的哪些诉讼请求法院不予支持?(　　)

A. 请求解除买卖合同

B. 请求甲承担违约责任

C. 请求强制甲支付定金 20 万元

D. 请求强制甲支付定金 20 万元及逾期利息

4. 甲购买一辆汽车，在开回的路上因刹车失灵而翻车受伤。在此情形下，他可以（　　）。

A. 请求商家承担违约责任

B. 请求厂家同时承担违约责任和侵权责任

C. 请求厂家承担侵权责任

D. 请求厂家承担侵权责任，同时请求商家承担违约责任

5. 甲与乙签订房屋买卖合同，将一幢房屋卖与乙。双方同时约定，一方违约应支付购房款 35% 的违约金。但在交房前甲又与丙签订合同，将该房卖与丙，并与丙办理了过户登记手续。下列说法中哪些是正确的？（　　）

A. 乙可以自己与甲签订的合同在先，主张甲与丙签订的合同无效

B. 乙有权要求甲收回房屋，实际履行合同

C. 乙不能要求甲实际交付该房屋，但可要求甲承担违约责任

D. 若乙要求甲支付约定的违约金，甲可以请求法院或仲裁机构予以适当减少

三、案例分析

1. 甲方（卖方）与乙方（买方）约定，由甲方供给乙方无烟煤，分 10 批发货，总价款 100 万元，违约金为标的额的 10%。乙方又付给甲方 10 万元的定金，甲方只发货 5 批。

试分析：

（1）在本案中，定金和违约金的关系应该如何处理？

（2）如果适用定金罚则，乙方还应再向甲方支付多少价款？

2. 新疆乌苏市渤海宾馆由汪国选个体经营。2011 年 4 月 9 日上午，耿某登记入住该宾馆的 304 房间。当日下午，经耿某同意，母亲古玲玲带着孩子马某（未成年人）入住 304 房间。当日 20 时，马某爬到窗台推开窗户往外看，不慎坠落地面，受严重伤害，送医救治花费医疗费 14 341.04 元。耿某起诉汪国选承担损害赔偿责任。另查明，渤海宾馆 304 房间的窗户高度为 0.92 米。《民用建筑设计通则》《住宅设计规范》规定民用建筑“临空的窗台低于 0.80 米时，应采取防护措施”，住宅“外窗窗台距楼面、地面的净高低于 0.90 米，应

有防护措施”。试分析：

(1) 耿某可否向汪国选主张违约责任的损害赔偿请求权？

(2) 耿某可否向汪国选主张侵权责任的损害赔偿请求权？

四、实训

(一)

情景设计

某市A乡农户甲于2014年3月1日与乙公司订立合同，出售自己饲养的活鸡1万只，乙公司应在3月21日前支付5万元的首期价款，甲从4月1日起分批交付，交付完毕后乙公司付清余款。3月20日，乙公司得知该市的B乡发现了鸡瘟，即致电向甲询问。甲称，尽管B乡临近A乡，但是应当不会传播过来。乙公司表示等到事情比较明朗后再付款，甲坚持要求其按时付款，否则将不交货并追究责任。3月25日，因失火导致鸡棚倒塌，致甲所饲养的大部分鸡死亡，甲当即将此事通知了乙。2014年3月10日，甲向丙公司订购了一批饲料，约定4月10日至20日期间送货上门，甲验收后10日内付款。甲在3月26日把鸡的死亡情况通知了丙公司，要求取消交易。丙公司称：货物已经备好，不同意解约，除非甲赔偿其损失。

任务1：如果乙公司未按照约定在3月21日前支付5万元的首期价款，乙公司是否应承担违约责任？为什么？

任务2：如果当地政府为防止疫情爆发，自3月21日起对甲的养殖场实行管制，禁止鸡鸭外运，一旦发现疫情即全部扑杀，乙知情后没有支付首期价款，是否应承担违约责任？为什么？

任务3：甲3月20日的电话中关于将不交货的表示是否构成违约？为什么？

任务4：乙公司是否有权解除合同？为什么？

任务5：甲取消与丙的交易是否构成违约？为什么？

任务6：丙应该如何维护自己的合法权益？

训练方法

学生自由组合，4～8人为一组，先在组内开展讨论，再与其他小组进行交流，然后由小组代表发言，最后由授课教师点评。

步骤1：各小组将本组意见写成书面材料；

步骤2：每一小组推选1～2名代表发言，并可与其他小组展开辩论。

考核标准

1. 能正确分析合同的违约与非违约的问题。
2. 能正确判定合同的解除问题。

（二）

情景设计

2014年2月5日，甲与乙订立一份房屋买卖合同，约定乙购买甲的房屋一套（以下称01号房），价格80万元。并约定，合同签订后一周内乙先付20万元，交付房屋后付30万元，办理过户登记后付30万元。2月8日，丙得知甲欲将该房屋出卖，表示愿意购买。甲告其已与乙签订合同的事实，丙说愿出90万元。于是，甲与丙签订了房屋买卖合同，约定合同签订后3日内丙付清全部房款，同时办理过户登记。2月11日，丙付清了全部房款，并办理了过户登记。2月12日，当乙支付第一笔房款时，甲说：房屋已卖掉，但同小区还有一套房屋（以下称02号房），可作价100万元出卖。乙看后当即表示同意，但提出只能首付20万元，其余80万元向银行申请贷款。甲、乙在原合同文本上将房屋相关信息、价款和付款方式做了修改，其余条款未修改。乙支付首付20万元后，恰逢国家出台房地产贷款调控政策，乙不再具备贷款资格。故乙表示仍然要买01号房，要求甲按原合同履行。甲表示01号房无法交付，并表示第二份合同已经生效，如乙不履行将要承担违约责任。乙认为甲违约在先。3月中旬，乙诉请法院确认甲、丙之间的房屋买卖合同无效，甲应履行2月5日甲、乙双方签订的合同，交付01号房，并承担迟延交付的违约责任。甲则要求乙继续履行购买02号房的义务。3月20日，丙聘请不具备装修资质的A公司装修01号房。装修期间，A公司装修工张某因操作失误将水管砸坏，漏水导致邻居丁的家具等物件损坏，损失约5 000元。

5月20日，丙花3 000元从商场购买B公司生产的热水器，B公司派员工李某上门安装。5月30日，李某从B公司离职，但经常到B公司派驻丙所住小区的维修处门前承揽维修业务。7月24日，丙因热水器故障到该维修处要求B公司维修，碰到李某。丙对李某说："热水器是你装的，出了问题你得去修。"维修处负责人因人手不够，便对李某说："那你就去帮忙修一下吧。"李某便随丙去维修。李某维修过程中操作失误致热水器毁损。

任务1：01号房屋的物权归属应当如何确定？为什么？

任务2：甲与丙之间的房屋买卖合同效力如何？考察甲、丙之间合同效力时应当考虑本案中的哪些因素？

任务3：2月12日，甲、乙之间对原合同修改的行为的效力应当如何认定？为什么？

任务4：乙的诉讼请求是否应当得到支持？为什么？

任务5：针对甲要求乙履行购买02号房的义务，乙可以主张什么权利？为什么？

任务6：邻居丁所遭受的损失应当由谁赔偿？为什么？

任务7：丙热水器的毁损，应由谁承担赔偿责任？为什么？

训练方法

学生自由组合，4～8人为一组，先在组内开展讨论，再与其他小组进行交流，然后由小组代表发言，最后由授课教师点评。

步骤1：各小组将本组意见写成书面材料；

步骤2：每一小组推选1～2名代表发言，并可与其他小组展开辩论。

考核标准

1. 能运用合同法的基本知识全面分析此案例。
2. 能正确认定合同效力、变更、违约责任及损害赔偿责任的承担问题。

项目七

合同的法律适用、解释及合同争议的解决

项目认知

合同的订立、效力、解释、履行、争议的解决到底适用哪国的法律，哪一部法律，哪些法律原则及哪些条款，这是解决合同纠纷的关键。当事人在争议发生后应选择最有效、最合适的方法来解决纠纷。

内容结构图

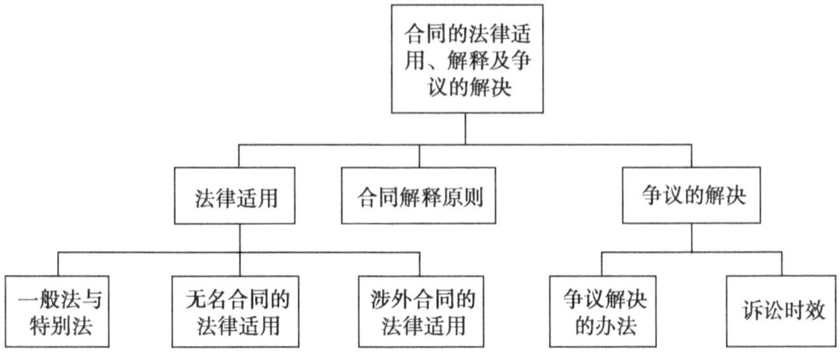

学习目标

1. 知识目标

（1）了解合同纠纷的类型；

（2）掌握处理合同纠纷的途径；

（3）掌握处理合同纠纷中诉讼时效的计算方法。

2. 能力目标

（1）能够针对具体情境提出恰当解决合同纠纷的方案；

（2）能够正确处理合同纠纷。

相关法律条文

《中华人民共和国合同法》(第八章)

第一百二十三条　其他法律对合同另有规定的，依照其规定。

第一百二十四条　本法分则或者其他法律没有明文规定的合同，适用本法总则的规定，并可以参照本法分则或者其他法律最相类似的规定。

第一百二十五条　当事人对合同条款的理解有争议的，应当按照合同所使用的词句、合同的有关条款、合同的目的、交易习惯以及诚实信用原则，确定该条款的真实意思。

合同文本采用两种以上文字订立并约定具有同等效力的，对各文本使用的词句推定具有相同含义。各文本使用的词句不一致的，应当根据合同的目的予以解释。

第一百二十六条　涉外合同的当事人可以选择处理合同争议所适用的法律，但法律另有规定的除外。涉外合同的当事人没有选择的，适用与合同有最密切联系的国家的法律。

在中华人民共和国境内履行的中外合资经营企业合同、中外合作经营企业合同、中外合作勘探开发自然资源合同，适用中华人民共和国法律。

第一百二十七条　工商行政管理部门和其他有关行政主管部门在各自的职权范围内，依照法律、行政法规的规定，对利用合同危害国家利益、社会公共利益的违法行为，负责监督处理；构成犯罪的，依法追究刑事责任。

第一百二十八条　当事人可以通过和解或者调解解决合同争议。

当事人不愿和解、调解或者和解、调解不成的，可以根据仲裁协议向仲裁机构申请仲裁。涉外合同的当事人可以根据仲裁协议向中国仲裁机构或者其他仲裁机构申请仲裁。当事人没有订立仲裁协议或者仲裁协议无效的，可以向人民法院起诉。当事人应当履行发生法律效力的判决、仲裁裁决、调解书；拒不履行的，对方可以请求人民法院执行。

第一百二十九条　因国际货物买卖合同和技术进出口合同争议提起诉讼或者申请仲裁的期限为四年，自当事人知道或者应当知道其权利受到侵害之日起计算。因其他合同争议提起诉讼或者申请仲裁的期限，依照有关法律的规定。

任务1 合同的法律适用

任务情境

某旅行社国庆黄金周旅游返回时，旅行车突然坏在第三人加油站门前，甲需要上厕所，便独自一人到加油站的院内寻找厕所，被从墙角突然窜出的大狗咬伤。甲被咬伤之后，经过4个多月的治疗，伤口仍未能痊愈。为此甲以旅行社为被告，加油站为第三人，向旅行社所在地法院提起诉讼。

问题：该旅游合同纠纷应如何适用法律？

任务分析

本案所涉旅游合同是无名合同，可依《合同法》总则的规定，并参照《合同法》分则或其他法律最相类似的规定进行处理。我国《合同法》第一百二十四条对此作了明确规定。《旅行社管理条例》第二十二条规定："旅行社组织旅游，应当为旅游者办理旅游意外保险，并保证所提供的服务符合保障旅游者人身、财物安全的要求，对可能危及旅游者人身、财物安全的事宜，应当向旅游者作出真实的说明和明确的警示，并采取防止危害发生的措施。"作为法定义务，这一规定无疑是任何旅游合同的默示条款，就是说，如果旅行社没有保证它所提供的服务符合保障旅游者人身、财物安全的要求，没有对可能危及旅游者人身、财物安全的事宜，向旅游者作出真实的说明和明确的警示，并采取防止危害发生的措施，旅行社就违反了合同默示条款，是一种违约行为。

本案中，被告一方既不能证明其工作人员对上厕所时可能被狗咬伤，作过任何明确的警示，也不能证明旅行社采取了任何防止被狗咬伤的措施，现在既然游客被狗咬伤的事实业已发生，自然旅行社就是违反了合同的约定。本案原告若对旅行社提起合同违约之诉，则可追究旅行社的违约责任；若提起侵权之诉，可将加油站追加为共同被告，而不是第三人。当然原告有权选择对其赔偿有利的诉讼。

相关法理

《合同法》是我国民事方面关于债权问题的基本法律,对于合同中可能涉及的法律关系及基本内容都作了规定。但是,全国人民代表大会及其常务委员会过去颁布的许多法律,如商标法、专利法、著作权法、保险法、担保法等,对一些种类的合同都作过具体规定。例如,《海商法》《中华人民共和国铁路法》(以下简称《铁路法》)《中华人民共和国航空法》(以下简称《航空法》)对海上运输、铁路运输和航空运输合同专门作过规定。《合同法》颁布后,这些法律关于合同方面的关系如何处理?原来法律的规定内容是否仍然适用?《合同法》在第八章中对此作了规定。

一、特别法优先适用于普通法

《合同法》第一百二十三条规定:“其他法律对合同另有规定的,依照其规定。”这项规定的含义是:

(1)《合同法》总则的规定对所有合同都适用,包括本法没有列名的无名合同及其他法律规定的合同;

(2)对于《合同法》分则中有关合同的规定,如果其他法律对有关合同另有规定的,依照该法律的规定。例如,《海商法》对于海上运输合同有详尽的规定,如果当事人要签订海上运输合同,就应当优先适用《海商法》的有关规定;如果《海商法》中的规定与《合同法》中的运输合同一章中的规定不一致时,应当适用《海商法》;《海商法》中如果对某些问题没有规定,而《合同法》中有比较详细规定的,适用《合同法》的规定。此中所说的“其他法律”是指全国人民代表大会及其常务委员会审议通过的法律,不包括法规。

二、无名合同的法律适用

无名合同与有名合同(也称为“典型合同”)相对应,就是指在《合同法》和其他法律中没有具体规定的合同。在市场经济的发展过程中,现有的合同种类多种多样,随着经济的不断发展,一些现在尚未出现的合同将来也可能会出现,因此有些目前已经出现的合同及将来可能出现的合同,不可能全都作出规定。例如,旅游合同、农村承包租赁合同、电子商务合同等,《合同法》就没有列专章进行规定。对于这类《合同法》中没有规定,其他法律也没有规定的合同,《合同法》第一百二十四条规定了适用原则,即“本法分则或者其他法律没有明文规定的合同,适用本法总则的规定,并可参照本法分则或者其他法律最相类似的规定”。这项规定确立了以下原则。

1. 适用《合同法》总则的规定

有些合同在《合同法》中没有专门列名规定,可能是因为条件不成熟,其中的一些问题还看不太准;也可能是因为涉及的方面多,需要由专门的法律来规范。例如,党的十五届三中全会提出,以家庭承包经营为基础、统分结合的经营制度,必须长期坚持,要抓紧制定确保农村土地承包关系长期稳定的法律法规。关于这个问题,在制定《合同法》的过程中,许多常委委员都提出过要在《合同法》中作专章规定。但是由于农村土地承包合同涉及的问题很多,不仅有合同方面的问题,还有物权方面的问题,需要制定专门的法律来更好地解决农村土地承包中的这些问题,所以在《合同法》分则中没有将土地承包合同列名规定。那么,在农村土地承包合同中遇到问题应该怎么办?按照《合同法》的规定,可以适用《合同法》总则的有关规定。也就是说,所有无名合同,在签订、履行或遇到合同纠纷时都可以适用总则的规定。

2. 可以类推适用

有些无名合同,如旅游合同、储蓄合同、电信合同、教育合同、合伙合同等,没有在《合同法》分则中列名规定,这类合同除了可以适用《合同法》总则以外,也可以参照《合同法》分则或者其他法律最相类似的规定。这项规定有些像《刑法》原来规定的“类推适用”,就是说,当事人在签订、履行合同或者因为合同发生纠纷时,可以找到与其最相类似的有名合同参照适用。

三、关于涉外合同的问题

涉外合同是指具有涉外因素的合同,主要指合同的主体或者客体具有涉外因素。涉外合同的当事人在签订合同时,一般应对合同如果产生争议适用哪国法律作出规定,也有事先不作规定的。对此,法律规定了几种法律选择适用的原则:

(1) 当事人可以在订立合同时就选择好处理合同争议时所适用的法律。

在涉外合同中,当事人可以协商选择处理合同争议的某一国家的法律,如中国一家公司与美国一家公司签订一宗进出口货物的合同,当事人可以选择适用中国法律,也可以选择适用美国法律。但是我国法律另有规定的除外。

(2) 合同的双方当事人在签订合同时没有选择所适用的法律的,适用与合同有最密切联系的国家的法律。

与合同有最密切联系的国家的法律一般包括合同缔结地国法、合同履行地国法、合同标的物所在地国法、当事人本国法、法院地法、仲裁地法等。当事人可以根据这些原则选择适用哪一个与合同最密切的法律。一般说来，不动产的买卖、租赁、使用等合同，适用不动产所在地的法律；国际货物或旅客运输合同，适用承运人所在地法律；银行贷款或担保合同适用贷款或担保银行所在地法律，保险合同适用保险人所在地法律；劳务合同适用合同履行地法律等。

（3）在中华人民共和国境内履行的中外合资经营企业合同、中外合作经营企业合同、中外合作勘探开发自然资源合同，只能适用中华人民共和国法律。

法律原则上对于涉外合同是允许选择适用法律的，但也有一定的限制，比如关于中外合作、合资经营合同只能适用中国法律。这项规定与原《涉外经济合同法》的规定是一样的。这是因为，第一，这几种合同都是根据中国法律并在中国成立的；第二，这些合同中的企业都设在中国境内并在中国境内进行基本的生产经营活动。所以法律明确规定，这几类合同适用中华人民共和国法律是合理的。

练一练

无名合同的法律适用规则为（　　）

A. 直接适用《合同法》中有名合同的规定

B. 适用《合同法》总则中的规定

C. 应该参照《合同法》分则中最相类似的规定

D. 应该参照《合同法》以外法律中最相类似的规定

E. 只能依据《合同法》的基本原则

任务2 对合同解释的认知

任务情境

2014 年 5 月 10 日,被告某拍卖行发布公告,声明将于 5 月 28 日拍卖某型号管材 5 000 吨。原告某股份有限公司到存放现场看过管材后,于 5 月 28 日作为竞买人参加拍卖会。被告向所有竞买者发放了拍卖目录及拍卖规则,其中载明:“拍品:管材;数量:5 000 吨(验磅数为准);质量:进口”等内容,拍卖规则第三条订明:“拍卖目录是对拍卖品的外形、特征等进行有关说明的资料,仅供竞买人参考,本行不作任何担保,竞买人应在拍卖展示期间亲自查看拍卖标的,一旦参拍即表示接受该拍品之现状。”拍卖中,原告竞买成功,双方签订成交确认书,确认书上载明:标的:管材;数量:5 000 吨。双方约定,按实际过磅数为准。之后,原告交付保证金 10 万元,又交付定金 300 万元,并交付货款 690 万元,共付 1 000 万元。2014 年 6 月上旬提货时,原告发现管材数量只有 1 800 吨。后被告在扣除货款和佣金后,将余款退还给了原告。原告遂以被告不能提供 5 000 吨货物为由向法院起诉。

问题:法院应如何判决?

任务分析

本案的关键问题在于对“以验磅数为准”的法定含义的正确理解,实际上是一个合同解释问题。

法院一审认为,由于双方特别约定以实际过磅数为准,原告认为被告应交 5 000 吨货物,是对该约定的误解,判决驳回起诉。

法院二审认为,在本案中,原告认为,它与被告签订的成交确认书规定管材的数量为 5 000 吨,所以被告应按 5 000 吨的数量交货;而被告认为,双方在确认书中特别约定货物数量按实际过磅数为准,所以被告按实际过磅的 1 800 吨管材交货并不违约。双方对合同数量条款有了不同的解释。因此,应当根据《合同法》第一百二十五条对之进行解释。首先,在本案中,拍卖行发布的拍卖公告、拍卖目录中声明管材为5 000吨，双方签订的成交确认书同样将货物数量确认为5 000吨，而且原告付款与被告收款同样是按5 000吨货物的数量进行的。由此可见，双方真实的意思表示是卖出和买进数量为5 000吨的管材，这是双方的真实目的。因此，根据合同目的解释的方法，应当认为被告已构成违约。其次，拍卖行提供的拍卖规则第三条规定："拍卖目录是对拍卖品的外形、特征等进行有关文字说明的资料，仅供竞买人参考，本行不作任何担保。"按此规则，在竞买人查看拍卖品后，拍卖行对拍卖品不予负责的范围只能解释为拍卖品的外在质量、性状，至少不包括拍卖品的数量。再次，从正常的交易习惯而言，双方在成交确认书中约定的"以实际过磅数为准"，是双方对标的物交付溢短数量的约定，该条款只能服从于而不能否定货物基本的数量。尽管在本案中双方没有约定浮动幅度，但不能就此解释为没有任何溢短限制，而是必须限定在正常合理的商业习惯之内。从商业习惯上讲，双方约定基本数量为5 000吨，以过磅数为准，就只能在5 000吨的基础上有所溢短，而且溢短的幅度应在合理的限度以内，不能过大。本案中约定为5 000吨，实际被告仅交付不到2 000吨，约定与实际履行之间的差额显然不符合正常的商业习惯。综上所述，本案中货物的数量应解释为5 000吨，拍卖行实际只交付1 800吨，根据《合同法》第一百零七条的规定，当事人一方不履行合同义务或者履行合同义务不符合约定的，应当承担继续履行、采取补救措施或者赔偿损失等违约责任。因此，被告应承担不当履行的违约责任。

相关法理

合同解释是指阐明合同条款的含义，对合同条款及其相关资料所做的分析和说明，从而确定当事人在合同中的权利、义务的活动。合同解释有广义和狭义之分。对合同条款及其相关资料的含义加以分析和说明，任何人都有权进行，此即广义的合同解释。狭义的合同解释专指有权解释，即受理合同纠纷的法院或仲裁机构对合同及其相关资料所做的具有法律拘束力的分析和说明。

我国《合同法》对合同解释方法的规定有以下几条：第四十一条、第六十一条、第六十二条、第一百二十五条。第四十一条是对格式合同的解释规则，规定对格式条款的理解发生争议的，应当按通常理解予以解释。对格式条款有两种以上解释的，应当作出不利于提供格式条款一方的解释。格式条款和非格式条款不一致的，应当采用非格式条款。第六十一条、第六十二条是规定在当事人没有明确规定时,如何确定合同的内容,即合同漏洞的填补规则。第一百二十五条是合同解释规则的一般性规定,即在当事人对合同条款的理解有争议时,应当按照合同所使用的词句、合同的有关条款、合同的目的、交易习惯及诚实信用原则,确定该条款的真实意思。从上述规定来看,立法者对合同的解释是高度重视的,规定了较详细、全面的合同解释方法,要求法官在裁判过程中正确运用上述方法去解释合同,裁判案件。

一、文义解释

所谓文义解释,是指通过对合同所使用的文字词句的含义的解释,以探求合同所表达当事人的真实意思的合同解释原则。因此进行文义解释,应探求当事人共同的真实意思,不应仅满足于对词语含义的解释,不应拘泥于所使用之不当词句。

客观主义为主,主观主义为辅,是我国立法应采取的合同解释的原则之一。客观主义在具体运用时,应把握以下要点:在双方对合同用语理解不同的场合,法院应以一个理性人处于缔约环境中对合同用语的理解为准,来探寻合同用语的含义,支持一方对合同用语的解释,漠视另一方对合同用语的理解;在双方对某合同用语并未赋予特定含义的情况下,法院可以合理的客观标准来揭示合同用语的含义,而根本不根据双方的任何意图。

二、体系解释

体系解释又称整体解释,是指把全部合同条款和构成部分看成一个统一的整体,从各条款及构成部分的相互关联、所处的地位和整体联系上阐明某一合同用语的含义。《合同法》第一百二十五条第一款关于按照“合同的有关条款”解释的规定,是对这一原则的确认。

一个合同是一个整体,要理解其整体意思必须准确理解其各个条款的意思;反之,要理解各个条款的意思,也必须将各个条款置于合同整体之中,使其相互协调。如果将某个条款单独解释,或许存在不同的意思,难以确定哪一个意思是当事人的真意,但只要将该条款与其他条款相联系,相互解释,相互补充,即不难确定当事人的真实意思。例如,合同质量条款约定不明,解释时应当参考价格条款,如果约定的是上等价格,则应当解释为上等质量;约定的是中等价格,则应当解释为中等质量。同样,如果价格条款约定不明,也应当参考质量条款解释。

三、目的解释

所谓目的解释，是指解释合同时，如果合同所使用的文字或某个条款可能做两种解释时，应采取最适合于合同目的的解释。当事人订立合同必有其目的，该目的是当事人真意所在，为决定合同内容之指针。因此，解释合同自应符合当事人所欲达成之目的。如果当事人意思表示的内容前后矛盾或暧昧不明，则应通过解释使之明确，以符合当事人之目的。合同所使用的文字或某个条款有两种相反的意思，自应采取其中最适合于当事人目的的意思。应注意的是，此所谓当事人目的，乃指双方当事人共同目的或者至少是为对方当事人已知或应知的一方当事人的目的。若属于对方不可能得知的一方当事人的目的，自不得作为解释之依据。

例如，早些年经常出现的名为投资实为借贷的合同纠纷，需要法官根据当事人真实目的对合同性质进行解释，确定其为借贷合同。又如，甲公司与员工乙签订集资购房合同，合同中约定“乙须为甲服务 10 年，否则，甲有权解除购房合同，收回房屋”。合同签订 2 年后，乙失踪 4 年。甲起诉要求解除合同收回房屋。法院以甲解除与乙劳动合同的通知没有送达乙，没有产生劳动合同解除的效力，当事人仍然存在劳动合同为由，驳回了原告的诉讼请求。笔者认为，本案法院判决是值得商榷的。从合同条款可以看出，当事人的真实目的是，以乙方为甲方提供服务为条件，甲方卖给乙方集资优惠房。现乙失踪已达 4 年之久，即乙方没有为甲方服务达 10 年，致使合同目的不能达到，显然已达到解除合同的条件。当然该合同条款解释还有一个问题，即“服务 10 年”究系连续 10 年或总年限达 10 年，依据生活经验，应认为除非甲方同意，否则应是连续服务十年。

四、参照习惯或惯例

习惯和惯例是人们在长期反复实践的基础上形成的，在某一地区、某一行业或某一类交易关系中普遍采用的做法、方法或规则，能够被广大的合同当事人所认知、接受和遵从。一些与现行法律、法规等规范性文件不相抵触，经国家认可的习惯，可成为民法的渊源。因此，在合同解释中参照习惯或惯例，不仅符合当事人的利益和愿望，也符合社会正义和法律的要求。

五、公平解释

所谓公平解释，是指解释合同应当遵循公平的原则，兼顾当事人双方的利益。根据公平解释原则作出法律解释规定是《合同法》第四十一条关于格式条款的解释。对于格式合同，如出现两种以上含义时，应采取不利于单方面决定合同内容一方当事人的含义。这样解释是出于对经济上的弱者予以特殊保护的考虑。依公平解释合同时，因合同有偿或无偿而有所不同。若是无偿合同，应按对债务人义务较轻的含义解释；若是有偿合同，则应按对双方均较公平的含义解释。

六、诚信解释

诚实信用原则为现代民法上指导当事人行使权利、履行义务之基本原则，也是指导法官正确解释合同的基本原则。我国《民法通则》第四条规定，诚实信用为一切民事活动所应遵循之基本原则，合同之解释当然应包括在内。运用诚实信用原则进行合同解释时，法官实际上站在一个“诚实商人”和“诚实劳动者”的立场上去解释合同条款的内容。

任务3　合同争议的处理

任务情境

2012年,申请人南通某毛巾厂与被申请人沙特某公司订立了两份供销合同,由毛巾厂向被申请人提供总计910 928美元的毛巾浴衣。但由于市场棉花价格变动,被申请人未按合同约定提货付款。次年3月,毛巾厂的负责人来到南通市国际贸易促进委员会(以下简称贸促会)进行法律咨询,想了解目前情况下最稳妥的处理方式。南通市贸促会及时将该案件转到江苏省省贸促会法律部,在审阅了双方签订的供销合同后,法律部工作人员认为合同中的违约罚则和救济条款对毛巾厂很有利。因此在贸促会的指导下,毛巾厂就合同相应条款向客户发出催告函,要求其根据合同约定尽快付款提货,如若超过一定期限将认定客户单方违约,由毛巾厂自行处理该批货物。在此压力下,被申请人终于露面同意协商解决。经过贸促会的斡旋与调解,毛巾厂与被申请人于2013年12月签订了补充协议。为确保补充协议能够充分保障双方的合法权益,贸促会工作人员严格审核相关条款,细致斟酌,并建议双方增加了定金罚则和仲裁条款。补充协议签订后,被申请人并未实际履行付款提货的义务,导致货物继续在毛巾厂积压,给毛巾厂造成严重损失。2014年11月被申请人反而向毛巾厂发出律师函要求毛巾厂返还定金。

问题:

(1) 本案可以通过用哪几种途径来解决问题?

(2) 假设和解不成,而且在合同中没有加入仲裁条款,那么双方只能通过什么方式加以解决?其流程是怎样的?

(3) 合同中补充了仲裁条款后,为解决问题提供了方便,此种途径解决问题的流程是怎样的?

任务分析

(1) 本案可以采用协商、和解、诉讼、仲裁的方法来解决。

(2) 假如和解不成,合同中没有仲裁条款,双方只能通过涉外诉讼解决彼此的纠纷。流程:① 提交民事诉状(证据、诉讼费);② 法院审查立案(3 日内向被告送达民事诉状等,择日开庭审理)。

(3) 此种程序是指仲裁程序,仲裁流程为:① 提出仲裁申请;② 组织仲裁庭;③ 审理案件;④ 作出裁决。

相关法理

根据我国《合同法》第一百二十八条的规定,解决合同纠纷共有 4 种方式。一是用协商的方式,自行解决,这是最好的方式;二是用调解的方式,由有关部门帮助解决;三是用仲裁的方式由仲裁机关解决;四是用诉讼的方式,即向人民法院提起诉讼以寻求纠纷的解决。

一、协商

当事人自行协商解决合同纠纷,是指合同纠纷的当事人,在自愿互谅的基础上,按照国家有关法律、政策和合同的约定,通过摆事实、讲道理,以达成和解协议,自行解决合同纠纷的一种方式。合同签订之后,在履行过程中,由于各种因素的影响容易产生纠纷,有了纠纷应当从有利于维护团结、有利于合同履行的角度出发,怀着互让、互谅的态度,争取在较短的时间内,通过协商求得纠纷的解决。对于合同纠纷,尽管可以用仲裁、诉讼等方法解决,但由于这样解决不仅费时、费力、费钱财,而且也不利于团结,不利于以后的合作与往来。用协商的方式解决,程序简便,及时迅速,有利于减轻仲裁和审判机关的压力,节省仲裁、诉讼费用,有效地防止经济损失的进一步扩大。合同双方当事人之间自行协商解决纠纷,应当遵守以下原则:一是平等自愿原则,不允许任何一方以行政命令手段,强迫对方进行协商,更不能以断绝供应、终止协作等手段相威胁,迫使对方达成只有对方尽义务,没有自己负责任的"霸王协议"。二是合法原则,即双方达成和解协议,其内容要符合法律和政策规定,不能损害国家利益、社会公共利益和他人的利益。否则,当事人之间为解决纠纷达成的协议无效。

二、调解

合同纠纷的调解,是指双方当事人自愿在第三者(即调解的人)的主持下,在查明事实、分清是非的基础上,由第三者对纠纷双方当事人进行说明劝

导,促使他们互谅互让,达成和解协议,从而解决纠纷的活动。调解有以下3个特征:

第一,调解是在第三方的主持下进行的,这与双方自行和解有着明显的不同。

第二,主持调解的第三方在调解中只是说服劝导双方当事人互相谅解,达成调解协议而不是作出裁决,这表明调解和仲裁不同。

第三,调解是依据事实和法律、政策,进行合法调解,而不是不分是非,不顾法律与政策"和稀泥"。

根据国家有关的法律和法规的规定,合同纠纷的调解主要有以下3种类型:

1. 行政调解

行政调解,是指根据一方或双方当事人的申请,当事人双方在其上级业务主管部门主持下,通过说服教育,自愿达成协议,从而解决纠纷的一种方式。对于企业单位来说,有关行政领导部门和业务主管部门一般比较熟悉本系统各企业的生产经营和技术业务等情况,更容易在符合国家法律、政策的要求下,具体运用说服教育的方法说服当事人互相谅解,达成协议。如果当事人属于同一业务主管部门,则解决纠纷是该业管主务部门的一项职责,在这种情况下,当事人双方也容易达成协议。如果当事人双方分属不同的企业主管部门,则可由双方的业务主管部门共同出面进行调解。

2. 仲裁调解

仲裁解决,是指合同当事人在发生纠纷时,依照合同中的仲裁条款或者双方达成的仲裁协议,向仲裁机构提出申请,在仲裁机构主持下,根据自愿协商、互谅互让的原则,达成解决合同纠纷的协议。根据《中华人民共和国仲裁法》的有关规定,由仲裁机构主持调解形成的调解协议书与仲裁机构作出的仲裁裁决书具有同等的法律效力,一方当事人如果不执行,另一方可以向人民法院提出申请,要求对方执行。对方拒不执行的,人民法院可以依照生效的调解协议书强制执行。

3. 法院调解

法院调解,又称为诉讼中的调解,是指在人民法院的主持下,双方当事人平等协商,达成协议,经人民法院认可后,终结诉讼程序的活动。合同纠纷起诉到人民法院之后,在审理中,法院首先要进行调解,用调解的方式解决合同纠纷,是人民法院处理合同纠纷的重要方法。在人民法院主持下达成调解协议,人民法院据此制作的调解书与判决书具有同等效力。调解书只要送达双方当事人,便产生法律效力,双方都必须执行。如一方不执行,另一方当事人可以向人民法院提出申请,要求人民法院强制执行。根据《中华人民共和国民事诉讼法》的规定,人民法院进行调解也必须坚持自愿、合法的原则,调解达不成协议或调解无效的,应当及时判决,不应久调不决。

三、仲裁

仲裁也称公断。合同仲裁,即由第三者依据双方当事人在合同中订立的仲裁条款或自愿达成的仲裁协议,按照法律规定对合同争议事项进行居中裁断,以解决合同纠纷的一种方式。仲裁是现代世界各国普遍设立的解决争议的一种法律制度,合同争议的仲裁是各国商贸活动中通行的惯例。

合同仲裁有以下几个特点:

第一,合同仲裁是合同双方当事人自愿选择的一种方法,体现了仲裁"意思自治"的性质,即合同纠纷发生后,是否通过仲裁解决,完全要根据双方当事人的意愿决定,不得实行强制。如果一方当事人要求仲裁,而另一方当事人不同意,双方又没有达成仲裁协议,则不能进行仲裁。另外,仲裁地点、仲裁机构及需要仲裁的事项,也都根据双方当事人的意志在仲裁协议中自主选择决定。

第二,合同纠纷仲裁中,第三者的裁断具有约束力,能够最终解决争议。虽然合同纠纷的仲裁是由双方当事人自主约定提交的,但是仲裁裁决一经作出,法律即以国家强制力来保证其实施。仲裁作出裁决后,即发生法律效力,双方当事人都必须执行。如果一方当事人不执行裁决,对方当事人则有权请求法院予强制执行。

第三,合同纠纷的仲裁,方便、简单、及时、节约。

四、诉讼

所谓合同纠纷诉讼,是指人民法院根据合同当事人的请求,在所有诉讼参与人的参加下,审理和解决合同争议的活动,以及由此产生的一系列法律关系的总和。

它是民事诉讼的重要组成部分,是解决合同纠纷的一种重要方式。与其他解决合同纠纷的方式相比,诉讼是最有效的一种方式,之所以如此,首先是因为诉讼由国家审判机关依法进行审理裁判,最具有权威性;其次,裁判发生法律效力后,以国家强制力保证裁判的执行。

合同纠纷诉讼和其他解决合同纠纷的方式,特别是和仲裁方式相比,具有以下几个特点：

（1）诉讼是人民法院基于一方当事人的请求而开始的，当事人不提出要求，人民法院不能依职权主动进行诉讼。当事人不向人民法院提出诉讼请求，而向其他国家机关提出要求保护其合法权益的，不是诉讼，不能适用民事诉讼程序予以保护。

（2）法院是国家的审判机关，它通过国家赋予的审判权来解决当事人双方之间的争议。审判人员是国家权力机关任命的，当事人没有选择审判人员的权利，但是享有申请审判人员回避的权利。

（3）人民法院对合同纠纷案件具有法定的管辖权，只要一方当事人向有管辖权的法院起诉，法院就有权依法受理。

（4）诉讼的程序比较严格、完整。例如，民事诉讼法规定，审判程序包括第一审程序、第二审程序、审判监督程序等。第一审程序又包括普通程序和简易程序。另外，它还规定了撤诉、上诉、反诉等制度，这些都是其他解决纠纷方式所不具备的。

（5）人民法院依法对案件进行审理作出的裁判生效后，不仅对当事人具有约束力，而且对社会具有普遍的约束力。当事人不得就该判决中确认的权利义务关系再行起诉，人民法院也不再对同一案件进行审理。负有义务的一方当事人拒绝履行义务时，权利人有权申请人民法院强制执行。任何公民、法人包括其他组织都要维护人民法院的判决，有义务协助执行的单位或个人应积极负责地协助人民法院执行判决，如果拒不协助执行或者阻碍人民法院判决的执行，行为人将承担相应的法律后果。以国家强制力做后盾来保证裁判的实现，也是诉讼形式区别于其他解决纠纷形式的一个显著特点。

特别提醒

关于合同诉讼时效的规定

1. 一般诉讼时效

《民法通则》第一百三十五条规定："向人民法院请求保护民事权利的诉讼时效期间为二年，法律另有规定的除外。"合同争议如果法律没有特殊诉讼时效的规定，则按照《民法通则》适用一般诉讼时效二年的规定。

2.《合同法》规定的特殊诉讼时效

《合同法》第一百二十九条规定："因国际货物买卖合同和技术进出口合同争议提起诉讼或者仲裁的期限为四年，自当事人知道或者应当知道其权利受到侵害之日起计算。因其他合同争议提起诉讼或者仲裁的期限,依照有关法律的规定。”该条除对国际货物买卖合同和技术进出口合同争议的诉讼或仲裁的时效期间明确规定为四年外,对其他合同纠纷的诉讼或仲裁,规定适用其他法律的规定。

(1) 技术合同争议当事人的权利受到侵害的事实发生在《合同法》实施之前,自当事人知道或者应当知道其权利受到侵害之日起至《合同法》实施之日起超过一年的,人民法院不予保护;尚未超过一年的,其提起诉讼的时效期间为两年。

(2) 技术进出口合同争议当事人的权利受到侵害的事实在《合同法》实施之前,自当事人知道或者应当知道其权利受到侵害之日起至《合同法》实施之日起超过两年的,人民法院不予保护;尚未超过两年的,其提起诉讼的时效期间为四年。

要注意的是,《合同法》第五十五条规定的“一年”,第七十五条和第一百零四条第二款规定的“五年”为不变时效期间,不适用诉讼时效的中止、中断或延长的规定。

巩固提升

一、案例分析

1. 2013年1月24日，被告山东融大传媒广告公司工作人员强立波代表被告与原告济南市槐荫区海市酒楼签订“济南时报挂牌广告”合同，双方约定原告委托被告于2013年1月24日至2014年1月24日，分布挂牌（报花）广告，版面为第三文化版，广告规格30平方厘米，广告单价150元，刊登个数76.2个（合77个），计款11 550元，原告应在2013年1月25日前将广告费一次性付清。同年1月25日原告以酒水和食品折款11 550元，向被告履行了付款义务，强立波为原告出具收条一张。但被告至今未履行为原告发布广告的义务，故原告向济南市槐荫区人民法院起诉，原告要求解除与被告的合同，被告返还预付的广告费用，要求济南时报社及济南日报报业集团对该债务承担连带赔偿责任。

试分析：

（1）被告融大传媒公司是否违约？为什么？

（2）根据原被告所签的合同，双方未明确约定每次广告的刊登时间，法院应如何认定此问题？

2. 王某和李某是同事，2008年10月王某因办理出国手续向李某借款3万元，并立字据约定王某在出国前将钱款还清。此后王某出国，在国外生活了3年，期间李某与王某一直电话联系，但是双方对借钱一事却只字未提。2011年12月30日王某回国，李某因盖房急需钱，找到王某，王某表示尽快还，并在原字据上写下“2012年1月30日前还清”。2012年2月10日李某再找王某时，王某称债务早已过诉讼时效，不用返还。试分析：

（1）李某对王某债权的诉讼时效期间是否已经届满？

（2）王某在字据上写下的“2012年1月30日前还清”的行为有何效力？

（3）李某能否通过诉讼要回王某欠他的钱？

（4）若2008年10月李某借给王某钱时，双方未在字据中约定还款期限，则2011年王某回国时李某请求王某还款能否得到法院支持？

二、实训

情景设计

张某欲卖给李某旧房一间,双方于2013年4月1日签订了合同,并决定在4月15日去办理过户手续。双方还在合同中约定了标的额20%的违约金。李某全家于2013年4月10日入住该房。在4月14日,张某通知李某房子不卖了,请退回。

任务1:房子是否已交付?该合同的效力如何?标的物的所有权是否已转移?

任务2:李某起诉主张:第一,要把房屋的产权过户,第二,张某违约,得按标的物价款的20%支付违约金。对他的要求,法院应不应该支持?

任务3:若张、李履行合同,没有解除的事由发生。但李某入住后发现少了一扇门,就提起诉讼,要求张某加一扇门或减少价款。法官判决,合同并未约定有门,李某败诉。请问:法官观点是否正确?

训练方法

学生自由组合,4~8人为一组,先在组内开展讨论,再与其他小组进行交流,然后由小组派代表发言,最后由授课教师点评。

步骤1:各小组将本组意见写成书面材料;

步骤2:每一小组推选1~2名代表发言,并可与其他小组展开辩论。

考核标准

1. 能运用合同法的知识全面分析此案例。
2. 能正确认识合同解释的规则。

参考文献

[1] 王利明,崔建远.《合同法》. 北京:北京大学出版,2004.
[2] 崔建远.《合同法总论(上卷)》. 2 版. 北京:中国人民大学出版社,2011.
[3] 韩世远.《合同法总论》. 3 版,北京:法律出版社,2011.
[4] 王利明.《合同法研究(第 1 卷)》. 2 版. 北京:中国人民大学出版社,2011.
[5] 国家法官学院,中国人民大学法学院.《中国审判案例要览》. 北京:中国人民大学出版社,2011.
[6] 梁慧星.《中国民法经济法诸问题》. 北京:中国法制出版社,1999.
[7] 王鹏.《合同法原理与实务》. 广州:暨南大学出版社,2011.
[8] 黄箭.《合同法律技能训练教程》. 北京:清华大学出版社,2013.